하나님 형상으로의 회복을 꿈꾸는
인격목회

하나님 형상으로의 회복을 꿈꾸는
인격목회

발행 | 심수명
저자 | 심수명
기획 및 교정 | 유근준
편집디자인 | 김명진
제1판1쇄 발행 | 2008. 3. 29.
발행처 | 도서출판 다세움
서울시 강서구 화곡7동 372-88
Tel. 02-2601-7422~4
Fax. 02-2601-7419
Home Page : www.daseum.org

총판 | 비전북
경기도 고양시 일산구 장항동 568-17
Tel. 031-907-3927
Fax. 031-905-3927

정가 12,000원
ISBN 978-89-92750-02-8   03230

하나님 형상으로의
회복을 꿈꾸는

인격목회

심 수 명

1장
인격목회란 무엇인가

2장
하나님 형상으로의 회복을 위하여

3장
기독교 상담과 적용

4장
교회성장과 상담목회

5장
기독교 인격 교육

목 차

시작하는 글 _ 6

1장 인격목회란 무엇인가
1. 인격목회란 무엇인가 _ 12
2. 내면을 변화시키는 인격 교육 _ 23

2장 하나님 형상으로의 회복
1. 아가페 사랑의 실천 _ 30
2. 진정한 사랑의 힘 _ 34
3. 성도들은 어떤 상담을 원하는가 _ 42
4. 하나님의 형상으로 회복되기 위한 인격치료 _ 47

3장 기독교 상담과 적용
1. 기독교 상담과 인지 치료를 통합한 인격치료 프로그램의 효과성 연구 _ 54
2. 기독교 상담의 목회현장 적용점 모색에 관하여 _ 82
3. 자살위기자에 대한 신앙인의 자세 _ 108
4. 멘토로서의 기쁨 _ 117

4장 교회성장과 상담목회

1. 상담목회 패러다임 _ 122
2. 상담과 목회 _ 126
3. 건강한 교회 운동에 대한 고찰 _ 129
4. 교회성장을 돕는 상담목회 프로그램에 대한 연구 _ 167
5. 목회자들을 위한 상담 프로그램 _ 195
6. 개혁주의 신학과 상담 _ 202

5장 기독교 인격 교육

1. 신앙성숙을 도모하는 기독교교육의 방향성 _ 218
2. 하나님 이미지에 대한 소고 _ 223
3. 인간관계의 문제, 심정대화로 풀어라 _ 229
4. 소그룹리더의 경청 _ 236
5. 전인성숙을 위한 제자 훈련 교재 개발에 관한 연구 _ 245

마치는 글 _ 265

참고문헌 _ 268

부록 _ 283

시작하는 글

　인간은 하나님의 형상을 따라 지음 받았기 때문에 인간의 가장 중심 되는 마음 속에는 삼위일체 하나님께서 인격적인 관계를 하셨던 것처럼 인격적인 관계를 갈망하는 욕구가 있습니다. 삼위일체의 관계를 한마디로 말한다면 요한일서 4장 8절에서 16절에 기록되어 있듯이 사랑이라고 할 수 있습니다. 삼위일체 하나님이 서로 나뉘지 않고 하나를 이루듯이 인간의 참 인간됨도 공동체성 안에서 연합될 때 사랑이 확인되는 것입니다. 그러므로 하나님의 은총을 받으면 성령 안에서 서로 수용하며 자신의 존재됨을 나누는 자발적인 사랑이 일어납니다. 이는 이웃과의 관계에서 뿐만 아니라 하나님과의 관계에서도 서로의 존재에 참여하여 온전한 연합과 나눔이 이루어지는 관계에서 나옵니다.
　우리들이 지향해야 하는 인격은 삼위일체 하나님의 인격에 근거를 두고 예수님의 성품이 우리 속에 거하는 인격이어야 합니다. 돌에 맞으면서도 천사처럼 죽어간 스데반의 성품이 우리의 성품이 되기를 사모해야 할 것입니다. 이것이 하나님의 형상으로서의 회복된 인격입니다. 이럴 때 하나님께서 우리를 오래 참으신 것처럼 우리에게도 서로에 대하여 아가페 사랑으로 용납하고 용서하며 사랑할 수 있는 내면적 풍성함이 우러나올 것입니다.
　하나님의 인격을 바라볼 때 인간은 하나님의 모습을 반영할 수 있으며 그러한 모습을 닮으려 애쓰는 사람을 가리켜 인격자라고 말할 수 있습니다. 이런 점에서 예수님은 자기를 내어주고 희생하는 삶을 사심으로써 우리에게 낮아지며 섬기는 인격의 모델이 되십니다.
　기독교 교육의 목표가 신앙과 삶, 앎과 행동이 일치하는 성숙한 신자가 되도록 하는 것이라면 교육을 통해 인격과 삶이 바뀌도록 도전을 주어야 합니다. 이를 위해서 거듭난 하나님의 사람이 말씀과 삶의 일치를 위해 고뇌하고 회개하는 몸부림이 일어야 합니다. 처음에는 자신의 내면적 변화에 관심을 두는 것으로 시작하여 궁극에 가서는 하나님의 뜻과 하나님의 구원 사역에 자발적인 헌신이 일어나도록 하는 통합적 교육으로 나아가야 합니다. 인격적인 사람은 반드시 선한 결과를 낳습니다. 만약 우리의 삶이 하나님의 인격으로 가득 찬 삶이라면 그 삶은 "살아 있는 가르침"으로 하나님께 영광 돌리는 삶이 될 것입니다.

그런데 우리의 현실은 어떻습니까? 안타깝게도 우리의 바람과는 아주 다릅니다. 저는 전도사 시절에 제자훈련을 통해 성도들을 변화시키고자 온 열정을 다 바쳤습니다. 그러나 연약한 성도, 상처가 많은 성도들은 시간이 오래 지나도 변하지 않는 것을 보고 회의에 빠지기도 하였습니다. 그래서 많은 고민과 연구 끝에 인격이 변화하지 않고는 전인적 성숙을 기대할 수 없다는 것을 깨닫고 인간의 내면에 대하여 많은 관심을 가지고 공부하면서 상담의 필요성을 절감하게 되었습니다. 그 후 성경적 가치관의 토대 위에 심리학, 상담학, 인간학, 한국문화와 가정사역 등에 대하여 공부를 하였습니다. 그리고 배운 것들을 다시 성경적 가치관에 근거한 내용으로 통합하여 교회에 적용해 보았습니다. 그 과정에서 인격목회에 필요한 프로그램, 교재, 시스템들을 개발하였고 이것을 가지고 성도들을 훈련해왔습니다. 이 과정을 통해 성도의 삶이 행복해짐을 보게 되었으며 예수를 닮은 성숙한 성도, 하나님이 기뻐하시는 건강한 교회가 실현되는 것을 보게 되었습니다. 한밀교회를 개척하여 상담목회, 인격목회를 목표로 삼고 17년을 노력한 지금 성도들의 삶이 전인적으로 변화되어 하나님을 사랑하고 교회를 사랑하고 인류를 사랑하는 진정한 그리스도인으로 살아가고 있음을 체험하고 있습니다.

목회를 처음 시작할 때인 1990년도부터 지금까지의 과정은 실로 힘든 여정이었습니다. 아마도 이런 수고를 감당해야 할 것을 처음부터 알았다면 감히 인격목회에 대한 꿈과 도전을 가지지 못했을 것입니다. 그저 하나님께서 한걸음씩 인도

하셨기에 여기까지 올 수 있었습니다. 지금 지나온 과거를 돌아볼 때 힘들었던 것만큼 그 열매 또한 아름답기에 하나님의 은혜에 감사할 뿐입니다.

여기에 소개된 글은 1장 '인격목회란 무엇인가' 외에는 그동안 제가 연구하여 기존의 학회지에 이미 발표했던 소논문과 신문, 월간지에 기재한 칼럼 중에서 인격목회, 상담목회, 그리고 건강한 교회와 관련된 것들만 모아 본 것입니다. 그동안의 저의 연구들을 모아 교재를 출간하는 이유는 제가 얻은 이 귀한 깨달음들을 한국 교회의 목회자 및 상담자, 평신도 지도자들과 나누고 싶어서입니다.

전체 구성은 다음과 같습니다. 1장은 인격목회가 무엇이고, 왜 필요한지에 대하여 언급하였습니다. 2장에서는 하나님 형상으로의 회복이 인격목회가 추구하는 궁극적 방향이기 때문에, '하나님 형상으로의 회복을 위하여' 라는 제목 하에 (사)다세움의 계간지인 나누리에 실린 '아가페 사랑의 실천, 진정한 사랑의 힘, 성도들은 어떤 상담을 원하는가, 하나님의 형상으로 회복되기 위한 인격치료' 로 내용을 구성하였습니다.

3장은 '기독교 상담과 적용' 을 중심으로 내용을 정리하였습니다. 그 내용은 '기독교 상담과 인지 치료를 통합한 인격치료 프로그램의 효과성 연구, 기독교 상담의 목회현장 적용점 모색에 관하여, 개혁주의 신학과 상담, 자살위기자에 대한 신앙인의 자세, 멘토로서의 기쁨' 으로 구성되어 있습니다.

4장은 '교회성장과 상담목회' 를 중심으로 내용을 구성하였으며 그것은 '상담목회 패러다임, 상담과 목회, 건강한 교회 운동에 대한 고찰, 교회성장을 돕는 상담목회 프로그램에 대한 연구, 목회자들을 위한 상담 프로그램, 개혁주의 신학과 상담' 으로 되어 있습니다.

5장은 하나님 형상으로 회복되기 위한 교육적 접근이 필요한 바 '기독교 인격 교육' 이 무엇인지 살펴보고 그 적용점을 중심으로 하였으며 그 내용은 '신앙성숙을 도모하는 기독교교육의 방향성, 하나님 이미지에 대한 소고, 인간관계의 문제 심정대화로 풀어라, 소그룹리더의 경청, 전인성숙을 위한 제자 훈련 교재 개발에 관한 연구'로 되어 있습니다.

   비록 부족한 것이 많고 비판의 소지가 있다는 것을 알지만 그래도 용기를 낸 것은 저처럼 인격목회, 상담목회, 건강한 교회를 세워가고자 노력하는 분들에게 조금이라도 도움이 되기를 바라는 마음 때문입니다.
   저의 작은 족적이 건강한 교회와 가정, 성숙한 성도를 세우는 일에 쓰임받기를 간절히 기도하면서 가난한 마음으로 이 책을 펼쳐봅니다.

하나님의 긍휼이 가득 임하기를 기도하며…
심 수 명

1장
인격목회란 무엇인가

1. 인격목회란 무엇인가 _ 12
2. 내면을 변화시키는 인격교육 _ 23

1. 인격목회란 무엇인가

1. 인격목회의 정의

인격목회는 하나님의 형상 회복이라는 목표를 가지고 성도를 이끌어 가는 목회 활동이다. 즉 성도가 예수님의 인격을 닮은 사람이 되어 예수님처럼 이 세상을 섬기고 변화시키도록 이끄는 사역이 인격목회이다. 따라서 인격목회가 추구하는 것은 하나님의 자녀로서 자신의 존엄을 회복하는 성도, 청지기 정신을 가지고 기쁘게 살아가는 성도, 영혼 구원이 인생 최대의 목표임을 알고 헌신하는 성도가 되도록 하는 것이다. 이를 위해 가면적 인격, 내면적 인격, 관계적 인격의 회복 및 성숙에 초점을 두어 신앙과 삶이 일치하는 인격적인 성도, 앎과 행함이 일치하는 성숙한 성도를 만들어 이 세상의 빛과 소금으로 살아 가도록 영향을 주는 것이다.

인간은 하나님의 형상으로 창조된 전인적인 존재이지만 죄로 인해 타락하였으며 그 영향으로 전인격이 절대적으로 부패한 존재이다. 그러나 인간 존재의 가장 중심되는 부분인 마음속에는 삼위 하나님의 인격성이 내재되어 있어 거듭난 그리스도인은 인격적인 관계를 갈망하는 욕구가 있다. 예수 그리스도의 구속의 은혜를 입은 성도들은 그리스도 안에서 생명을 회복하였으며 그 나라에 갈 때까지 점차 성화되는 존재이다. 따라서 성화의 과정에서 하나님의 형상을 회복하는 것이 기독교 인격 교육의 목표가 되어야 한다. 따라서 인격목회는 하나님의 형상 회복이라는 목표를 가지고 성도를 이끌어 가는 목회활동이라고 말할 수 있다.

2. 인격이란 무엇인가?

폴 투르니어(Paul Tourinier)는 인격에는 가면적 인격과 내면적 인격이 있다고 하면서 인격을 2가지로 구분하였다.[1] 필자는 여기에 더하여 관계적 인격을 추가하여 인격을 3가지로 구분하였는데 그것은 다음과 같다.

1) 가면적 인격

가면적 인격은 자신에게 주어진 역할을 수행할 수 있는 능력과 사람과 사람 사이의 적절한 간격을 유지할 수 있는 능력이다. 이것은 인격을 기능으로 보는 개념이며 자신의 본래 모습 보다는 외형적으로 드러나는 모습을 의미한다고 볼 수 있다. 따라서 가면적 인격은 다른 말로 외면적 인격이라고 할 수 있으며 이것은 겉으로 나타나는 그 사람의 모습이다. 인간이 사회화되어가는 첫 과정에서 배변훈련(toilet training)을 시킨다. 그 이유는 너와 나의 관계를 위해 타인이 싫어할 만한

---

[1] Gary R. Collins, The Christian Psychology of Paul Tournier, 정동섭 역, 폴 투르니에의 기독교 심리학(서울: IVP, 1998), 63-64.

부분들을 적절히 포장할 수 있는 능력을 기르도록 하기 위한 것이다. 제도교육의 목표는 모두 여기에 초점이 모아져 있다. 그러므로 가면적 인격이 잘 다듬어진 사람은 다른 사람에게 피해를 줄 만한 행동은 가급적 자제하고 타인을 배려하는 마음을 갖는다. 그래서 가면적 인격의 교육 목표는 자신을 지키면서도 타인의 영역을 침범하지 않는 능력을 키우는 것이다. 이것이 경계선 유지 능력이다.

가면적 인격이 적절하게 세워지게 되면 삶에서 예의바른 태도와 신사도를 갖게 되며 탁월한 일처리 능력과 자신의 분야에서 전문성을 갖게 된다. 그러나 너무 지나치면 위선적인 삶을 살거나 타인에게 지나친 간섭을 하는 태도를 보이게 된다. 반면에 가면적 인격이 부족하면 인격 장애의 병리성을 보이거나 분화가 제대로 되지 않아 다른 사람과 융합된 삶을 살게 된다.

2) 내면적 인격

내면적 인격은 말 그대로 자신의 내면에 은밀히 감추어진 자신만이 알고 있는 모습이라고 할 수 있다. 내면적 인격은 마음이나 중심이라는 말로 표현할 수 있다. 일반적으로 도덕이나 윤리적 개념에서의 인격을 말할 때는 바로 이 내면적 인격을 말한다. 이것은 자기 스스로가 인정하고 노출하지 않는다면 쉽게 드러나지 않아서 다른 사람이 잘 알 수 없는 내면의 성소로서 비밀한 부분이다. 내면적 인격의 수준은 자신의 인생관이나 삶의 철학이 정립되어 자기됨을 확립할 수 있는 정도에 따라 달라진다. 자신을 성숙시켜가려면 자기부족을 인정하고 타인의 도움을 진심으로 요청할 때에만 가능하다. 그리고 인생은 자신의 내면을 훈련하고 노력할수록 오히려 자신의 부족과 연약함을 보기 때문에 스스로 낮아지게 된다. 더 나아가 자신을 향한 다른 사람들의 평가를 통해 자신이 알지 못했던 자신의 허물이나 약함 등을 있는 그대로 보고 받아들이며 다루어갈 수 있는 능력이 필요하다.

내면적 인격이 부족하면 인생을 살아가는 목표나 비전, 철학이 없는 삶을 살아가기 때문에 삶의 깊이, 즉 내밀성이 없다. 그래서 상황에 따라 흔들리거나 사람의 유혹에 쉽게 넘어가는 가벼운 삶의 모습을 가지게 된다. 또한 내면적 인격을 깊이 성찰하지 않는 경우 자신의 악을 보지 못하고 자신을 내세우거나 과신하게 되어 교만한 태도를 가지게 되며 타인에게 심각한 상처를 주게 되는 것이다. 내면적 인격에서 필요한 덕목은 절제, 언행일치, 겸손, 용기, 근면, 소박, 진실, 사랑받기와 용서 누림 등이다. 이 중에서도 절제는 모든 미덕의 뿌리이다. 충동과 격정이 자신을 지배하면 도덕적 자유를 상실하므로 세상의 흐름에 휩쓸려 표류하면서 욕망의 노예가 될 수 있기 때문이다.

3) 관계적 인격

관계적 인격이란 내가 다른 사람에게 건강한 영향을 주고, 타인이 나에게 주는 영향력을 건강하게 다루어 더불어 평화롭게 살아가는 관계성을 의미하는 것이다. 즉 서로가 상대방의 존재에 참여하면서 삶과 사랑을 나누되, 서로의 삶이 성장하도록 관계의 방향을 가지는 것이다. 이로 인하여 피차의 존재됨 속에 사랑을 확인하는 것이 관계적 인격을 가지고 있을 때의 모습이다.

인간은 사회적인 관계에서 태어나고 거기서 생을 끝낼 수밖에 없는 관계적인 존재이다. 그래서 인간은 선천적으로 관계를 맺으려는 강한 본성이 있다. 이점이 관계적 인격을 지향하는 인간 본성의 한 특성이며, 이것이 인간을 인간답게 만드는 요소인 것이다. 인간은 자신을 숨기고 싶어 하면서도 동시에 노출하고 싶어 하는 욕구가 있다. 즉, 인격적인 관계를 맺기 위해 마음속 깊은 곳을 여는 것을 두려워하면서도 자신을 표현하고 자기 인격을 외부 세계에 드러내고 싶어 하는 강렬한 욕구가 있는 것이다.[2]

사람과 관계를 맺는데 가장 필수적인 것은 자신의 감정과 마음을 노출시켜 나를 열어주는 것이다. 즉 타인과 대화할 때 그의 개인적인 문제에 깊은 관심을 가지며, 나 자신의 삶과 문제들을 개방하여 인격적인 신뢰 관계를 형성해 나가는 것이다.

---

[2] Paul Tournier, L'aventure de la wie, 정동섭, 박영민 역, 모험으로 사는 인생(서울: IVP, 1995), 113.

이렇게 자신의 삶을 여는 진실한 용기와 주도적인 개방은 상대방으로 하여금 신뢰의 마음을 갖도록 하여 진실한 만남과 관계가 이루어지게 하는 것이다. 관계적 인격에서 필요한 자질은 무엇보다 다른 사람에 대한 진심어린 관심과 기꺼운 마음으로 사랑하려는 태도이다.

일차 인격인 가면적 인격, 이차 인격인 내면적 인격 그리고 삼차 인격인 관계적 인격을 비교하여 요약하면 〈표-1〉과 같이 정리할 수 있다.

〈표 1〉 인격의 비교

	가면적 인격	내면적 인격	관계적 인격
일반적인 모습	보여지는 부분, 성격, 역할, 외모	은밀히 감춰진 모습, 마음, 중심	타인과 관계 맺는 능력, 친밀함, 고독과 소외를 스스로 다스림
성공시	적절한 경계 유지, 예의와 신사도, 탁월한 일처리 능력, 전문성, 삶의 기술 습득(경청, 대화, 공감, 직면 등 상담적 기술), 긍정적, 창조적 성격, 적극적, 합리적 사고, 유머 등	자기노출과 고백, 죄책감에서 자유로움, 겸손, 만족, 감사, 행복, 삶이 빛남	진실한 사랑, 정직한 나눔, 자기개방, 진정한 리더십 발휘
실패시	인격장애, 위선으로 포장	죄책감, 합리화, 남 탓이나 자기비하, 자살, 교만	고독과 외로움, 조종, 관계 중독, 집단주의

3. 인격목회의 목표

기독교적 인격 교육은 예수님의 인격과 온전하심을 바라보며 우리의 삶 속에서 예수님의 모습이 나타나는 것을 목표로 한다. 특히 성령충만하여 하나님을 바라보기에 돌에 맞으면서도 천사처럼 죽어간 스데반을 모델로 삼는 것이다. 우리의 인격 교육은 온갖 악과 비행으로부터 벗어나기를 바라는 소극적인 교육이 아니며, 자제력, 근면, 정직, 친절, 친밀함 등의 성품교육을 지향하는 것도 아니고, 지, 정, 의의 통합을 바라는 인격 교육도 아니다. 우리의 인격교육은 바로 모든 것을 통합하여 하나님의 형상회복을 추구하는 인격교육인 것이다. 이것에 근거하여 인격 교육의 내용이 파생한다. 삼위 하나님의 자유와 힘은 서로를 지배하거나 억압하기 위한 것이 아니라 서로를 섬기는 사랑의 관계이셨다. 따라서 우리가 서로에 대하여 용납하고 용서하며 사랑할 수 있는 것도 하나님의 사랑과 인격적 존중에서 출발하는 것이다.

요약하여 정리하면 인격교육의 목표는 죄로 인해 단절된 하나님과의 관계를 회복하고, 인간과 인간 사이의 단절로 생긴 상처를 회복하여 하나님의 형상을 회복하도록 하는 것, 더 나아가 하나님의 형상으로서 살아갈 수 있는 인격을 갖추도록 하는 것이다. 그리하여 신앙과 삶, 앎과 행동이 일치하는 인격적인 그리스도인, 즉 성숙한 성도가 되도록 하는 것이다.

4. 인격목회의 내용

기독교인들이 성숙한 인격, 통합된 인격을 가지고 하나님을 영화롭게 하며 그의 뜻대로 살기 위해서는 다음 내용을 교육해야 한다.

1) 기독교적 가치관에 근거한 가면적 인격 교육

가면적 인격은 자신의 역할을 수행해 낼 수 있는 능력이라고 정의하였다. 이러한 관점에서 기독교적 가치관에 근거한 가면적 인격은 자신의 삶은 하나님으로부터 부르심 받은 것이라는 청지기 정신을 가지고 사는 것이라 할 수 있다. 이러한 점에서 하나님께서 주신 역할을 청지기 정신으로 이루어 낼 수 있는 능력과 자신을 지키면서도 타인의 영역을 침범하지 않는 능력을 갖도록 해야 한다. 그리고 이 세상을 살아가는 데 필요한 것(경청, 대화, 공감, 직면 등 상담적 기술)과 긍정적이며 창조적 성격, 적극적이며 합리적 사고와 성경적 사고, 그리고 유머 등과 같은 기술을 익히도록 해야 한다.

2) 기독교적 가치관에 근거한 내면적 인격 교육

내면적 인격은 은밀히 감추어진 자신만이 알고 있는 모습, 즉 마음이나 중심이다. 인간은 본래 타락함으로 인해 그 내면의 모습은 죄와 악으로 가득 찬 존재이다. 이렇듯 사람은 누구나 전인적으로 부패한 존재이며 연약하기 때문에 진정한 의미에서는 내면적 인격이 존재하지 않는다. 따라서 하나님의 은혜와 용서의 사랑을 입어야 한다. 그러므로 내면적 인격 교육의 목표는 자신의 죄, 허물, 실수, 악에 대해 방어하거나 저항하지 않고 순수하고 진실하게 인정하되, 끊임없이 하나님의 은혜를 구하며 죄와 싸우게 하는 것이다. 그래서 오직 하나님만 바라보며 하나님의 은혜가 내면에서 승리할 수 있도록 자신을 주님께 내어드린다.

그러므로 영적, 도덕적 자유를 누리려면 자신을 다스리는 자제력의 향상을 위해 끊임없이 성령충만을 덧입어야 한다. 그리고 예수 그리스도의 구속의 피로 인해 새로운 존재됨을 입은 성도는 그리스도의 온전함을 바라보고 내면적 인격을 만들어 가야 한다. 그리고 자신의 죄성과 싸우고 욕망을 다스리면서 안일을 버리고 성숙한 인격자의 모습(절제, 언행일치, 겸손, 용기, 근면, 소박, 진실, 용서 등)을 갖추도록 노력해야 한다.

3) 기독교적 가치관에 근거한 관계적 인격 교육

관계적 인격은 다른 사람과 더불어 살아가는 관계성을 의미한다. 따라서 기독교적 가치관에 근거한 관계성은 진실한 사랑의 나눔과 친밀감의 능력을 갖는 것이다. 삼위 하나님께서는 각기 스스로 자존하시며 완전한 존재이시지만 온전하고 하나되시는 신비로운 연합으로 인격적인 동등함과 평등함으로 관계를 가지신다. 이러한 관계성으로 인해 우리들도 진정한 하나됨을 이루어 갈 수 있는 것이다. 즉 주어진 역할이나 권위, 능력이나 지위 고하에 따라 인격을 차별하거나 평가하지 않으며 오로지 하나님의 한 형제로 부름받은 동등한 인격체로서 사랑의 관계를 이루어 가기를 힘쓰는 것이다. 그러므로 아가페 사랑과 성령충만한 삶을 살아가고 다른 사람을 돕고 영향력을 미칠 수 있는 지도력을 갖추도록 해야 한다. 관계적 인격은 공동체적 인격이라고도 할 수 있는데 이것은 사랑의 관계를 만들어가는 코이노니아(친교, 교제)의 능력이다. 이러한 인격적인 관심과 온정을 베풀 수 있는 지속적인 힘은 하나님의 은총 속에서만 나오기 때문에 타인과 사랑의 관계를 맺어 가려면 창조주 하나님께 의뢰하며 그 사랑과 은총을 지속적으로 공급받아야 하는 것이다. 이를 위해 하나님께 늘 기도하며 진리 안에서 하나님과 교제하기 위해 말씀을 묵상함으로 영적 교통이 풍성하게 이루어가야 한다.

기독교적 가치관에 근거한 인격목회의 목표와 내용을 정리하면 〈표-2〉와 같다.

〈표 2〉 기독교적 가치관에 근거한 인격목회의 목표와 내용

	가면적 인격	내면적 인격	관계적 인격
교육목표	신앙으로 자기를 세워감, 사랑의 조화(하나님사랑, 자기사랑, 이웃사랑) 신체, 지, 정, 의의 조화, 자신의 역할에 충실	기독교적 가치관에 근거한 삶 추구, 자기내면에 대한 성찰과 성숙	인류애(공적사랑), 성령충만, 타인과 복음화에 기여, 영향력있는 삶, 성숙한 리더십
교육내용	하나님께 순종, 예수님의 제자가 됨, 기독교적 경제관, 기독교적 가치관, 기독교 정신과 사고	성령의 열매(믿음, 사랑, 소망, 충성, 희락, 화평, 오래참음, 자비, 양선, 충성, 온유, 절제), 성숙한 인격자의 모습(절제, 언행일치, 겸손, 용기, 근면, 소박, 진실, 용서 등)	아가페 사랑과 성령충만의 삶 실천, 사람을 돕는 지도력

5. 인격목회의 방법

인격목회의 목표를 이루기 위한 방법론으로는 크게 다음의 네 가지가 있다.

첫째, 인격 회복을 위해서는 무엇보다 하나님과 성령님의 도우심을 계속적으로 바라보아야 한다. 인격목회에서 가장 중요한 요소는 진정한 사랑을 경험하는 것이다. 사실 인간의 모든 문제는 사랑의 상실과 결핍에서 비롯된 것인데 참사랑은 하나님으로 부터 오기에 잃어버린 사랑을 회복하기 위해 먼저 하나님과의 사랑의 관계 경험이 있어야만 인격회복이 가능하다. 진정한 아가페 사랑을 경험한 사람은 그 사랑에 감동되어 다시 다른 사람에게 사랑으로 다가가 그를 진실하고도 따뜻한 마음으로 섬길 수 있기 때문이다.[3] 이러한 과정 속에서 인격적 만남이 일어나게 되며 상처치유와 함께 성장과 성숙이 일어나는 것이다.[4] 그런데 진정한 사랑은 하나님의 아가페 사랑에 기인하기 때문에 항상 하나님을 바라보고 성령님을 의지해야 한다.

둘째, 신학과 심리학을 통합한 상담목회적 방법을 목회현장에 적용하는 것이다.[5] 그 실천적 방법은 상담적 기술과 관점으로 예배, 설교, 교육, 심방의 목회적 기능에 충실하면서 그리스도인들이 겪는 심리적 문제들을 예방, 치료하는 상담목회적 방법을 모두 포함한다. 이제는 기존의 방법을 넘어 내적 변화를 가져오는 상담목회적 방법이 필요한 때이다. 의식적 차원의 신앙이 아니라 영성적 차원에서 성품과 내면의 변화까지도 이끌어 낼 수 있는 신앙교육이 바로 상담목회적 방법이다.

셋째, 인간의 전인성을 고려하여 통전적으로 접근하되 영을 중심으로 한 통합된 전인성을 목표로 하는 방법론을 지향한다. 성경의 인간론은 인간을 몸과 영혼의 합일체로 보지 않고 인간을 몸이면서 동시에 영으로 인식한다. 즉 인간을 영육

---

[3] 심수명, 인생을 축제처럼(서울: 도서출판 다세움, 2005a), 86-93.
[4] 심수명, 인격치료(서울: 도서출판 다세움, 2005b), 101-106.
[5] 이 부분에 대해서는 '상담목회(도서출판 다세움)' 의 책에 자세히 소개되어 있으므로 참고하기 바란다.

의 통일체로서 보는데 이것은 인간 존재가 영성 및 이성과 정서, 행동 그리고 통찰의 측면을 동시에 지닌 통전적인 존재임을 시사한다. 통전적 인간 이해란 인간의 모든 차원들인 몸, 마음, 영혼이 한 인격 속에 기능하는 다른 역할들로 보는 것이다.[6] 이중 제일 중추적 역할을 담당하는 것이 영으로 보고 다른 전인을 고려한 인격 변화를 염두에 둔다.

넷째, 인격적으로 관계를 맺을 수 있는 능력과 함께 아가페 사랑이 필요하다. 이 개념은 폴 투르니어(Paul Tournier)의 '인격의학' 적 개념에서 얻은 통찰이다. '인격의학' 이란 목회자나 상담자이든 자신을 보호하는 권위주의를 버리고 성도와 동등하고 평등한 자리에 서는 것이다. 그리고 '성도/내담자의 인격' 과 '그의 질병에 대한 인격적인 의미' 에 관심을 기울이는 것을 뜻한다. 이때 사람들과 대화라는 통로를 통하여 영적 및 전인적인 문제에 깊은 관심을 가지며 동등한 교제까지 나누는 것이다. 이 과정에서 목사나 상담자는 자신의 삶과 문제들을 개방하여 수평적이며 인격적인 신뢰의 관계를 형성할 때 성도/내담자는 한 인간으로 존중받고 이해받으며 그 누구에게도 느껴보지 못한 사랑의 진실성을 체험하게 된다. 이때 내면에서 그 자신의 존엄성이 세워지며 내적 힘이 강해지는 것이다. 이러한 만남 속에서 사람의 문제는 치유되고 변화될 뿐 아니라 성장을 향해 나아갈 수 있는 것이다. 그래서 칼 로저스(Carl Rogers)는 상담에 있어서 내담자를 무조건 수용하고 존경하며 공감적으로 이해하고 진솔하게 만나는 기술이 상담자의 인격이 되어야 내담자를 치료할 수 있다고 보았다.

여기에 하나님의 아가페 사랑이 더해질 때 진정한 회복, 즉 하나님의 형상으로서의 인격 회복이 이루어지는 것이다. 전문적인 기술은 지성이나 훈련을 통해 얻어질 수 있으나 인격적인 관심은 아가페 사랑에서 나오기 때문에 삶 속에서 정직과 순수함, 사랑으로 선한 마음을 키워가야 한다. 따라서 목회자는 문제를 지닌

---

[6] 전인적인 면 중 인지적 측면은 도덕적 감지, 도덕적 가치 지식, 도덕적 추론, 의사결정, 도덕적 자기비판들이 포함되며, 정의적 측면은 양심, 자존심, 감정이입, 선을 사랑하는 것, 자아통제 등이며, 행동적 측면은 수행력, 의지, 습관들이다.

성도들을 도울 수 있는 인격적인 기술이 있어야 하며 사람에 대한 진정한 아가페 사랑이 있어야 한다.

6. 과정으로서의 인격 교육

기독교적 가치관에 근거한 전인교육의 궁극적인 목표는 하나님을 영화롭게 하며 영원토록 그를 즐거워하는 것이어야 한다.[7] 기독교인들이 성숙한 인격, 통합된 인격을 가지고 그의 전인을 하나님을 영화롭게 하며 그의 뜻대로 살기 위해서는 많은 시간과 수고가 요구된다. 따라서 이것은 전 생애를 거치는 성화의 과정이다.

인간은 타락한 본성과 이기심을 가지고 있으며 상처를 주고받는 존재이기에 자신의 인격을 다듬어가기가 힘든 존재이다. 그러나 한편으로 소망이 있는 것은 죄인된 인간의 본성 안에 여전히 하나님의 형상이 잔존해 있다는 사실이다. 따라서 성령님의 내주하심과 도우심을 믿으며, 상담목회적 방법으로 계속 훈련하면서 전인성을 염두에 두고 통전적으로 접근하고자 말씀과 각종 훈련 등을 해 나가면서 인격을 다듬어 나갈 때 언젠가는 하나님이 보시기에 아름다운 인격을 갖출 수 있다고 믿는다.

인격목회는 성도들의 인격 변화를 위해 목회자들의 무릎과 신학과 목회학, 그리고 심리학과 상담학적인 방법들이 통합되어 교인들이 성숙해지도록 돕는 것이다. 물론 이 과정은 험난하고 힘든 과정이다. 왜냐하면 인격 변화는 성격과 삶을 재구성해야 하므로 오랜 기간의 수고와 인내가 요구되기 때문이다. 이런 점에서 인격적으로 성숙한 그리스도인이 되는 것은 구원 이후 천국에 들어가는 날까지 계속되어야 한다.

---

7) 웨스트민스터 신앙고백 중 소요리 문답 1

2. 내면을 변화시키는 인격 교육

1. 외재적 동기와 내재적 동기

사람들이 어떤 행동을 할 때 그 행동의 동기는 다양하게 나타나는데, 그 동기를 간단하게 두 가지로 나누면 '외재적인 동기'와 '내재적인 동기'로 나눌 수 있다. '외재적인 동기'는 어떤 행동을 할 때 상을 받거나 비난을 피하기 위한 목적으로 행동하는 것이며 어떤 결과에 대해 그것이 좋은 것이면 자기 탓을, 그것이 나쁜 것이면 남 탓을 하기 때문에 늘 원망, 분노, 미움의 감정을 가지고 있다. '내재적인 동기'는 행동의 동기를 결과보다 더 중요하게 여긴다. 따라서 내재적 동기를 가진 사람은 일을 하는 동기가 스스로의 선행과 책임 속에 이루어지므로 기쁨과 보람, 의미가 따르게 된다.

그런데 안타까운 사실은 종교인들에 대한 조사 결과 외재적 동기로 신앙 생활하는 사람은 90% 이상이고, 내재적 동기로 신앙 생활하는 사람은 10%도 안 된다고 한다.[1) 이처럼 외재적 동기를 가진 신앙인이 훨씬 많기 때문에 기독교인들의 신앙 성숙이 어렵고 세상에 영향을 끼치지 못하는 것이다. 더 안타까운 것은 이러한 동기 수준은 잘 바뀌지 않으므로 신앙생활을 오래해도 동기와 삶의 태도는 쉽게 변하지 않는 것이다.

동기 이론에 대한 유명한 '원숭이와 바나나' 실험이 있다. 호기심이 많은 원숭이는 간단한 퍼즐을 주면 재미있게 푼다고 한다. 그런데 퍼즐과 함께 바나나를 주면 바나나를 주지 않았을 때보다 퍼즐을 더 잘 풀지만, 나중에 바나나를 주지 않고 퍼즐만 주었더니 더 이상 퍼즐을 풀지 않았다고 한다. 그 이유는 처음에는 퍼즐 푸는 것 자체를 즐거워하는 내재적인 동기에서 출발했는데, 바나나를 주자 그것이 보상이 되어 이제는 바나나란 상을 주지 않으면 퍼즐을 풀지 않는 외재적인 동기로 바뀐 것이다. 이것은 우리의 교육적 접근에 대한 중요한 통찰을 주는 실험이다.

2. 종교성향

동기 이론과 비슷한 연구로서 종교성향에 대한 연구가 있다. 종교성향에도 내재적 종교성향과 외재적 종교성향이 있다. 내재적 종교성향의 사람은 성경의 말씀과 진리를 사랑하여 그렇게 살려고 노력하는 사람이다. 이들은 신앙생활 자체를 즐거워하며 하나님의 말씀을 받아들이고 내면화하여 말씀에 일치되는 삶을 살려고 노력하는 사람이다. 한편, 외재적 종교성향의 사람은 자기의 목적이나 이익을 위해 신앙을 이용한다. 이들은 신앙을 축복의 수단으로 여기며 위로와 기분 전환, 인간관계에서의 사귐, 직분이나 직위를 통한 자기체면 세우기 등을 위해 신앙생활을 한다. 이렇게 신앙을 자신의 이익을 위해 이용하면 신앙을 통한 변화된 삶

---

1) 각종 심리학적 연구와 설문의 결과가 이를 증명합니다.

을 기대할 수 없다. 이들에게 신앙은 삶의 보조수단에 불과하기 때문이다.

동기와 종교성향과의 관계를 보면, 외재적 동기를 가지고 있는 사람은 외재적 종교성향의 신앙생활을, 내재적 동기를 가진 사람은 내재적 종교성향의 신앙생활을 하는 것으로 나타난다. 그러므로 외재적 종교성향의 사람이 내재적 동기의 사람으로 변화되는 것은 거의 불가능하다고 한다. 특별히 우리 민족은 운명론적 사고를 가지는 외재적 동기의 경향성이 많기 때문에 신앙을 가지게 되면 거의 대부분 외재적 종교성향의 신앙인으로 자라게 된다. 더 나아가 일반적인 신앙 교육이나 단순히 열심을 내는 신앙생활만으로는 내재적 신앙인으로 변하지 않는다는 것이 그동안의 연구이다.

3. 내면을 변화시키는 인격 교육

이것이 사실이라면 우리 성도들에게 성숙한 신앙생활을 기대한다는 것은 무리이며 신앙 교육이나 신앙생활이 무슨 가치가 있겠는가? 외재적 종교성향의 성도들에게 그리스도를 주인으로 모시고, 그분의 뜻대로 살라고 아무리 강조해도 과연 얼마나 변화되는 삶을 기대할 수 있겠는가?

그 방법의 핵심은 내면의 인격이 변화하도록 하는 교육이어야 한다. 그 방법론은 사랑을 느끼는 교육이어야 한다. 그리고 그가 하나님의 사랑에 감동되어 하나님을 향한 헌신이, 삶의 비전과 내용, 인격까지 바꿀 수 있도록 훈련 받아야 한다. 이 과정에서 인격 변화를 위한 성경공부, 그리고 자신의 성향과 성격의 변화를 위한 심리치료나 상담훈련 등이 필요하다. 상담학적인 방법이 인격 변화에 도움이 되는 이유는 인격 성숙에 있어서 방법론적 연구가 선행되어 있기 때문입니다.[2] 내적인 문제나 쓴 뿌리, 인간관계 등의 문제로 고통 받고 있는 성도들에게는 심리치료와 각종 상담훈련을 실시하고 있는데 이러한 노력과 훈련을 통해 저희 교회 성도들의 신앙과 삶이 내적으로 성숙해졌음을 확인하게 되었다.

물론 모든 교육에서 가장 중요한 요소는 성령님의 도우심과 그분께 전적으로 의존하는 자세이다. 내면적 인격 변화를 위해 먼저 성령님의 도우심을 덧입어야 한다. 그런데 자신의 이기적인 욕망을 위해 하나님을 이용할 때에는 인격 변화가 이루어지지 않는 것이다. 따라서 성령님과의 동행도 자신의 이익이나 목적이 아니라 그분의 뜻에 순종하여 하나님과의 인격적 만남이 있도록 이끌어야 한다. 이때 삶의 놀라움과 풍성함이 일어난다. 그리하여 모든 성도가 세계적인 지도자가 될 수 있는 비전을 가지고 살 때, 그들의 영적, 육적 자녀 또한 부모의 인격과 실력을 본받아 내일의 세계적인 지도자가 될 수 있는 꿈을 가지게 될 것이다. 전인 성숙을 위한 인격 교육의 핵심은 삼위일체 하나님의 인격성과 관계 양식에 근거를 둔다. 삼위일체 하나님께서는 각기 스스로 자존하시며 완전한 존재이지만 온전하고 하나 되는 신비로운 연합으로 인격적인 동등함과 평등함으로 관계를 이루어 가신다. 또한 깊은 사랑의 친밀함으로 교제하신다. 이러한 관계성으로 말미암아 우리들도 주어진 역할이나 권위, 능력이나 지위 고하에 관계없이 형제로, 동등한 인격체로서 함께 하기 위해 힘쓰는 것이다. 초대교회에서 서로가 재물을 나누며 네 것, 내 것이라고 하는 것 없이(행 4:2) 성령 안에서 사랑의 삶을 살아간 것처럼 보다 구체적으로 삶을 나누는 관계, 공동체를 이루어가는 것이다.

이로 말미암아 진정한 하나됨이 이루어지는 것입니다. 하나님의 인격으로 충만한 훌륭한 인격자들은 막대한 힘을 발휘한다. 그들은 단순히 자신이 가진 힘을 행사하기만 하는 것이 아니라, 다른 이들에게 자신의 힘을 전달하고 새로운 힘을 창출하기까지 한다. 그것은 인격적인 관계 때문에 하나되는 사랑에서 나오는 것이다. 훌륭하고 고결한 인격자들은 다른 사람들로 하여금 자신을 따르게 하며 자발적인 존경심을 불러일으킨다. 이러한 훌륭한 인격자와 함께 하는 삶은 그들

---

2) '불의한 청지기' 비유(눅 16:1-13)에서 예수님께서는 세상에서 배워 올 것이 있으면 배워오라고 하신다. 일반 학문에서 연구한 것을 가져다가 신앙적으로 활용하여 훌륭한 신앙인을 만들 수 있다면 가져다 써도 된다는 의미이다.

의 고매한 인격에 대한 존경으로 우리의 삶이 한 단계 더 높은 수준으로 나아가게 하는 힘이 있다.

1장 「인격목회란 무엇인가」에서는 인격목회에 대한 개관을 소개하고자 하였기에 2장과 5장의 내용과 약간씩 중첩됩니다.

2장
하나님 형상으로의 회복

〈칼럼〉
1. 아가페 사랑의 실천 _ 30
2. 진정한 사랑의 힘 _ 34
3. 성도들은 어떤 상담을 원하는가 _ 42
4. 하나님의 형상으로 회복되기 위한 인격치료 _ 47

칼 럼 〈출처〉(사) 다세움 계간지 나누리 창간호 2006년 6월

1. 아가페 사랑의 실천

어느 병원에서 있었던 실화이다.

나이 29세의 한 청년이 심한 교통사고로 병원에 실려 왔는데 그는 불행히도 혼수상태에서 깨어나지 못했다. 그가 할 수 있는 일은 숨 쉬는 일뿐이었다. 이렇게 1년이 지나면서 의사들은 회복불능이라는 최종 선고를 내렸고, 가족들도 그를 포기하고 말았다. 그런데 유독 한 간호사만은 그를 포기하지 않았다. 아무런 반응을 하지 못하는 식물인간, 누가 보아도 깨어날 희망이 전혀 보이지 않는 그를, 간호사는 마치 정상적인 사람 대하듯 했다. 특히 그 간호사는 그의 귀에 대고 항상 무슨 말을 속삭여주곤 하였다.

그런 그녀를 보고 동료 간호사들조차 쓸데없는 짓을 한다고 비웃었다. 그런데 어느 날 그 청년이 기적적으로 깨어났다. 그리고 한 달 후 퇴원을 하게 되었다. 그로부터 얼마 후, 그 청년이 다시 그 병원을 찾아와 그 간호사를 찾아 중환자실에서 겪었던 자신의 이야기를 다음과 같이 들려주었다.

교통사고를 당한 후 제 신체의 기능은 다 멈춘 것 같았습니다. 손가락 하나도 제 힘으로 움직일 수 없었습니다. 그런데 신기하게도 사람들의 말은 들을 수 있었습니다. 어머니의 울음소리를 들을 땐 가슴이 아팠고, 간호사들의 농담을 들을 땐 속으로 저도 웃었습니다. 그때까지만 해도 다시 일어날 수 있을 것이라는 희망을 버리지 않았습니다.

그러다가 회복 불능이라는 의사 선생님의 사형선고를 들은 이후, 저는 그만 절망에 빠지고 말았습니다. 그저 하루 빨리 죽기만을 기다렸지요. 그러나 죽고 싶어도 내 스스로 죽을 수도 없는 처지가 참으로 불쌍했습니다. 그런데, 어느 날부턴가 희망의 목소리가 들려왔습니다. 제 마음에 삶에 대한 희망을 다시 불어넣어 주는 목소리였습니다.

"지금은 식사시간입니다. 미음 들어갑니다. 놀라지 마세요!"

"약 먹는 시간입니다. 이 약 먹고 빨리 일어나세요!"

"욕창 생기지 않도록 몸을 반대방향으로 돌려 드릴게요!"

늘 제 귀에 대고 속삭여주던 그녀의 목소리는 저에게 사랑이었으며 동시에 큰 용기와 희망을 주었습니다. 전신이 마비되어 비록 말은 할 수 없었지만 그분이 저에게 말을 걸어올 때마다 마음속으로 이렇게 대답했습니다.

"감사합니다. 반드시 일어나도록 하겠습니다. 그리고 퇴원하면 꼭 인사드리러 오겠습니다."

그 후 저는 그분과의 약속을 지키려고 노력했고, 약속대로 다시 일어났습니다. 그리고 지금 약속을 지키고자 인사를 드리러 왔습니다.

이 땅을 살아가는 많은 사람들은 물질의 풍요가 자신의 삶을 채워줄 것이라고 믿고 그것을 향해 달려가고 있지만 정작 그들도 알고 있다. 그것이 행복을 가져다 주지 못한다는 것을…. 그렇다면 사람들이 진정으로 원하는 것은 무엇일까? 너무나 진부한 표현 같지만 사람들은 자신의 조건이 어떠하든지 간에 자신을 있는 그대로 존중해주고 수용해 주는 진실한 사랑을 원한다.

생의 목적이 무엇인지도 모르고 살아가고 있는 현대인들이라도 그들 모두는 진실한 사랑을 원하고 있다. 그러나 참사랑은 쉽게 만날 수 없고, 삶 속에서 경험하기도 어렵기에 사랑을 포기한 채 눈에 보이는 가장 확실하고도 안전한 다른 것들로 그들의 소망을 대체하는 것이다. 사실, 가장 가까운 사랑의 관계로 엮어진 가정 내에서도 이런 만남이 이루어지지 않으니 그들의 포기는 어찌 보면 당연한 것인지도 모른다.

"빨리 일어나세요!"라는 말 한 마디, 간호사가 전해준 그 사랑의 메시지가 모두가 포기했던 한 영혼을 어두움에서 다시 일으켜 세워 광명한 빛을 보게 해 준 것처럼 그 사람이 아무리 작고 보잘것없어 보이는 영혼이라 하더라도 그가 하나님의 형상이라면, 그가 누구이든지 간에 예수의 무조건적인 사랑이 경험되도록 해야 한다. 이러한 이유 때문에 기독교 상담이 필요한 것이다. 기독교 상담[1]은 지금 여기에 실재하고 있는 하나님의 아가페 사랑을 보여주며, 만지게 하며, 느끼게 할 수 있는 가장 좋은 방법이다.

인간의 모든 비극은 하나님을 삶의 중심에서 추방했기 때문에 비롯되었다. 그렇기에 모든 사람이 궁극적으로 지향해야 하고 만나야 하는 것은 하나님이다. 따라서 '예수 그리스도의 온전성을 닮아가는 것'을 궁극적인 목적으로 하는 상담은 인간이 당면한 고독, 절망, 의심, 회의, 슬픔, 시기, 폭력, 가난, 질병, 불화, 범죄 등의 고통에서 해방되도록 억압과 아픔을 치료하고 하나님을 만남으로 진정한 자유를 경험하도록 도와야 한다.

참사랑이란 바로 이런 것이다. 이것이 아가페 사랑이다. 아가페 사랑의 관계란 나의 아픔이 너의 아픔이 되며, 나의 고민과 갈등이 너의 것이 되면서 아픔이 치유되고 고민과 갈등이 해결되며 너와 나의 만남 가운데 하나님의 사랑과 은혜와 용서의 관계가 이루어지는 것이다. 따라서 기독 상담자는 사랑의 원천은 나로부터 시작되는 것이 아니라 예수님으로부터 나오는 것임을 고백하는 자이다. 사람

---

[1] 나는 상담을 기독교 세계관의 입장에서 해석하고 수용하므로 논리 전개상 특별한 경우를 제외하고는 이하의 글에서는 기독교란 말을 사용하지 않겠다.

을 섬기는 영적인 원천에 대해서 우리 기독인들은 근본적으로 무슨 일을 행하는 활동가 보다는 예수 그리스도를 경험하고 누리며 나누어 궁극적으로 예수님을 생각나게 하는 자이어야 한다. '내가 누구이기에 하나님의 살아 있는 사랑의 통로가 될 수 있단 말인가?' 이것은 행위에 대한 물음이 아니고 존재에 대한 물음인 것이다.

이러한 측면에서 상담자의 이상적 모델은 치유자로서의 예수 그리스도이시다. 몸과 마음과 영혼의 치유자로서의 상담자는 그리스도의 길을 따라야 한다. 상담자는 그 길이 멀고 험해도, 시간이 걸리고 많은 교육과 훈련이 필요해도 그 길을 포기할 수는 없다. 이는 험한 산 가시덤불을 헤치고서라도 길 잃고 상한 양 한 마리를 기어이 찾아오려는 목자의 마음에서부터 우러나온다. 만일 양에 대한 관심을 상실한다면 그것은 목자의 심정을 상실하는 것이다. 주님은 '내 양을 치라' 고 하셨지 '내 양떼를 치라' 고는 하지 않으셨다.

헨리 나웬이 그의 책 '상처 입은 치유자' 에서 보여주듯이, 상담자는 자신의 상처를 스스로 돌보면서도 기꺼이 상처 입은 다른 사람들을 치유하고자 자리에서 일어나 섬기도록 떠날 준비가 되어 있는 사람이라야 할 것이다.

존 하가이 박사는 "하나님이 함께 하지 않으면 실패할 수밖에 없는 큰 계획을 세우라."고 말했다. 우리의 비전은 "진정한 아가페 사랑을 실천할 수 있는 하나님의 사람을 만드는 것"이다. 이 비전은 하나님이 함께 하시지 않으면 안 될 비전이기에 우리는 하나님의 도우심을 바라며 매 순간 나아가야 한다. 이것이 바로 우리의 방향이다.

주께서 우리에게 은혜 베푸시기를 소망한다.

칼 럼 〈출처〉(사) 다세움 계간지 나누리 2006년 11월호

2. 진정한 사랑의 힘

인간은 사랑을 먹고 살며 사랑 안에서 숨쉬며 성장한다. 사랑은 삶을 치료하는 능력이 있기 때문에 사랑의 진실을 만나고 경험하면, 마음 가운데 아무리 큰 상처와 아픔이 있다 하더라도 그 상처는 치유될 수 있다. 이렇게 참된 사랑은 상처를 치유하는 힘이 있다. 그러나 아쉽게도 참 사랑은 너무나 귀한 만큼 얻기도 힘들며 유사사랑도 많다. 유사사랑은 상처를 치유하는 것이 아니라 상처를 더 가중시키곤 한다. 그런데 가만히 보면 우리들의 세상에는 참사랑보다 유사사랑이 더 많다.

상담이나 교육으로 사람을 돕다 보면 대부분의 상처는 바로 이 유사사랑, 부패한 사랑 때문에 생기는 것임을 알 수 있다. 사람들은 사랑을 받았지만 대부분 잘못된 사랑을 받았기에 상처와 고통 속에서 몸부림치는 것이다. 그리고 잘못된 사랑이 참사랑인 줄 알고 그 사랑을 더 받으려고 집착하며 사람중독이나 사랑중독, 성중독이라는 관계중독에 빠진다.

이렇게 잘못된 사랑인 유사사랑1)은 실제로 우리들이 살아가면서 접하게 되는 것들이다. 우리는 이런 사랑을 통해 어느 정도 도움을 받는 것처럼 보이지만 이런 유사사랑은 인격적인 삶이나 관계를 형성해 나가는 데 매우 해롭게 작용한다. 따라서 이런 사랑은 오히려 경험하지 않는 것이 훨씬 낫다. 이혼한 사람들의 정신적, 신체적 건강상태가 행복한 결혼생활을 하거나 결혼을 한 번도 해보지 않은 사람의 경우보다 더 나쁘다는 여러 연구가 이것을 뒷받침해 주고 있다. 그렇다면 잘못된 사랑의 모습에는 어떤 것들이 있는지 구체적으로 살펴보기로 하자.

첫째, 사랑한다고 하면서 소유하려 하는 것은 참사랑이 아니다. 사랑하면 소유해도 된다는 식의 사랑은 부패한 사랑이다. 소유의 사랑은 "나는 너를 사랑해."라는 말 속에 "나는 너를 소유하고 싶어."라는 의미를 담고 있다. 이것은 "너는 내가 주는 사랑만 받아."라고 하는 강한 지배 욕구의 표현이다. 그래서 건강한 사람이라면 사랑이라는 핑계로 자신을 소유하려 할 때 "차라리 나를 사랑하지 말아줘."라는 강한 저항과 거부가 일어나게 된다.

둘째, 지배적인 사랑은 사랑하기 때문에 상대방을 내 맘대로 움직이고 싶어 하며 "너의 삶의 방향을 내가 정해 줄게. 내가 너를 사랑하니까 내가 원하는 대로 살아줘!"라고 말하는 것이다. 지배적인 사랑은 사랑을 가장한 조종이요, 휘두름이다. 하나님은 인간을 지배하려고 창조하지 않으셨다. 그분은 우리를 인격적으로 존중하시며 사랑하신다.

셋째, 과잉보호의 사랑도 잘못된 사랑이다. 과잉보호는 자녀를 나약하고 무기력한 존재로 만든다. 과잉보호를 받은 자녀는 자신이 무능하기 때문에 부모가 자신을 믿지 않는다고 생각한다. 자녀는 실수를 통해서 배우고 성장하는데, 과잉보호는 자녀가 인격적으로 성장할 수 있는 기회를 원천적으로 봉쇄하는 것이다. 부모가 한평생 자녀의 어려움을 막아 줄 수 없음에도 과잉보호하면서 "이것이 너를

---

1) 유사사랑에는 로맨틱한 사랑, 집착적(의존적)인 사랑, 정신집중의 사랑, 목적 없이 주는 사랑, 과잉보호적인 사랑, 감정적인 사랑, 표현하지 않는 사랑, 조건적인 사랑, 유희적 사랑 등이 있다.

사랑하는 것이야."라고 말하고 있기 때문에 자녀는 독립할 힘도 잃어버린 채 어른이 되어서도 어린아이와 같은 부정적인 자기중심성을 가지며 피해의식 속에 살게 되는 것이다.

넷째, 절제하지 않는 사랑도 잘못된 사랑이다. 자녀가 자신의 욕망대로 요구할 때 그것을 다 들어주면 자녀는 잘못된 길로 가게 마련이다. 이런 경우의 사랑은 자녀들이 요청하지도 않는데 부모가 미리 알아서 모든 것을 해결해 주고 물건도 미리 이것저것을 사준다. 그런 자녀는 물건의 소중함도 모를 뿐 아니라 감사하는 마음도 배우지 못한다. 인간은 자신의 욕구를 자제하는 것도 배워야 하기 때문에 자녀가 필요로 하는 것이 있을 때 함께 대화하면서 자제하거나 꼭 필요한 것을 얻을 수 있는 방법을 가르쳐 주면 자녀는 절제하는 조절 능력을 갖추게 된다.

다섯째, 편애도 잘못된 사랑이다. 편애는 사랑받지 못하는 사람뿐 아니라 편애 받는 사람에게도 해롭다. 편애 받는 사람은 자신밖에 모르는 이기심, 타인의 고통을 당연하게 여기며 아픔을 외면하는 잔인성을 지닌 사람이 되기 쉽다. 반면에 사랑받지 못한 사람은 거절감, 열등감, 분노라는 상처를 받는다. 부모의 입장이든 일반적인 인간관계의 경우이든 심리적으로 더 사랑스런 사람이 있을 수 있다. 그러나 편애가 모든 사람에게 해롭다는 것을 명심하면서 모두에게 공평한 사랑을 표현하도록 노력해야 한다.

여섯째, 완벽을 요구하는 사랑도 잘못된 사랑이다. 완벽주의적인 부모나 상사는 자녀나 부하 직원에게 "더욱 잘해야 한다." "최선을 다해야 해." "조금만 더 잘하면 좋겠어." 하고 끊임없이 요구한다. 이미 달성한 성과에 대해서는 격려나 인정을 하지 않고 "더욱 잘하라."는 메시지만을 강조한다. 이런 상사나 부모 밑에 있는 사람은 부모나 상사의 만족과 인정, 칭찬과 격려에 굶주려 있어서 처음에는 최선을 다해 기대에 부응하려고 노력한다. 하지만 그 기준이 점점 높아지기 때문에 나중에는 힘겨워 하면서 마음속으로 '나는 안 돼.' '나는 항상 이 모양이야.' '그들을 기쁘게 해 드리는 것은 불가능해.'라고 생각하며 절망감에 빠져 결국에는 죄책감과 무능감, 자포자기라는 자기학대를 가지게 된다.

일곱째, 비교하는 사랑도 잘못된 사랑이다. 사람들이 사용하는 말 중에 제일 자극적인 말이 다른 사람과 비교하며 이야기하는 것이다.

"저 사람을 좀 보고 배워라. 얼마나 부지런하냐? 저 사람은 성공했는데 너는 어찌 그 모양이냐?" "네 친구들은 다 철들었는데 왜 너는 그 모양이냐?" 이런 말을 들으면 자신은 아무 짝에도 쓸모없는 수치스러운 존재로 느껴질 수밖에 없다. 그리고 다른 사람과 비교되는 걸 통해서 세상 사람들이 두 등급으로 나누어져 있다는 거짓 진리를 배우게 된다. 즉 좋은 사람과 나쁜 사람, 사랑받을 사람과 사랑받지 못할 사람, 부지런한 사람과 게으른 사람, 남한테 인정받을 사람과 경멸받을 사람 등으로 사람을 구분하게 되면서 자신을 열등하고 무가치한 존재로 보는 것이다.

여덟째, 조건부 사랑도 잘못된 사랑이다. 조건부 사랑이란 상대방이 내 기분을 맞출 때만 사랑하겠다는 행위위주의 사랑이다.

"네가 잘해." (멋있을 때만 난 너를 사랑할거야.)

"그게 뭐니?" (내 마음에 들 때만 너는 나한테 사람으로 인정받는다.)

이것은 내가 하나님의 자리에 앉아서 상대방의 자격과 조건, 행위와 성적에 따라 사랑을 줄 수도 있고, 사랑을 거둬들일 수도 있다는 지시적인 사랑이다. 어떤 조건이나 요구를 내걸면서 그것을 충족시킬 경우에만 사랑을 주겠다는 식으로 분위기를 조성하는 것은 모두 율법주의적이며 권위주의적인 사랑이다. 위에 열거한 것 외에도 우리 주변에는 잘못된 사랑이 많이 있다. 이러한 잘못된 사랑 때문에 사랑을 받음에도 여전히 상처 때문에 괴로워하고 삶이 어려운 것이다.

참사랑이란 무엇인가? 스캇 팩(Scott peck)은 "사랑은 자기 자신이나 타인의 정신적인 성장을 도와줄 목적으로 자신을 확대시켜 나가려는 의지이며, 행위로 표현되는 만큼 사랑이다. 사랑은 의지에 따른 행동이며, 의도와 행동이 결합된 결과이다."라고 사랑의 정의를 내리고 있다. 나는 이 말이 좋다. 진정한 사랑은 타인이 성장하도록 능력을 부여하는 것이다. 사랑을 하게 되면 나의 사랑을 받는 그 사람이 성장하게 되고, 자신을 발전시켜 나가는 경향이 있는 것이다.

참사랑은 하나님에게서 나타나고 표현되며 실현되었다. 그 사랑은 바로 아가페 사랑이다. 참된 사랑이란 가장 순수하고 고귀하며 자기를 포기하는 특징이 있는데, 이러한 사랑의 본질은 바로 하나님의 아가페 사랑에서 찾을 수 있다. 아가페 사랑에는 사람을 볼 때 조건 없이 순수한 마음으로 바라보는 무조건적인 수용이 있다. 사랑한다는 미명으로 그를 소유하거나 지배하는 것이 아니라, 오히려 사랑하기 때문에 그가 그 자신으로 살아가도록 놓아주는 비소유적 사랑, '그 사람' 중심으로 그를 사랑하는 이타적 베풂이 나타나게 된다.

이러한 아가페는 아무 조건 없이 상대방을 좋아하고 돌보아 주며, 용서하고 베푸는 것이다. 이것은 자신이 감당할만한 수준에서 깨끗하게 베푸는 자기희생적 측면이 있다. 이 사랑은 하나님이 자기 아들 예수 그리스도를 죽여 아무 조건 없이 인류를 구원한 사건에서 나타나고 있다. 이렇게 참된 사랑이란 하나님의 아들을 통해 이미 받았기에 순수하게 주는 것이며, 줌으로써 다시 받을 수 있는 것이다. 우리에게는 바로 이런 아가페 사랑이 필요하다. 이 사랑만이 사람을 치유하는 능력이 있으며 삶을 성장시키고 변화시킨다.

나는 어린 시절에 사랑을 받아 본 적이 없었기에 외로움과 상실감 속에서 자랐다. 그래서 누군가 나를 사랑해주기를 간절히 기다리며 사모했지만, 실제로 사랑으로 다가오는 사람이 있으면 그것이 참사랑인지 아닌지 확인하려고 부정적인 방법으로 그 사람을 대했다. 나는 사랑을 원했으면서도 한편으로 사랑받는 것이 어색하고 두려워서 사랑을 피했으며 나만의 고독한 성에 들어가 은밀하게 숨었다. 그래서 나는 더 외롭고 고독했으며 상처는 가중되었다.

나는 잘못된 사랑조차 받지 못하고 컸다. 그래서 나의 삶은 공허 그 자체였다. 수많은 세월을 방황하던 중에 하나님의 조건 없는 사랑이 내게 다가오는 날이 있었다. 나를 사랑하여 자신의 가장 귀한 아들까지도 아낌없이 주신 그 지고지순한 사랑이 실제로 내 가슴에 와 닿던 날, 나는 너무도 감격하여 사랑에 울고 또 울었다. 한 번도 사랑을 받아본 기억이 없던 나였기에 하나님의 사랑은 포근한 이불처럼 나를 감싸 안는 치유의 힘이 있었고, 폭포수처럼 쏟아지는 감당할 수 없는 풍성함이 있었다. 그래서 온 세상을 지배할 만큼의 자신감이 생겼다.

  너무도 큰 사랑을 받은 나는 사랑에 빚진 자요, 포로가 되었기에 '내가 너에게 베푼 사랑처럼 모든 사람을 사랑하라' 하신 하나님의 명령에 순종하고 싶었다. 이처럼 하나님의 사랑을 체험하긴 했으나 그 사랑은 한순간에 내게 임했으며 내 삶을 사로잡았기에 나는 그 사랑을 다른 사람과의 관계에서 어떻게 적용해야 할지 알 수 없었다. 특히 나는 인간관계에서 사랑을 경험하지 못했기에 어떻게 다른 사람에게 사랑을 베풀어야 하는지 알 수 없어서 사랑하는 것 자체가 너무나 벅차고 힘들었다. 하지만 나는 하나님의 사랑에 감동되었기에 '모든 사람에게 나의 사랑을 전하라' 하신 하나님의 말씀 이상으로 순종하고 싶었고 더 나아가 하나님을 위해 무엇인가 보답하고 싶은 강박적인 마음을 가지고 있었다.

  그 이후 나는 영적 양식을 얻고자 하나님과 교통하면서 말씀을 통하여 하나님의 사랑을 더 깊이 알아갔다. 특히 말씀 안에서 등장하는 하나님의 모습과 태도들, 하나님께서 사람과 관계하는 방식을 연구하기 시작했다. 그리고 하나님의 인격적인 모습과 그 의미를 깨닫고 배우면서 감동하였고 사랑의 능력을 만들어가기 시작하였다. 그래서 그 내용들을 잊어버리지 않도록 외우고 내 마음에 새겼다. 그 이후 사람들을 돕고 섬기면서 더 많은 하나님의 사랑과 은혜를 얻었고 그분과의 만남을 통해 그 사랑의 순수성과 능동성을 점점 더 많이 배우게 되었다.

  그러면서 하나님이 내게 주신 그 사랑대로 적용하도록 애썼다. 그렇지만 그것은 하나님의 사랑을 얻으려고 사람들을 돌본 사랑이었으므로 여전히 내 중심적인 사랑이었다. 그러나 내가 하나님의 사랑에 보답하고 싶은 마음과 사람에게 사랑받고 싶은 마음이 아닌, 하나님께만 사랑받고 싶은 마음으로 사람들에게 사랑을 주었기에 나의 사랑(정확히 표현하면 나를 통한 하나님의 사랑)을 받은 사람들이 깨끗하고 순수한 사랑을 누리는 축복이 있었다. 이런 나의 헌신이 2년 정도 지난 어느 날, 나의 사랑을 받은 사람들이 진실로 내게 다가와 다시 나를 사랑하고 신뢰하면서 자신들의 인생을 나에게 헌신하는 진실한 모습을 보여주었다. 그것은 나에게 제2의 축복이 되었다. 제1의 축복은 하나님의 무궁한 사랑이지만 제2의 축복은 인간관계에서 사랑의 경험이 없는 나에게 인간적인 사랑으로 되돌려준 성도나 제자들의 사랑이었다. 나는 감격과 기쁨으로 울고 또 울었다. 나는 정말이지 작은 것을 하나님께 드렸는데 하나님은 너무나 큰 것으로 나에게 축복하셨다. 그 이후 나는 점점 더 내 삶 속에 아가페를 위한 모험을 하게 되었다. 그리고 좀 더 자연스럽게 사랑의 헌신을 하게 되었고 그러면 그럴수록 더 많은 사랑을 누리며 사랑의 나눔을 갖게 되었다.

사랑이 무엇인지 모르고 경험하지 못했던 한 아이가 하나님의 무조건적인 사랑을 강하게 경험하였기에 잘못된 사랑이 아닌 하나님의 사랑을 나누게 되어 얼마나 감사한지 모른다. 상담을 하면서 많은 사람들이 잘못된 사랑을 받으려고 애쓰며 그 사랑이 없다고 아우성칠 때 나는 마음속으로 '그런 사랑은 당신을 더 파멸시킬 수도 있고 하나님의 사랑을 보지 못하게 만들 수 있습니다.' 라고 말하고 싶지만 그 사랑이라도 받고자 애쓰는 상대방을 보면 이 또한 내 중심적인 말인 것을 어쩌랴?

오지여행을 즐기며 재난 현장에서 일하는 한비야는 '지도 밖으로 행군하라' 는 책에서 다음과 같이 말한다.

"내가 이 세상에서 제일 무서워하는 것은 다름 아닌 헛된 이름, 허명(虛名)이 나는 일이다. 평가절하도 물론 싫지만 지금의 나 이상으로 여겨지는 것이 제일 무섭다. 나의 실체와 남에 의해 만들어진 허상의 차이를 메우려고 부질없는 노력과 시간을 들여야 하는 것이 제일 두렵다. 실제로는 오이인데 사람들이 수박이라고 생각한다고 가정해보자. 그러면 길쭉한 오이는 남 앞에 설 때마다 크고 동그랗게 보이려고 무진장 애를 쓸 것이고, 있지도 않은 줄무늬까지 그려 넣어야 할 것이다. 그렇게 변장을 하고서도 오이라는 사실이 드러날까 봐 늘 마음 졸이며 살아야 한다. 나는 아무리 수박 노릇이 근사하고 대접을 받는다 하더라도, 가짜 수박보다는 진짜 오이가 훨씬 재미있고 행복하게 살 수 있다고 생각한다. 얼치기, 함량 미달, 헛된 이름이 난 수박보다 진국, 오리지널, 이름값 하는 오이가 훨씬 자유롭고 떳떳할 테니까. 그래야 제 맛을 내면서 자기 능력의 최대치를 발휘할 수 있을 테니까. 그리고 조금씩 커가는 과정을 스스로 만끽할 수도 있을 것이다. 그래서 오늘도 나에게 묻는다. "가짜배기 수박이고 싶은가, 진짜배기 오이이고 싶은가?"

인생은 하나님의 작품이다. 작품은 비교되지 않는다. 나는 나로서 가장 고귀한 존재인 것이다.

하나님의 사랑은 우리의 자격이나 행위나 성취와 상관없이 우리를 있는 모습 그대로 사랑하시는 '조건 없는 사랑'이다. 조건 없는 사랑을 받은 자녀는 어떠한 일이 있어도 부모가 나를 사랑한다는 확신 가운데 두려움 없이 밝게 성장한다. 나는 하나님의 사랑을 크게 누린 한 사람으로서, 그 사랑에 빚진 자로 살아가고 싶다. 그래서 참사랑을 필요로 하는 자에게 아가페 사랑을 주는 치유자로 살고 싶다. 그래서 작으나마 나를 통해 하나님의 아가페 사랑이 전해지기만을 바랄 뿐이다. 그래서 사랑이 없어서 고통당하고 있는 사람들에게 하나님의 사랑이 나를 통해 조금이라도 전해지기를 바라며 겸손히 나의 길을 가고 싶다. 주님께서 나를 부르시는 그날까지….

칼럼 〈출처〉 (사) 다세움 계간지 나누리 2007년 1월호

3. 성도들은 어떤 상담을 원하는가

믿음 좋은 여 집사님 한 분이 갑자기 교회에 나오질 않았다. 교구담당자를 통해 무슨 일인지 알아보았더니 부부싸움을 심하게 해서 도저히 교회에 갈 수 없었다는 것이다. 그 다음 주에는 신실한 안수 집사님께서 몸이 아프다고 하면서 교회에 나오지 않았다. 혹시 또 다른 일은 없는지 살펴보니 요즘 회사 사정이 안 좋아 직장을 그만두든지, 아니면 다른 일을 해야 될 것 같은데 너무 신경을 써서 그런지 정말로 꼼짝 못할 정도로 몸이 아프더라는 것이다. 소위 심인성 질환 때문에 고통을 받고 있었던 것이다.

목회 현장에서는 이런 유형의 모습들이 매일 일어난다. 위의 경우에는 그나마 믿음이 좋은 분들이라 1주나 2주정도 지나면 다시 문제를 해결하고 교회 생활을 잘하곤 하지만, 믿음이 어린 신자나 가정이나 직장, 경제, 여러 인간관계 등의 문제가 일어날 때 자신을 도와주지 않는 하나님과 교회 공동체에 실망하여 신앙을

등지는 경우가 많다. 이런 현실 속에서 교회는 그저 말씀과 기도만을 강조하면 되는지 생각해 보아야 할 것이다.

하나님의 자녀들이 그리스도를 믿는 순간부터 정신적 고통과 삶의 모든 문제로부터 자유로울 것이라고 생각하는 것은 어리석은 것이다. 그리스도인들은 하나님 나라의 신학적 관점에서 볼 때 '이미'와 '아직' 사이에서 삶의 다양한 문제들로 고통과 좌절을 겪으면서 성화의 길을 가는 것이다. 그러므로 기도와 믿음만을 강조하는 것은 하나님이 주신 지혜를 무시하는 것이요, 아픔을 겪고 있는 사람들을 외면하는 일이 되는 것이다.

우리는 균형 있는 시각이 필요하다. 그것은 신앙과 학문, 기도와 상담의 조화이다. 그동안 한국교회는 교회부흥의 전략에 대해 나름대로의 연구가 있었지만, 이에 비하여 전도와 돌봄의 대상인 인간에 대한 연구가 너무나 부족하여 사람들을 하나님께로 인도하는 데 많은 좌절을 경험한 것이 사실이다.

하버드 의대의 유명한 정신분석학자인 알만드 니콜리(Armand Nicholi)박사는 현대 사회의 가족 내에서 의미 있는 돌봄의 관계가 파괴되는 현상이 급속도로 확산되고 있기 때문에, 머지않아 병원 병상의 95퍼센트까지 정신질환자가 차지하게 될 것이라고 예견하였다. 그는 더 나아가 미래에는 자제력 부족이 정신적 또는 정서적 장애의 주된 특징이 될 것이라고 말했다.

스캇 팩(Scott peck) 박사 역시 "살기가 힘들다…삶은 문제의 연속이다."라고 외친다. 이 피할 수 없는 진리는 교회나 세상, 그 밖의 어디에서나 그대로 적용된다. 이미 현대의 성도들은 이전과는 비교할 수 없을 정도로 많은 개인적인 어려움과 가정의 문제 때문에 갈수록 상담을 필요로 하고 있다. 우리 주변의 많은 성도들은 낮은 자존감이나 거절감, 열등감, 부정적 자아상으로 고통 받고 있으며, 우울증, 불안, 잘못된 죄책감이나 완벽주의 등 여러 많은 인격적인 문제 때문에 인해 힘겨워하고 있다. 즉 우리 성도들은 거의 모두가 죄의 문제와 심리적, 관계적 문제로 말미암아 어찌해야 할 바를 모르고 있는 것이다.

고통의 시작은 아담으로부터 거슬러 올라가게 된다. 아담은 죄로 말미암아 하나님으로부터 버림받았을 때 엄청난 마음의 충격과 상처를 입게 되었다. 버림받은 인간은 두려움, 열등감, 불안 그리고 불신의 상처를 입는다. 즉, 인간의 깊은 내면에는 우리가 느끼지 못하는 원죄가 있듯이, 깨어진 마음이 있다. 이렇게 인간의 모든 문제는 죄와 함께 시작된다. 따라서 하나님의 형상으로 창조된 깨끗하고 건강한 인간의 마음도 결국 죄로 말미암아 병들기 시작한다. 죄의 결과 인간은 절망, 고독, 죄책, 회의와 무의미, 자살, 죽음 등을 겪게 되었다. 또한 인간 개인에게 뿐 아니라 공동체 사이에도 분열이 들어왔다.

이처럼 마음에 상처를 받아 인격에 손상이 오면 사람들은 열등감과 죄의식 때문에 그 누구도 믿지 못하고 받아들이지 못한다. 또한 무시를 받으면 원망과 분노가 올라오며, 버림받을 것에 대한 두려움 때문에 관계를 맺고 싶은 마음이 있어도 관계를 잘 맺지 못하는 어려움에 직면하게 된다. 이것이 바로 인간의 현주소이다.

우리 교회는 새로운 시각과 마음을 가지고 삶의 다양한 문제 때문에 도움을 필요로 하는 성도들에게 다가가야 한다. '기도합시다. 하나님께서 은혜를 주실 것입니다.'라는 위로가 도움이 될 때도 있지만 인격적인 문제나 상처, 미래의 진로나 직업, 인간관계에서 오는 갈등에 대해서도 해결책을 제시해 주어야 한다. 성도들은 자신이 처한 상황에서 고민하고 있는 모든 문제에 대하여 상담을 받고 도움받기를 원한다. 그러므로 교회가 그들의 필요에 맞춰주어야 한다. 즉 현실적인 여러 문제들 때문에 고통 받고 있는 그들에게 실제적인 해결을 제시해 줄 수 있어야 한다. 하지만 현실은 어떠한가? 그리스도인들은 내적인 문제나 가정이나 직업의 문제, 이성 교제의 문제, 자녀 교육의 문제에 대해서 교회가 도움을 줄 수 있는 곳이라는 믿음이 별로 없다. 그래서 자기 나름대로의 대답을 찾아 동분서주하다 보니 그릇된 유혹에 넘어지는 경우가 왕왕 발생하는 것이다. 더 나아가 교회가 단순히 영적인 문제에 대해서만 접근한다면 그것은 예수님이 보여 준 모습과도 일치하지 않는다. 우리는 더는 편견과 두려움, 혹은 게으름 때문에 성도들의 어려움을 외면해서는 안 될 일이다. 그리고 교회 밖의 상담자, 의사, 봉사자들과도 네트워크를 이루어 다양한 문제들을 다각적으로 돌보아야 하는 것이다.

따라서 교회는 그러한 실력과 여건을 갖춰야 할 것이다. 즉 교회가 앞장서서 그들을 도울 수 있도록 능력과 시스템을 갖추도록 해야 한다. 만일 교회의 어려움 때문에 독자적인 여건을 조성하기 어렵다면 전문적인 기관이나 또 다른 전문가의 도움을 받아서라도 혼란에 빠진 영적 자녀들을 도와야 할 것이다. 그러려면 성도들의 문제를 목사 혼자서 감당하려는 순진한 생각은 버리고 다른 많은 사람들과 협력하는 방안을 강구해야 할 것이다.

그뿐만 아니라 지교회를 세워가는 시스템 만들기에 있어서 날이 갈수록 복잡해지고 다양해져 가는 성도들의 문제를 목회자가 과연 얼마만큼 돌보고 양육할 수 있겠는가? 우리가 사는 현대사회 속에서 학령기의 자녀를 돌봄에 있어서도 부모 외에 얼마나 많은 교사와 도우미들이 필요한가?

성도를 돌보고 치유하며 하나님의 사람으로 세워야 하는 목회 사역은 목사 혼자만의 사역이 아니라 교회 전체가 자신의 은사에 따라 함께 목회에 동참해야 하는 것이다. 그러므로 목회자는 평신도들과 함께 이 사역을 나누어 져야 한다. 어떤 면에서 평신도들은 성도들과 같은 입장에 서 있기 때문에 목회자보다 더 효과적으로 도울 수 있는 부분도 있다. 이런 점에서 평신도를 목회의 동역자로 활용하는 인식의 전환이 필요하지만 함께 동역할 수 있는 평신도들도 이런 소명감에 불타야 한다. 즉 목사의 목회사역에 헌신하는 훈련된 평신도 상담자가 있어야 하는 것이다. 목회자와 함께 상담 훈련을 받은 평신도들이 불안과 갈등으로 고통 받고 있는 영혼들을 만나 아픔을 나누고 위로하며 격려할 때 문제가 해결되고, 더 나아가 교회 공동체가 성숙된다.

목회자들은 상담의 중요성을 깨닫고 자신뿐만 아니라 교인들도 상담에 대해 열린 마음을 갖도록 해야 한다. 그리하여 교회의 귀중한 자원인 평신도들을 훈련시켜 교회 안팎의 상담 사역을 감당토록 해야 할 것이다. 이럴 때 목회자는 과중한 업무 때문에 자신의 임무를 소홀히 하지 않을 수 있게 되고, 다른 한편으로는 평신도와 함께 사역함으로 말미암아 목회의 균형을 도모할 수 있을 것이다.

상담자가 목회자이건 평신도이건 간에 상담자의 자리에 선 사람들이 기억해야 할 진리가 있다. 상담은 누구나 할 수 있지만 내담자에게 좋은 영향을 끼치는 상담은 상담자의 인격적 자질이 구비되지 않으면 안 된다는 사실이다. 상담자에게는 상대방의 문제가 무엇이든지 그를 이해하고 수용하려는 타인중심의 마음이 필요하다. 이러한 측면에서 상담자의 이상적 모델은 치유자로서의 예수 그리스도이시다. 몸과 마음과 영혼의 치유자로서의 상담자는 그리스도의 길을 따라야 한다.

또한 한국의 전통적인 권위주의 문화가 성경적인 섬김의 문화로 회복되려면 내담자와 상담자의 관계가 평등한 인격적 관계로의 만남이 이루어져야 한다. 이를 위해 인격치료적 상담이 교회 안에서 활성화 되어야 한다. 인격치료적 상담이란 상담자가 내담자를 문제의 사람으로 보는 것이 아니라 함께 사랑을 나눌 대상으로 보는 인간존중의 시각과 태도를 갖는 것이다. 이때 인격 대 인격의 만남이 이루어지며, 인간관계 속에 필연적으로 발생하는 모든 갈등이 회복될 뿐 아니라, 조직과 권력 중심의 교회 문화에서 인격적인 관계 중심의 문화로 전환되면서 교회의 건강이 회복될 것이다.

이제 우리는 아무 문제가 없는 척하며 영적 몰입이나 교회 활동에만 충실하면 된다는 식의 구태의연한 사고방식을 고집해서는 안 될 것이다. 오늘의 교회가 어려운 여건 속에 있지만, 분명한 희망이 있는 것은 살아계신 하나님이 계시고 우리를 섬기려고 성육신하신 그리스도의 정신이 교회 안에 살아있기 때문이다. 그리고 교회를 개혁하려는 의식 있는 목회자들과 깨어있는 성도들이 있기 때문이다. 목회자가 교회의 대다수를 차지하는 평신도를 말씀으로 양육하고 치유하며, 상담자로서 가정은 물론 교회와 직장과 이웃을 섬기도록 한다면 교회의 개혁과 부흥뿐 아니라 세상의 화목과 평안을 기대할 수 있을 것이다.

칼럼 〈출처〉제1회 상담목회 컨퍼런스 자료집(2007. 5)

4. 하나님의 형상으로 회복되기 위한 인격치료

어느 미국 여성은 1983년 미 해군이 침략할까 봐 두려워하는 니카라과인들을 보고 괴로워하였다. 그리고 혹시 있을지도 모르는 침략을 저지하려고 온두라스와 니카라과의 경계선에 인간 장애물로 누워 있겠다는 소수 미국인 집단에 가담하고 싶어 했다. 목숨까지도 아까워하지 않는 그녀의 이런 희생정신은 얼마나 귀한 것인가? 그러나 상담 중 이런 희생적 행동이 그녀의 마음 밑바닥에 자신이 무가치하기 때문에 무엇인가 남을 돕는 일을 통해 자신이 괜찮은 사람이 되고 싶은 욕망에서 기인되었음이 나타났던 것이다. 이 경우는 차원 높은 자기 회피이지만 사람들은 이 외에도 생활중독(혼란과 무질서, 미루기, 권태와 회피), 쇼핑, 종교, 일, 성과 사랑, 조급증, 음식, 약물(담배, 알콜), 도박, 사이버, 종교와 같은 것에 중독됨으로써 자신의 고통을 감추려 하기도 한다.

상담 훈련을 받고 있던 한 여성이 심한 위장병 때문에 훈련을 계속 받기 어려웠다. 정밀 검사 결과 신체적으로는 그런 증세를 일으킬만한 원인이 하나도 발견되지 않았다. 그러나 상담 도중 과거의 성적(性的) 경험이 마음 깊은 곳에서 그에게 죄의식을 불러일으킴으로 자기 자신을 처벌하고 있음이 발견되었다.

도대체 인간은 왜 이토록 많은 문제를 가지고 있는가? 그것은 인간의 타락 때문이다. 타락으로 말미암아 아담과 그의 후손은 처음부터 원죄를 가지게 되었으며 (롬 5:1, 엡 2:1-3), 거기서 모든 범죄가 나타나 부패하고 썩은 본성을 가지고 고통 속에 살게 되었다. 따라서 모든 사람은 죄에서 구원을 받아야 하는 절박한 문제 앞에 있다.

하나님은 이러한 인간실존의 고통을 예수 그리스도를 믿음으로 해결하도록 길을 열어주셨다. 그렇다면 이제 우리의 모든 문제는 끝났는가? 아니다. 그리스도인은 참된 하나님의 형상이 우리 안에서 회복되도록 평생 싸워야 하는 것이다. 우리는 '이미'와 '아직' 사이에 서있는 연약한 자들이기에 '지금-여기'의 삶에서 여러 가지 문제로 여전히 고통을 겪고 있다.

우리가 제일 힘들어하는 문제는 영적인 영역이나 사고의 문제라기보다는 오히려 인간관계의 문제요, 정서적인 영역인 것이다. 즉 염려, 외로움, 깨어진 관계로 인한 슬픔, 가까운 사람들과의 불화, 원망, 분노와 거절감 등 정서적 상처로 생긴 고통 때문에 그들은 수년 혹은 수십 년 동안 갈등을 겪고 있으며 힘들어하고 있다.

그런데 교회는 고통 받고 있는 사람들을 어떻게 돕고 다루어야 하는지에 대해 의견이 분분하다. 한쪽에서는 이처럼 감정적인 갈등을 겪는 사람들은 믿음이 부족하거나 하나님 말씀에 대한 순종이 없기 때문이라고 고통 받고 있는 사람들을 비난하는 경향이 있다. 이때 고통 받는 사람은 배려 없는 일방적인 충고로 느끼며 이중적으로 심리적 부담을 받게 된다. 즉 자신이 지고 있는 '고통이라는 짐'에 친구나 이웃으로부터 받는 '죄의식이라는 심리적 부담'이 가중된다. 이렇게 되면 도움은 커녕 욥의 심정이 될 수밖에 없다. "너희는 거짓말을 지어내는 자요 다 쓸

데없는 의원이니라 너희가 잠잠하고 잠잠하기를 원하노라 이것이 너희의 지혜일 것이니라"(욥13:4-5).

이와 같은 상황에서 고통 받는 자들은 크게 두 가지 형태로 나타난다. 하나는 교회에 남아 있으면서 아무런 문제가 없는 척 하든지, 아니면 자신의 믿음이 감정적인 고통에는 전혀 해결이 되지 않는다고 결정하고 교회를 떠나버리든지 말이다. 어느 교회를 가나 우울한 여자, 가정에 불충실한 남편, 반항적인 젊은이는 있게 마련이다.

이렇게 연약한 인간은 모두 치료와 변화, 그리고 성장이 필요하다. 우리는 그것이 가능하다고 믿는다. 그러나 변화가 어떻게 일어나며 무엇이 이 변화를 촉진시키는지에 대해서는 분명히 알지 못한다. 아는 것이라고는 그저 순종하고 기도하고 말씀을 보아야 한다는 몇 가지 기본 개념들밖에 없다.

만약 우리 중에 누가 우울증으로 고통 받고 있으면 우울증이 무엇인지, 왜 생겼는지 이해해야 우울증을 극복하도록 도울 수 있지 않겠는가? 우리는 먼저 사람들 내부에서 무슨 일이 일어나고 있는지 분명히 알아야 한다. 그리고 치유방법에 대해 구체적인 방향을 제시할 수 있어야 한다. 사람과 문제를 제대로 이해하고 구체적인 방법을 제시할 수 있어야만 진정한 치유가 일어날 수 있기 때문이다.

따라서 나는 성경적 세계관을 바탕으로 한 전인적 인간 이해를 통하여 거듭난 성도에게도 일어날 수 있는 여러 가지 상처와 아픔들을 살펴보고 치유하도록 방법을 제시하여 고통 받고 있는 성도들에게 도움을 주고 싶었다. 상담가로서 나는 이러한 문제에 대해 오랫동안 고민하며 여러 신학적이며 심리학적인 방법들을 사용해 보았고 이제 하나님이 주시는 은혜와 확신 가운데 심리적이고 관계적이며 영적인 문제에 대해 구체적인 해결책으로 접근하게 되었다. 그 방편의 하나로 인격의 문제로 고통 받고 있는 사람들을 위해 인격치료를 연구하였다.

인격적인 관계를 맺을 수 있는 역량은 인간 본성의 한 특성이며, 사실 이것이 인간을 인간답게 만드는 요소이다. 그런데 개인적이고 인격적인 관계를 형성하는 것은 참으로 어렵다. 그것은 모든 인간이 죄로 말미암아 온전한 인격적인 관계를 맺을 힘이 없어서 비인격적인 관계에 익숙해져 왔기 때문이다. 그들은 인격적인 관계에 대한 욕구를 가지면서도 인격적이지 못한 자신이나 타인, 또 사회와 더불어 갈등을 일으키게 되고 상처를 받으므로, 다시 비인격적인 세계 속으로 피하게 된다. 그럼에도 인격적인 삶을 갈망하는 간절한 욕구가 있다.

그렇다면 인격적인 삶이란 무엇인가? 일반적으로 인격에는 두 가지 요소가 있다고 본다. '가면적 인격'과 '내면적 인격'이 그것이다. 전자의 인격은 세상에 보여주는 부분으로 자신의 진면목을 숨기고 주변사람들에게 자신의 가장 좋은 이미지를 부각시키려고 쓰고 있는 보호가면이며, 후자는 가면적 인격 뒤에 숨어 있는 은밀하고 진실한 모습으로서의 진정한 자기이다. 이 내면적 인격은 사람들과의 솔직한 대화과정에서 가끔 표출된다. 이 둘은 서로 분명히 다르며 구별되지만 동시에 불가분의 관계이며, 서로 영향을 받는다. 필자는 이 두가지 인격 외에 관계적 인격을 하나 더 추가하고자 한다.

관계적 인격은 가면적 인격을 수용하면서도 자신의 내면적인 진실함을 있는 그대로 드러내어 타인에게 자신의 생각과 감정을 노출시키며 자신을 줌으로써 깊은 만남을 형성하는 것이다. 폴 투르니어(Paul Tournier)는 이것을 '인격의학'이라고 명명하였다. '인격의학'이란 목회자이든 심리치료사이든 외과 의사이든 자신을 보호하는 권위주의를 버리고 내담자와 동등하고 평등한 자리에 서는 것이다. 그리고 '내담자의 인격'과 '그의 질병에 대한 인격적인 의미'에 관심을 기울이는 것을 뜻한다. 즉 진실성을 전제로 내담자와 인격적인 관계를 맺으면서 의사 자신이 자신의 전문적 지식과 인격적인 관계를 가지고 내담자에게 헌신을 하는 것이 인격의학의 특성이다. 이때 사람들과 대화라는 통로를 통하여 질병뿐 아니라 전인적인 문제에 깊은 관심을 가지며 영적인 교제까지 나누는 것이다. 이 과정에서 의사나 상담자는 자신의 삶과 문제들을 개방하여 수평적이며 인격적인 신뢰의 관계를 형성할 때 내담자는 한 인간으로 존중받고 이해받으며 그 누구에게도 느껴보지 못한 사랑의 진실성을 체험하게 된다. 이때 내면에서 그 자신의 존엄성이 세워지며 내적 힘이 강해지는 것이다. 이러한 만남 속에서 사람의 문제는 치유되고 변화될뿐 아니라 성장을 향해 나아갈 수 있는 것이다. 여기에 진정한 치료, 즉 인격치료가 이루어지는 것이다.

결국 '인격의학' 의 기본을 형성하는 두 가지 특징은 인간관계를 풀어나가는 기술적인 실력과 개인적이면서도 인격적인 관심인 것이다. 따라서 치유자는 문제를 지닌 사람들을 도울 수 있는 전문적인 기술이 있어야 하며 사람에게 깊은 관심을 가져야 한다. 기술적인 실력은 지성의 활동을 통해 얻어질 수 있으나 인격적인 관심은 지성보다는 삶 속에서 정직과 순수함, 사랑으로 선한 마음을 키워가야 하는 것이다.

치료의 본질은 사랑의 대화이다. 내담자가 자신만의 비밀스런 문제와 삶을 이야기할 때 진지하게 경청하며 그들을 이해할 수 있도록 충분히 많은 시간을 투자해야 한다. 또한 인격적인 관계를 형성할 수 있는 인간적인 자질이 그 무엇보다 중요하다. 그래서 칼 로저스(Carl Rogers)는 상담에 있어서 내담자를 무조건 수용하고 존경하며 공감적으로 이해하고 진술하게 만나는 기술이 상담자의 인격이 되어야 내담자를 치료할 수 있다고 보았다. 이때 치유적 관계가 형성되어 진정한 인격적인 대화를 하게 되며 사람의 문제를 도울 수 있게 되는 것이다.

인격치유를 목적으로 하여 한국인들이 그들의 인격적인 문제 중에서 가장 절실한 것이 무엇인지 조사하여 그것을 치료의 과제로 정하여 10회의 프로그램으로 구성하였다. 인격 치료를 위한 10회기의 주제별 프로그램 구성은 DSM-IV[1]에서 연구된 의존성, 회피성, 편집성, 자기애성, 연극성, 강박성, 반사회성, 분열성 등의 인격장애에 대한 연구를 바탕으로 건강한 인격적 삶을 위해 필요한 것이 무엇이며 결핍이 무엇인지 분석하여 기독교적 인간관인 하나님의 형상을 회복하는데

---

[1] DSM-IV(Diagnostic and Statistic Manual of Mental Disorders-IV)는 전세계적으로 사용되고 있는 '정신장애진단편람 4번째' 를 의미한다.

기여하도록 프로그램을 구성하였다.

　여기에는 연구자의 임상경험과 국내외의 내적치유 프로그램에 대한 조사와 국내 교회의 평신도들 약 800명을 대상으로 치유 관심도를 설문조사 하여 최종적으로 10회기의 프로그램 주제를 확정하였다. 확정된 10회 프로그램은 인지치료와 성경적 상담, 부정적 자아상 치유, 열등감 치유, 분노 치유, 불안 치유, 죄책감 치유, 거절감 치유, 우울증 치유, 완벽주의 치유, 중독 치유이다.

　10회의 프로그램을 구성한 것은 한 인격이 보다 건강하려면 전인적인 접근이 필요하기 때문이다. 대다수의 사람들은 깊은 병리적인 문제보다는 어느 정도의 인격장애란 어려움을 가지고 있으므로 누구나 조금씩 갈등하는 주제를 다루어 냄으로써 보다 건강한 삶을 살도록 다각적인 주제로 접근을 모색해 보았다. 이에 이러한 연구들을 계속해서 본 지면을 통해 10회 프로그램으로 소개하게 될 것이다. 아무쪼록 이 땅의 상처받고 고통당하는 영혼들이 하나님의 형상을 회복하고 비전의 길을 걸어가는데 이 프로그램이 도움이 되기를 간절히 소원한다.

---

2) 프로그램 내용은 뒤의 3장 '1. 기독교 상담과 인지 치료를 통합한 인격치료 프로그램의 효과성 연구 (54-81P)' 에 자세히 소개되어 있으므로 중복을 피하기 위하여 여기에서는 삭제하였다.

3장

기독교 상담과 적용

〈학회 발표 논문〉
1. 기독교 상담과 인지 치료를 통합한 인격치료 프로그램의 효과성 연구 _ 54
2. 기독교 상담의 목회현장 적용점 모색에 관하여 _ 82
3. 자살 위기자에 대한 신앙인의 자세 _ 108

〈칼럼〉
4. 멘토로서의 기쁨 _ 117

학회 발표 논문 〈출처〉「목회와 상담」한국목회상담학회, 제6권(2005, 봄): 253-291.

1. 기독교 상담과 인지 치료를 통합한 인격치료 프로그램의 효과성 연구

자기효능감, 대인관계, 의사결정 유형, 역기능적 태도의 변화를 중심으로

I. 연구의 필요성 및 목적

인간은 하나님의 형상대로 창조되었고 관계 안에서 살도록 지음 받았다. 따라서 인간이라면 누구나 진정한 관계를 맺고 싶은 욕구가 있다. 즉 인간은 서로 교제하며 관계를 맺도록 지음 받았고 다른 사람들과 '인격적인 관계'를 갈망하는 것이다. 이러한 인격적인 관계에 대한 욕구의 근원은 삼위 일체 하나님의 관계[1]에서 시작된다. 삼위 하나님의 인격성은 인간의 인격성에 대한 존재의 근거가 된다.[2]

---

[1] 유해무,「개혁교의학」(서울: 크리스챤 다이제스트, 2000), 164.
[2] Paul King Jewett, God is Personal Being in Church, Word and Spirit, James E. Gradley and Richard A. Muller eds. (Grand Rapids: Eerdmanns, 1987), 285, 정승태, "현대 삼위일체론의 입장에서 본 '인격' 개념",「한국 기독교 신앙 논총」(2002): 196에서 재인용.

왜냐하면 인간은 하나님으로부터 창조된 존재이기 때문이다. 그러나 타락의 결과 아담과 그의 후손은 처음부터 원죄를 가지게 되었으며(롬 5:1, 엡 2:1-3), 거기서 모든 범죄가 나타나 부패하고 썩은 본성을 가지고 고통 속에 살게 되었다. 따라서 모든 사람은 죄에서 구원을 받아야 하는 절박한 문제 앞에 있다. 하나님은 이러한 인간 실존의 고통을 예수 그리스도를 믿음으로 해결되도록 길을 열어주셨다.

그렇다면 이제 인간의 모든 문제는 끝났는가? 아니다. 인간은 '이미'와 '아직' 사이에 서 있는 연약한 자들이기에 '지금-여기'의 삶에서 여러 가지 문제로 여전히 고통을 겪고 있으므로 그리스도인은 이제 참된 하나님의 형상으로 온전히 회복되어야하는 과제를 안고 있다. 그럼에도 이것은 쉬운 과제가 아니다. 왜냐하면 모든 인간이 죄로 말미암아 비인격적인 관계에 익숙해져 왔기 때문이다. 사람들은 인격적인 관계에 대한 욕구를 가지면서도 인격적이지 못한 자신이나 타인, 또 사회 속에서 갈등 때문에 상처를 받으므로 다시 비인격적인 세계 속으로 피하게 된다.

교회는 고통 받고 있는 사람들을 어떻게 돕고 다루어야 하는지에 대해 의견이 분분하다. 한쪽에서는 이처럼 감정적인 갈등을 겪는 사람들은 믿음이 부족하거나 하나님 말씀에 대한 순종이 없기 때문이라며 고통 받고 있는 사람들을 비난하는 경향이 있다. 이때 고통 받는 사람은 배려 없는 일방적인 충고에 이중적으로 심리적 부담을 받게 된다. 즉, 자신이 지고 있는 '고통이라는 짐'에 친구나 이웃으로부터 받는 '죄의식이라는 심리적 부담'이 가중된다. 그러므로 사람을 진정으로 세우고 온전한 인격으로 회복되도록 도우려면 성경적 세계관을 바탕으로 인간의 문제를 제대로 이해하고 있을 뿐 아니라 그 구체적인 방법까지도 제시할 수 있어야 한다.

그동안 인격치료에 관련된 여러 연구를 살펴보면 주로 인격 장애 치료에 관한 연구 논문들이 주류를 이루며, 또 그 접근 방법도 인격 장애 각각에 대한 요인별 접근이 많았다. 이러한 접근이 인격치료에 도움이 되는 것도 사실이지만 그것보다는 인간은 전인적인 존재이기에 인격적인 요소에 대해 통전적으로 접근할 때 전인적인 인격 변화가 이루어질 것이라는 것이 연구자의 생각이다.

본 연구는 하나님의 온전한 형상으로의 인격 회복이라는 목적을 염두에 두고 기독교 상담과 인지 치료를 통합하여 인격치료를 위한 10회 프로그램을 개발하고, 이 프로그램이 인격치료에 얼마나 효과적이었는지 검증하고자 하였다. 그리고 인격치료 프로그램의 효과성을 위한 검증 방법으로는 인지 치료적 방법에서 효과성 검증을 위해 많이 사용하고 있는 자기효능감, 대인관계, 의사결정 유형, 역기능적 태도를 사용하였다.[3]

II. 이론적 배경

1. 기독교 상담적 인간 이해

기독교 상담의 입장에서 바라보는 인간은 하나님의 형상으로 창조된 전인적인 존재이지만 죄로 인해 타락하였으며 그 영향으로 인격적인 문제를 가진 존재가 되었다. 그러나 예수 그리스도의 구속으로 말미암아 하나님 형상으로의 회복이 시작되었으며 점차 성화되는 존재이다.

---

[3] 고려대학교 부설 행동과학 연구소 편, 「심리 척도 핸드북」I, II (서울: 학지사, 2000)

1) 하나님의 형상으로 창조된 인간

하나님께서 인간을 창조하실 때 다른 모든 피조물들과는 달리 하나님의 형상으로 창조하셨다(창 1:26, 17, 9:6, 약 3:9). 이것은 무엇보다 먼저 하나님이 인간의 원형(archetype)이시고 인간은 하나님의 반영이라는 뜻이다. 즉 사람은 하나님을 반영하는 존재로서 창조되었다는 뜻이다. 그러므로 하나님의 형상에 대해 이야기를 할 때 우리는 가장 먼저 하나님의 원형 되심과 인간의 파생성과 의존성을 생각해야만 한다.[4] 따라서 인간은 하나님 안에서만 존재할 수 있으며 모든 움직임 하나하나가 그에게 속해 있고, 하나님의 뜻이 아니면 우리는 손가락 하나도 움직일 수 없는 존재이다.

2) 전인적인 인간

성경의 인간론은 인간을 몸과 영혼의 합일체로 보지 않고 인간을 몸이면서 동시에 영으로 인식하는 것이다.[5] 마틴루터(Martin Luther)가 말한 '의인인 동시에 죄인' 이라는 말은 '영혼은 의인이나 몸은 죄인' 이라는 사실을 의미하는 것이 아니라, 인간은 '현재에 있어서는 전인이 죄인이나 장래에 있어서 전인이 의인' 이라는 사실을 주장한 것이다. 이처럼 인간을 영혼과 몸으로 나누는 것은 성경의 인간 이해와 부합되지 않는다.[6] 그러므로 성경의 인간론은 인간이 두 실체(이원론)나 세 실체(삼분설)의 합일체라고 말하지 않고 전인 안에서 다양한 실체를 다양한

---

[4] 이승구, 「기독교 세계관이란 무엇인가?」(서울: SFC, 2003), 128.

[5] Anthony A. Hoekma, Created in God's Image, 류호준 역, 「개혁주의 인간론」(서울: 기독교 문서 선교회, 1999), 359.

[6] Hans Walter Wolff, Anthropologie des Alten Testaments, 문희석 역, 「구약 성서의 인간학」(서울: 분도 출판사, 1991), 28-116. 연구자는 이 부분에 있어서 후크마의 견해를 따르고 있다. 후크마는 삼분론자인 델리취(Franz Delitzsch), 허드(J. B. Heard), 벡(J. T. Beck), 오힐러(G. F. Oehler), 워치만 니(Watchman Nee) 등의 주장이 인간의 단일성에 위반되고 육체와 영혼의 화해될 수 없는 대립을 조장하기 때문에 거절할 뿐 아니라 이분설도 플라톤처럼 극단적인 영혼과 육체의 분리를 주장할 수 있기 때문에 이 표현도 적절치 않다고 주장한다. 오히려 그는 영-육 통일체라고 표현하는 것이 좋다는 것이다.

관점에서 동시적으로 서술하고 있는 것이다. 즉 영육의 통일체로서의 인간이다.

3) 타락한 인간

인간은 하나님의 형상으로 창조되었다. 하지만 하나님이 그들에게 말씀하신 "선악을 알게 하는 나무의 실과는 먹지 말라 먹는 날에는 정녕 죽으리라(창 2:17)"는 명령에 불순종하여 인간은 그 실과를 먹었고, 그 결과 그들은 에덴 동산에서 추방되었으며 다시 돌아오지 못하도록 그룹들과 두루 도는 화염검이 에덴을 지키게 되어(창 2:23, 24) 필경은 죽게 되었다. 이렇게 타락함으로 말미암아 아담과 그의 후손은 처음부터 원죄를 가지게 되었으며(롬 5:1, 엡 2:1-3), 거기서 모든 범죄가 나타나 부패하고 썩어진 본성을 가지고 고통 속에 살게 되었다. 인간은 아담과 하와의 타락으로 말미암아 하나님과의 연합된 관계가 깨어지고 하나님으로부터 분리되었다. 이렇게 인간에게는 본질상 부패한 악의 구조, 즉 '타락한 구조'가 있다.

4) 인격적인 문제를 가지고 있는 인간

아담은 죄 때문에 하나님으로부터 버림받았을 때 엄청난 마음의 충격과 상처를 입게 되었다. 버림받은 인간은 두려움, 열등감, 불안 그리고 불신의 상처를 입는다. 즉, 인간의 깊은 내면에는 원죄가 있듯이 깨어진 마음이 있다. 이렇게 인간의 모든 문제는 죄와 함께 시작된다. 따라서 하나님의 형상으로 창조된 깨끗하고 건강한 인간의 마음도 결국 죄로 인해 병들기 시작한다. 죄의 결과 인간은 절망, 고독, 죄책, 회의와 무의미, 자살, 죽음 등을 초래하게 되었다. 또한 인간 개인에게 뿐 아니라 공동체 사이에도 분열이 들어왔다.

의식은 못하지만 인간의 마음에 원죄가 유전되듯이 깨어진 마음도 유전된 것이다.[7] 인격의 자리는 마음이다. 마음에 상처를 받아 인격에 손상이 오면 열등감과

---

7) L. Berkhof, Systematic Theology, 고영민 역, 「뻘콥 조직 신학」제3권 (서울: 기독교문사, 1978), 48-49.

죄의식 때문에 그 누구도 믿지 못하고, 받아들이지 못한다. 또한 무시를 받으면 원망과 분노가 올라오며 버림받을 것에 대한 두려움 때문에 관계를 맺고 싶어 하는 마음이 있어도 맺지 못한다.

2. 기독교 상담과 인지 치료

1) 기독교 상담

성경에서는 상담에 대해 어떤 입장을 취하고 있는가?[8] 구약에서는 오실 메시아에 대해 훌륭한 상담자(wonderful counselor: 모사)로 묘사하였으며(사 9:6), 신약에서는 제자들은 전도뿐만 아니라 사람들의 영적, 심리적 필요를 해결해 주도록 부르심을 받았음을 알 수 있다(마 10:7, 8). 그뿐만 아니라 초대 교회의 교회 지도자들은 치유를 위한 목회 상담을 충실히 수행해 왔다(살전 5:14).

성경을 바탕으로 한 기독교 상담은 다음과 같은 다섯 가지 측면에서 분명한 특성을 가진다.

첫째, 기독교 상담은 나약한 자아 때문에 고통당하는 내담자를 상담하는 관계 속에 성령이 임재하여 내담자가 강한 자아를 형성하도록 돕는다. 이때 여러 상담 기술을 사용하여 건강한 인격을 형성하도록 돕기도 하지만 기독교 상담자는 상담 관계에 제3자로 임재하신 주님께서 우리의 기대보다 더 풍성하게 치유하실 것을

---

[8] 신약에는 상담에 관한 동사로 파라칼레오($παρακαλεω$), 뉴데테오($νουθετεω$), 파라뮤데오마이($παραμθεομαι$), 그리고 마크로듀메오($μακροθυμεω$)가 나타난다. 첫 번째 파라칼레오($παρακαλεω$)의 의미는 '간청하다, 권하다' 혹은 '격려하다, 위로하다' 이다. 로마서 12장 1절, 고린도후서 1장 4절, 로마서 15장 3절에 언급되고 있다. 두 번째는 뉴데테오($νουθετεω$)이다. 이 동사는 '기억하다, 경고하다, 직면하다' 라는 의미로 사용한다. 이것은 제멋대로 하는, 훈련되지 않은, 혹은 충동적인 것을 훈계한다는 의미이다. 로마서 15장 14절, 고린도전서 4장 14절에서 발견할 수 있다. 세 번째 동사는 파라뮤데오마이($παραμυθεομαι$)이다. 이것은 '힘이 나게 하다, 격려하다' 이다. 네 번째 동사는 마크로듀메오($μακροθυμεω$)로서 이것은 '인내하거나 인내력을 갖는 것' 을 뜻한다. 마태복음 18장 26절, 18장 29절, 야고보서 5장 7절, 그리고 히브리서 6장 15절에서 사용되었다. Norman Wright, Training Christians to Counsel (Eugene, Oregon: Harvest House Publishers, 1977), 22-23.

믿는다.9) 둘째, 기독교 상담은 내담자의 건강한 인격을 위해 상담하지만 그 후에도 상담 관계를 종결짓지 않고 그가 하나님 중심의 삶을 회복하도록 돕는다. 셋째, 기독교 상담이 추구하는 것은 영성을 중심으로 한 전인 건강이다. 넷째, 기독교 상담은 인간의 본성이 주는 영향력을 간과하지 않는다. 성경에서는 인간의 죄악된 감정과 행동이 근본적으로 죄의 본성과 관련되어 있다고 말한다. 따라서 죄의 심각성을 간과하면 후에 더욱 더 심각한 문제를 초래할 수 있다고 보고 있다. 다섯째, 기독교 상담은 인간이 가지고 있는 문제가 몸, 마음, 자연, 사회, 가정 등의 여러 가지 측면에 모두 관계되고 서로 영향을 주고받음을 인식하여 영성을 중심으로 전인적으로 접근한다.

2) 인지 치료

인지 치료는 인지적이고 행동적인 변화를 염두에 둔, 적극적이고 직접적이며, 교육적·구조적·문제 지향적인 치료이다. 즉 내담자가 부정적 사고라는 도식에 갇혀서 부정적으로 자신을 바라보고, 자신의 경험을 통해 부정적으로 세계를 사고하고 미래를 전망하는 방식을 바꿔줌으로써 긍정적 행동을 창출하게 하는 것이다. 따라서 인지 치료는 내담자가 합리적이고 논리적으로 사고하며 행동할 수 있도록 방향을 전환해 준다.

3) 기독교 상담과 인지 치료 비교

기독교 상담과 인지 치료를 비교하면 기독교 상담은 인지 치료의 기법을 활용하여 신앙에 근거한 성경적 사고로 사고의 방향을 전환하도록 자극하는 것이라고 할 수 있다. 기독교 상담 과제는 기독교인의 비합리적인 자기이해, 비논리적인 세계관, 미래에 대한 역기능적인 견해를 수정하는 데에 그치지 않는다. 더 나아가 내담자가 하나님의 존재를 인정하고 그분의 사랑하심과 널리 참으심에 신뢰와 순

---

9) 오성춘, 「목회 상담학」(서울: 한국 장로교 출판사, 1993), 375.

종으로 응답케 한다. 그리하여 내담자가 이제껏 갖고 있던 부정적 사고의 틀에서 돌이키고 성령의 끊임없는 권고하심에 의지하여 자신의 사고를 신앙 안에서 다시 수정하도록 훈련하는 것이다. 즉 기독교 세계관으로 자신의 신념과 사고를 재정립하는 것이다.

이러한 측면에서 기독교 상담과 인지 치료의 기준이나 욕구, 초점을 비교하면 다음과 같다.

〈표 1〉 기독교 상담과 인지치료 비교

	기독교 상담	인지 치료
기 준	하나님의 절대적인 기준과 뜻에 따르며 상담자 개인의 가치나 기준에 합리성의 근거를 두지 않는다.	합리적 신념의 근거와 기준이 분명하지 않아서 상담자의 판단이 중요하며 그것이 옳으냐 그르냐 하는 본질적인 문제를 안고 있다.
욕 구	신자는 하나님이 나에게 필요한 모든 것을 주셨다는 풍성한 시각과 나그네 의식, 청지기 사상을 가지고 삶속에서 진정한 감사의 삶을 살려고 노력하는 존재이다.	자신의 필요를 채우기 위해 무엇이 있어야 한다는 욕구가 있으나 인간의 잘못된 이기적인 욕구에 대해 아무런 한계를 지어주지 않는다.
초 점	영적 시각인 사고의 변화를 강조하면서도 내담자의 감정, 사고, 행동의 전인적 변화에 초점을 둔다.	내담자의 생각이 초점이 되며 사고의 변화를 통해 감정의 변화를 이루게 한다. 그러므로 내담자가 변화를 거부하거나 갈등이 있을 때는 효과가 일어나지 않는다.

3. 인격 장애

1) 인격의 정의

인격에는 '가면적 인격'(Personage)과 '내면적 인격'(Person)이 있다.[10] 전자는 인격 중 세상에 보여주는 부분으로 자신의 진면목을 숨기고 주변 사람들에게 가장 좋은 이미지를 부각시키기 위해서 쓰고 있는 보호 가면이며, 후자는 가면적 인격 뒤에 숨어 있는 은밀하고 진실한 모습이다. 이 둘은 서로 분명히 다르며 구별되지만 동시에 불가분의 관계로서 서로 닮았다.[11] 가면적 인격은 보통 성격이라고 부르는데 연구자는 이 가면적 인격을 일차적 인격으로, 내면적 인격을 이차적 인격으로 부르겠다.

인격의 일차적 의미인 가면적 인격은 '시간이 흐르고 상황이 변함에도 불구하고 비교적 일관되게 지속되는 사람들의 태도나 행동의 특징적인 양식'이라고 할 수 있다.[12] 일차적 인격은 외형적으로 드러나는 모습을 말하며 이차적 인격은 가면을 벗은 진실한 내면의 자기를 뜻한다. 사도 바울의 경우 자신을 죄인 중에 괴수(딤전 1:15)라고 말하면서 자신의 내면을 숨기지 않고 드러내었는데 그는 자신의 내면이 부족함과 죄성으로 가득 찼음을 토로하면서 하나님의 은혜를 갈망하였다.[13] 이처럼 내면적 인격은 인격의 본질로서 자기를 그럴듯하게 가장하는 것이 아니라 자기의 모습 그대로를 보여주는 것이라 할 수 있다.

2) 인격 장애의 정의

인격 장애[14]란 인격적 특성이 경직되거나 부적응적이며 심각한 기능장애나 주

---

10) Gary R. Collins, The Christian Psychology of Paul Tournier, 정동섭 역, 「폴 투르니에의 기독교 심리학」 (서울: IVP, 1998), 63. 필자의 최근 연구에서는 관계적 인격을 추가하였다.
11) Collins, 「폴 투르니에의 기독교 심리학」, 64.
12) 이정균, 「정신 의학」 (서울: 일조각, 2000), 228.
13) 심수명, 「축복 받는 아이, 비전의 사람으로 키우려면」 (서울: 도서출판 한밀, 2003), 103.

관적인 고통을 유발하는 경우를 가리키는 말이다.15) 즉 어떤 사람의 행동이 파괴적이고 위협적이며, 환경에 잘 적응하지 못하거나 비정상적이라고 판단될 때 그를 '성격 장애' 또는 '인격 장애'가 있다고 말한다.16)

이러한 인격 장애는 대부분 어렸을 때부터 조금씩 형성되어 만성적인 양상을 보이는 것이 보통이며, 치료가 쉽지 않다. 이들은 통찰력이나 미래를 바라보는 예측도 없고, 다른 사람으로부터 배우려는 자세가 더 적은 것을 볼 수 있다.17) 인격 장애가 있는 사람들은 스트레스나 상황의 변화에 대해 부적응적인 반응을 보인다. 또한 일하고 사랑하는 능력이 부족하여 자신의 직업이나 대인 관계에서 심각한 문제를 드러내는 것이 보통이며 타인에 대한 배려나 이해심이 없어 대체로 관계 맺는 사람을 화나게 만들어 결국 관계 악화라는 악순환이 되풀이된다.18)

인격 장애는 주로 청소년기 또는 성인기 초기에 시작되며, 시간이 지나도 변하지 않고, 이로 말미암아 고통과 장애가 초래된다.19) 인격 장애는 깊이 체질화되어 있고, 확고하여 융통성이 없기 때문에 자신과 환경에 대해 지각하거나 관계맺음에 있어 비적응적 양상을 보인다.

---

14) Wayne E. Oates, Behind the Masks, 안효선 역, 「그리스도인의 인격 장애와 치유」 (서울: 에스라 서원, 2000), 98-99.
15) American Psychiatric Association, DSM-IV: Diagnostic and Statistical Manual of Mental Disorders, 이근후 외 역, 「정신 장애의 진단 및 통계 편람」 제4판 (서울: 하나 의학사, 1995), 808.
16) Gerald C. Davison, John M. Neal, Abnormal Psychology, 이봉건 역, 「이상 심리학」 (서울: 시그마프레스, 2000), 22.
17) Wayne E. Oates, Behind the Masks, 안효선 역, 「그리스도인의 인격 장애와 치유」 (서울: 에스라 서원, 2000), 174-75.
18) 민성길, 「최신 정신 의학」 제3판 (서울: 일조각, 1998), 233.
19) DSM-IV, 807.

4. 인격치료

1) 인격치료의 신학적 배경

인간은 하나님의 형상으로 창조되어 하나님의 영광을 드러내어야 했지만 타락하여 하나님의 형상 노릇을 제대로 감당하지 못하는 왜곡된 형상이 되어버렸다. 그러므로 이 세상에 있는 모든 죄인은 다 '왜곡되고 뒤틀린 하나님의 형상'으로 있는 것이다.[20] 따라서 우리는 모두 각각의 독특한 생활양식을 따라 독특한 장애를 안고 살아간다. 여기에 인격 문제나 인격 장애를 가진 사람들의 고통이 있다.[21]

타락한 지위에 있는 사람들은 비록 그들이 하나님의 형상이지만, 하나님을 제대로 반영하지 못하므로 그 형상이 회복되어야 한다. 그런데 이 '형상의 회복'은 그리스도의 구속 사역을 성령께서 우리에게 적용시켜 주실 때 일어난다. 그리스도와 성령께서 이루시는 이 구원 사역으로 말미암아 '왜곡된 형상'이 '개혁된 형상'으로 변화되는 것이며, 이 형상의 회복은 단번에 이루어지는 측면도 있고, 점진적으로 이루어지는 측면도 있다.[22]

점진적 성화를 도우려는 하나의 접근이 인격치료이다. 인격치료는 인격의 문제나 장애를 가진 사람들을 그리스도를 닮아가는 사람으로 회복시키려는 것이다. 이들의 장애는 잘못된 생활양식에서 비롯되며, 신앙생활에서도 그대로 나타나는 경향이 있다. 때로는 예수를 믿고 삶이 갑자기 변하여 인격 장애가 아주 놀랍게 치료되기도 한다. 그러나 인간이 근본적으로 악하며 자아 중심적이기에 타락된 인격이 단번에 변하는 것은 아니며 여전히 성화되어야 하는 존재인 것이다. 그래서 늘 자신을 돌아보고 은혜를 구하며 겸손한 삶을 위해 애써야 한다.

인격치료의 궁극적 목적은 자신 안에 하나님의 형상이 회복되어 풍성한 삶을 살

---

[20] 이승구, 131.
[21] Oates, 183.
[22] 이승구, 132.

뿐 아니라, 믿지 않는 자들에게 평안하고 행복한 삶을 보여 주어 영혼 구원과 회복으로 초대하는 데 있다. 이것이 양으로 생명을 얻게 하고 더 풍성히 얻게 하려고 (요 10:10) 이 땅에 오셔서 죽으신 예수님께 영광을 돌리는 것이다. 인격치료의 기본 철학은 성경에 그 가치를 두고 있다. 따라서 성경에서 사람의 문제를 다루는 방법이 곧 인격치료의 방법이다.

인격적인 관계를 맺을 수 있는 역량이 인간 본성의 한 특성이며, 사실 이것이 인간을 인간답게 만드는 요소이다. 인간은 자신을 숨기고 싶어 하면서도 노출하고 싶어 하는 욕구 즉, 인격적인 관계를 맺고 마음속 깊은 곳을 여는 것을 두려워하면서도 자신을 표현하고 자기 인격을 외부 세계에 드러내고 싶어 하는 강렬한 욕구가 있다.[23] 그런데 사람들은 대부분 비인격적인 만남인 사물의 세계에 머물면서 인격적인 관계에서 오는 낯설고 당황스러운 만남을 피하고 싶어 한다. 이것은 모든 인간이 죄 때문에 온전한 인격적인 관계를 갖지 못하고, 비인격적인 세상과 비인격적인 관계에 익숙해져 왔기 때문이다.

사람을 돕는 데 가장 필수적인 것은 일종의 개인적인 관계를 맺어 자신의 감정을 노출시키며 자신을 열어주는 것이다. 인격적이며 진실한 상담자는 자신의 내담자들과 대화할 때 영적인 교제를 나누며 내담자의 질병뿐 아니라 개인적인 문제에까지 깊은 관심을 가진다. 따라서 상담자인 자신의 삶을 개방하여 인격적인 신뢰 관계를 형성하는 것이다. 이러한 상담자의 개방은 내담자로 하여금 자신의 삶을 진실하게 여는 용기를 갖게 한다.

인격적인 신뢰 관계를 맺는 것에 대해서 투르니어(Paul Tournier)는 '인격 의학'이라고 명명하였다.[24] '인격 의학'이란 심리 치료사이든 외과 의사이든 '내담자의 인격'과 '그의 질병에 대한 인격적인 의미'에 관심을 기울이는 것을 뜻한다. 진실성을 전제로 내담자와 인격적인 관계를 맺으면서 의사 자신이 인격적인 헌신

---

[23] Paul Tournier, (L)'aventure de la vie, 정동섭, 박영민 역, 「모험으로 사는 인생」(서울: IVP, 1995), 113.
[24] Paul Tournier, The Gift of Feeling, 홍병룡 역, 「여성, 그대의 사명은」(서울: IVP, 1997), 14.

을 하는 것이 인격 의학의 특성이다.[25]

2) 인격치료 개관

인격치료에 대하여 인간관, 목표, 치료 관계, 치료자, 치료 방법, 그리고 공동체와의 관계에 대하여 개괄적으로 정리하면 다음과 같다.

첫째, 인격치료의 인간관은 성경에 근거하여 인간을 이해하며 심리학적인 인간 이해를 통합하고자 한다.

둘째, 인격치료의 목표는 개인으로 하여금 하나님으로부터 부여받은 잠재력을 최대한 실현하게 하는 데 있다.

셋째, 치료 관계에 대한 것으로서, 내담자가 사랑과 신뢰 속에서 자신의 생각과 감정을 있는 그대로 노출할 수 있는 관계가 이루어질 때 인격치료가 가능하다.

넷째, 치료자에 관한 것으로서, 치료자는 예수 그리스도를 통해 거듭난 기독교인이어야 한다. 왜냐하면 한 인격이 성령을 통해 하나님을 만날 때 진정한 아가페를 경험하기 때문이다. 그때 그가 다른 내담자에게 그 경험을 나눌 수 있다.

다섯째, 치료적 방법에 관한 것으로서, 기독교 상담과 인지 치료를 그 기초로 하였다.

여섯째, 교회 공동체의 자원이다. 공동체는 관계를 통해 서로를 세워가는 상호 의존을 경험할 수 있는 장이다. 따라서 서로 신뢰할 수 있는 사랑의 관계가 넘치는 교회 공동체 안에 있을 때에 인격 장애를 가진 사람도 그 사랑 안에서 새롭게 치료되고 변화될 수 있는 가능성이 있는 것이다.

---

[25] Tournier, 「모험으로 사는 인생」, 17, 51.

III. 연구 방법

1. 인격치료 프로그램의 설계

1) 기독교인들의 치료 관심도 조사

연구자는 인격의 제 문제에 대한 치료 프로그램 개발을 시도해 보기로 결정하였다. 그리고 서울과 부산의 기독교인들 800명을 대상으로 치료받고 싶은 주제가 무엇인지 설문을 실시하여 한국인들이 지각하고 있는 인격적인 문제가 주로 어떤 것들인지 조사하였다. 실험에 응한 800명 중에서 설문에 한 개라도 적지 않거나 정확하게 답하지 않은 사람 62명을 제외한 738명의 자료를 분석하였고 그 분석 결과는 다음과 같다. 전체 응답자 738명 중 남자가 158명, 여자가 580명이었으며 연령별로는 40대가 36%, 30대가 27.8%, 50대가 20.3%였으며 그 외에는 60대, 20대 순이었다.

치료받고 싶은 주제 1위부터 10위까지 살펴보면 열등감, 낮은 자존감, 분노, 완벽주의, 부정적 자아, 불안, 신앙, 죄책감, 편견, 그리고 거절감 순으로 나타났다. 자세한 내용은 표2에 나타나 있다. 연구자는 위의 결과를 인격치료 프로그램 10회 구성에 반영하였지만 왜 이런 결과가 나왔는지에 대해서는 좀 더 심도 깊은 연구가 필요하다고 생각된다.

〈표 2〉 기독교인들의 치료 관심도 설문 결과

연번	치료 받고 싶은 부분	연령					합계	
		20대	30대	40대	50대	60대이상	명	%
1	열등감	27	89	109	52	16	293	10.7
2	낮은 자존감	25	93	89	50	11	268	9.8
3	분노	15	91	103	44	5	258	9.4
4	완벽주의	18	72	100	49	18	257	9.4
5	부정적 자아	23	70	52	37	6	188	6.9
6	불안	22	57	72	28	6	185	6.7
7	신앙	18	40	59	32	8	157	5.7
8	죄책감	12	42	49	41	7	151	5.5
9	편견	11	33	57	30	4	135	4.9
10	거절감	18	44	49	18	4	133	4.9
11	우울증	13	40	40	19	4	116	4.2
12	충동 조절	9	30	43	28	5	115	4.2
13	비만	5	24	39	29	9	106	3.9
14	강박증	8	27	41	18	4	98	3.6
15	자기 연민	8	23	41	16	2	90	3.3
16	폭식	8	8	16	16	4	52	1.9
17	성적 문제	9	12	18	6	5	50	1.8
18	이혼, 재혼	0	11	23	8	0	42	1.5
19	중독	3	17	10	8	0	38	1.4
20	폭행	0	5	3	1	1	10	0.4
	합 계	252	828	1013	530	119	2742	100.0

[단위: 명, %] N=738

2) DSM-IV의 인격 장애에 대한 연구

DSM-IV에서는 인격 장애를 세 집단으로 분류한다. 특이한 괴짜 집단에 속하는 A군에는 편집성, 분열형, 그리고 분열성 인격 장애가 있다. 극적이고 변덕스런 B군에는 경계선, 연극성, 자기애성, 그리고 반사회성 인격 장애가 있다. 불안하고 두려워하는 C군에는 회피성, 의존성, 및 강박성 인격 장애가 있다. 테어도어 밀리언(Theodore Million)은 인격 장애의 유형을 분류한 의사진 중 한 사람으로서 '인격 장애' 라는 제목의 책을 펴냈는데 그는 이 책에서 11가지의 유형에 대해 다른 이름을 붙였다.26) 연구자는 DSM-IV의 분류에 따라 각각에 대한 특징 및 핵심 인지가 무엇인지 살펴보았고 밀론이 정의한 용어와 비교하였다. 그리고 DSM-IV

〈표 3〉 인격 장애 유형별 분류

분류	DSM 분류	밀론 분류	특 징	핵심 인지	연구자의 분류
A군	편집성	의심형	불신과 의심, 다른 사람의 행동 의심, 망상성	사람들은 모두 적이다.	불신, 부정적 자아상
	분열성	비사교적	사람들과 어울리는 것 기피, 제한된 정서 표현	나에겐 충분한 공간이 필요하다.	거절감, 불안
	분열형	기괴함	강한 대인 불안, 공상, 심한 인지 왜곡, 특이하고 괴이한 생각과 행동	내가 원하기만 하면 그 일이 일어나게 할 수 있다.	부정적 자아상, 거절감, 불안
B군	반사회성	공격적	타인의 권리 무시, 침범, 충동, 무책임	사람들은 다 착취의 대상이다.	분노, 불안
	경계선	불안정	대인 관계, 자아상, 감정의 불안정, 지나치게 충동적	사람들은 사기성이 있으며 나를 조종하려 한다.	불안, 죄책감, 중독
	자기애성	자기 중심적	자기 과대 평가, 칭찬에 대한 강한 욕구, 공감 결여	나는 특별한 존재이다.	열등감, 완벽주의
	연극성	사교적	굉장히 감정적, 관심을 끔	나는 다른 사람을 감동시켜야 한다.	부정적 자아상, 거절감, 열등감
C군	회피성	고립적	회피적 대인 관계, 부적절한 사회 행동, 부정적 평가에 과민	나는 상처받기 쉽다.	거절감, 열등감, 우울증
	의존성	복종적	순종적이고 의존적, 보살핌 받으려 함	나는 무력하다.	부정적 자아상, 열등감
	강박성	순응적	정리 정돈, 청결, 완벽성, 강한 통제 욕구	실수를 범해서는 안 된다.	완벽주의, 불안, 중독

의 분류를 그 특징과 핵심 인지를 중심으로 연구자의 이번 10회 프로그램과 다시 비교하였다. 그것이 표 3이다.

기독교인들을 대상으로 조사한 치료받고 싶은 주제에 대한 연구 결과와 DSM-IV의 분류에 대한 연구 그리고 연구자의 20년 이상의 목회 경험과 15년 이상의 상담 및 임상 경험들을 종합하여 한국인들에게 가장 필요한 인격치료 영역이 부정적 자아상, 열등감, 분노, 불안, 죄책감, 거절감, 우울증, 완벽주의라고 생각하였다. 그리고 최근에 인터넷이나 성 중독뿐 아니라 알코올이나 흡연 그리고 관계 중독 등의 심각성이 드러나고 있음을 인식하여 중독의 문제를 포함하여 10회 프로그램을 구성하였다.

연구자의 10회 인격치료 프로그램은 그 연구가 너무 방대해서 인격의 제 문제를 잘 다루어낼 수 있을까라는 면에서 다소 버겁고 무리가 있을 수 있지만 인격 장애의 제 요소를 함께 다루어야만 제대로 된 인격치료 프로그램이 될 것이라는 것이 연구자의 생각이다.

2. 10회 인격치료 프로그램 내용

인격치료 프로그램의 간략한 내용은 표 4와 같다.

---

26) Oates, 10.

⟨표 4⟩ 인격치료 프로그램 내용

회	주 제	내 용
1회	기독교 상담과 인지 치료	인지 치료에 대한 전반적인 이해와 인격 장애의 원인인 비합리적인 신념을 합리적으로 바꾸는 방법과 인격치료의 실제적 방법 제시
2회	부정적 자아상 치료	부정적 자아상의 정의, 증상 및 원인과 결과를 살펴보고 치료 방법 제시
3회	열등감 치료	열등감에 대한 이해, 열등감의 유형, 증상과 원인, 그리고 성경 인물에 나타난 열등감을 살펴보고 열등감 치료 방법 제시
4회	분노 치료	분노에 대한 이해, 분노의 원인과 분노의 표현 방식과 분노하는 사람의 유형을 살펴보고 분노 치료법 제시
5회	불안 치료	불안의 정의와 불안의 종류, 불안 심리를 가진 사람의 특성을 살펴보고 불안 치료 방안 제시
6회	죄책감 치료	죄책감의 정의, 원인과 죄책감에 대한 반응과 후유증을 살펴보고 성경적인 관점으로 죄책감을 이해하고 죄책감의 치료방안 제시
7회	거절감 치료	거절감이 무엇이며 거절감의 원인과 증상, 거절감으로 인한 성격 유형을 살펴보고 거절감의 치료 방안 제시
8회	우울증 치료	우울증의 정의, 우울증의 증상과 원인에 대해 살펴보고 우울증 치료 방안 제시
9회	완벽주의 치료	완벽주의가 무엇인지, 그 증상과 원인에 대해 고찰한 후에 완벽주의 치료 방안 제시
10회	중독 치료	중독이 무엇인지 중독의 각종 유형에 대해 살펴보고 중독의 치료 방안 제시

3. 연구 문제 및 기대 효과

인격치료 프로그램은 하나님의 형상으로 온전히 회복되는 것을 궁극적인 목적으로 하며 목적한 바대로 얼마나 이루어졌는지를 검증하고자 다음과 같은 연구 문제를 설정하였다.

연구 문제: 이 프로그램으로 훈련받은 실험 집단과 훈련받지 않은 통제 집단은

자기 효능감, 대인 관계 능력, 의사 결정 능력 그리고 역기능적인 태도에 있어 차이를 보일 것인가?

그리고 훈련을 받게 되면 실제적으로 다음과 같은 효과가 있을 것으로 기대하였다.

첫째, 자기 효능감이 훈련받기 이전보다 향상될 것이다.

둘째, 대인 관계 능력이 훈련받기 이전보다 향상될 것이다.

셋째, 의사 결정 능력이 훈련받기 이전보다 향상될 것이다.

넷째, 역기능적 태도가 훈련받기 이전보다 감소되어 기능적인 태도로 변할 것이다.

4. 연구 대상

연구 대상자는 연구자의 교회에서 인격치료 프로그램을 실시하겠다고 공고한 후 참여하고 싶은 자원자들을 실험 대상으로 하였다. 처음에 프로그램에 참가한 인원은 83명이었으나 도중에 그만두거나 사전 검사와 사후 검사에 불성실하게 응답한 18명을 제외한 65명이 실험 대상으로 선출되었다. 성별로는 남성이 21명, 여성이 44명이었다.

실험 집단과 비교하기 위한 통제 집단으로는 연구자의 교인들 중에 프로그램에 참여하지 않은 사람을 대상으로 하였다. 사전 검사에 응한 사람은 처음에 65명이었으나 사후 검사에 응하였고 설문에 성실하게 응답한 49명을 최종 통제 집단으로 하였다. 이들의 성별은 남성이 13명, 여성이 36명이었다.

5. 측정도구

1) 자기효능감 검사

본 연구에서는 자기 효능감의 개인적 수준을 측정하기 위해 홍혜영[27]이 번안한 것을 채택하였다. 김희수는 이 도구의 5점 척도화를 위해 신뢰도 검증을 실시하였고[28], 상담 심리를 전공한 3명의 전문가에게 내용 타당도(content validity)를 검토하였다. 그리고 전문가의 자문을 받아 신뢰도가 .70에 못 미치는 1 문항(22번 문항)을 제거한 후 총 22문항으로 된 최종 검사지를 제작하였는데 본 연구자는 김희수가 수정한 문항지를 사용하였다. 그 문항지를 사용하기 전에 통계 전문가의 조언을 받아 연구자의 교인 113명을 대상으로 내적 합치 신뢰도를 구한 결과 Cronbach α(알파) 값이 .87이었다. 문항지의 최대 점수는 110점이다. 검사지는 부록에 명시되어 있다.

2) 대인관계 질문지

본 연구에서는 MOS 사회적 지지 조사표와 김정희[29]가 제작한 5점 척도 검사 도구를 김희수가 예비 조사를 통해 신뢰도 검증을 하였고 3명의 전문가에게 내용 타당도(content validity)를 검토하여 새로 수정한 검사지를 사용하였다.[30] 연구자는 이 검사지에 대해서 연구자의 교인 113명을 대상으로 내적 합치 신뢰도를 구하였고 그 결과 Cronbach α계수가 .96으로 아주 높게 나왔다.

---

[27] Sherer Maddux, Mercandante, Prentice-Dunn, Jacobs & Rogers가 제작한 척도(The Self-Efficacy Scale)를 홍혜영이 번안하였다. Sherer M. Maddux J., Mercandante S., Prentice-Dunn, Jacobs B., Rogers, "The Self-Efficacy Scale: Construction and Validation", Psychological Report 51 (1982), 663-71, 홍혜영, "완벽주의 성향, 자기 효능감, 우울과의 관계 연구" (석사 학위 논문, 이화여자대학교대학원, 1995)에서 재인용.
[28] 김희수, "REBT를 중심으로 한 진로 집단 상담 프로그램이 대학생의 자기 효능감, 대인 관계 능력, 진로 태도 성숙, 의사 결정 유형에 미치는 효과", (박사 학위 논문, 건국대학교대학원, 2001), 47.
[29] 김정희, "중년 여성의 적응과 일상적 스트레스 및 정서적 경험의 관계: 심리적 자원과 사회적 자원의 영향", 「한국 심리 학회지: 상담과 심리 치료」4(1) 1992: 54-63.
[30] 김희수, 48.

대인 관계 질문지 양식은 가족, 가장 친한 친척, 가장 친한 친구나 이웃의 영역으로 나뉘고, 각 영역별 13문항 씩, 총 39문항으로 구성되며, 각 문항의 최고점은 5점이다. 따라서 최대 점수는 영역별로 65점, 총점은 195점이다. 검사지는 부록에 명시되어 있다.

3) 의사 결정 유형검사

본 연구에서는 하렌(Harren)[31]이 개발한 진로 결정 척도에 포함되어 있는 의사 결정 유형 검사(Inventory of Decision Making Patterns)를 고향자[32]가 번안한 2점 척도 문항을 채택하였다. 이 도구는 의사 결정을 할 때 개인이 어떤 방식으로 접근하는가를 측정하기 위한 검사로서, 합리적 유형 10문항, 직관적 유형 10문항, 의존적 유형 10문항 등 총 30문항으로 구성되어 있다. 유형별로 각각 10점이 최대 점수이다. 본 검사지에 대한 타당도에 대해 김희수는 진로 교육학과 평가, 상담 심리를 전공한 3명의 전문가에게 내용 타당도(content validity)를 검토하여 최종적인 검사지를 제작하였다고 하였다.[33] 이 검사지에 대한 신뢰도는 Cronbach α계수가 .72~.84로 보고되고 있다.[34]

연구자는 예비 검사를 통해 연구자의 교인 113명을 대상으로 내적 합치 신뢰도를 구한 결과 Cronbach α계수가 .51로 낮게 나왔다. 각 하위 척도별 신뢰도 계수는 합리적 유형은 .70, 직관적 유형은 .44, 의존적 유형은 .71로 나왔다. 직관적 유형이 .44로 낮게 나와 그 중에서 신뢰도를 떨어뜨리는 문항 몇 개를 빼고 재시도를 해 보았으나 신뢰도(Cronbach α) 계수는 별로 높아지지 않았다. 따라서 본 연구에서는 직관적 유형 검사에 대해서는 신뢰도가 의심되어 연구 결과에서 삭제하였

---

[31] V. A. Harren, A Model of Career Decision Making (Los Angels: Western Psychological Services, 1979).
[32] 고향자, "한국 대학생의 의사 결정 유형과 진로 결정 수준의 분석 및 진로 결정 상담의 효과" (박사학위 논문, 숙명여자대학교대학원, 1992).
[33] 김희수, 50.
[34] 고려대학교 부설 행동과학 연구소 편, 226.

다. 검사지는 부록에 명시되어 있다.

4) 역기능적 태도

역기능적 태도 척도는 인지적 왜곡, 특히 우울을 밑받침하고 있는 왜곡을 측정하기 위해 알렌 바이스만(Arlene Weissman)에 의해 설계된 DAS-A 척도를 이영호가 번안한 것을 사용하였다. 이 척도는 총 40 항목의 7점 Likerd 척도이다. 이것은 아론 벡(Aaron Beck)의 인지 치료에 근거하여 7가지 주요 가치 체계를 나타내도록 구성되었으며, 7가지에는 인정, 사랑, 성취, 완벽주의, 권리, 전능, 자율성이 포함되어 있다. 척도의 하위 영역으로는 '성취에 대한 평가'와 '타인에 대한 인정'을 하위 영역으로 분석하였다. 두 요인에 포함되지 않은 나머지 문항들은 전체 척도에 포함시켜 분석하였다.

이 척도의 신뢰도는 Cronbach α계수가 .84~.92이며, 8주 간격의 검사-재검사 신뢰도가 .80~.84로 높은 신뢰도를 보이고 있다. 타당도는 우울이나 우울적 왜곡과 관련된 다른 척도들, 예를 들어 벡의 우울 척도, 무드 상태 척도 등과 높은 상관 관계를 보임으로서 동시적 타당도를 확립하고 있다.[35] 연구자가 교인들 113명을 대상으로 내적 합치 신뢰도를 구한 결과 Cronbach α계수가 .83으로 나왔다. 검사지는 부록에 명시되어 있다.

---

[35] 오세란, "발달 장애 아동 부모의 문제 해결 능력 증진을 위한 인지행동 집단 프로그램의 효과성 연구" (박사 학위 논문, 서울대학교대학원, 1996), 61-62.

IV. 연구 결과 및 해석

1. 인격치료 프로그램이 자기 효능감에 미치는 효과 검증

인격치료 프로그램이 자기 효능감에 미치는 영향을 알아보기 위해 실험 집단과 통제 집단의 사전, 사후 검사 점수를 t-검증한 결과는 표 5와 같다.

평균을 비교한 결과 평균이 사전 78.27에서 사후 82.66으로 향상되어 4.39의 차이를 보이며 p<.05 수준에서 통계적으로 유의미한 차이가 나타났다. 즉 기독교 상담과 인지 치료를 통합하여 개발한 인격치료 프로그램을 실시한 실험 집단에서 유의미하게 자기 효능감이 향상되었다.

<표 5> 자기 효능감에 대한 실험-통제 집단 간의 차이 검증

	사전 검사		사후 검사		t
	M	SD	M	SD	
실험 집단	78.27	11.18	82.66	10.77	.277*
통제 집단	76.67	11.11	78.14	8.89	.723

*p<.05, **p<.01, ***p<.001

2. 인격치료 프로그램이 대인 관계에 미치는 효과 검증

인격치료 프로그램이 대인 관계에 미치는 영향을 알아보기 위해 실험 집단과 통제 집단의 사전, 사후 검사 점수를 t-검증한 결과는 표 6과 같다.

평균을 비교한 결과 평균이 사전 145.27에서 사후 149.62로 향상되어 4.35의 차이를 보였지만 통계적으로 유의미한 차이를 나타내지 못했다. 이러한 결과를 볼 때, 인격치료 10회 프로그램을 실시한 실험 집단에서 대인 관계 능력에 영향을 주었지만 유의미하게 향상시키지 못했음을 알 수 있다. 이것에 대해 연구자는 다음

〈표 6〉 대인 관계 전체에 대한 실험-통제 집단 간의 차이 검증

	사전 검사		사후 검사		t
	M	SD	M	SD	
실험 집단	145.37	26.98	149.62	20.77	.995
통제 집단	141.16	28.72	138.18	21.37	-.563

과 같은 추론을 해 본다. 이론식 강의 보다는 소집단으로 할 때 깨달음이 더 큰데 본 연구는 여러 가지 여건상 강의식으로 진행하였기에 그 효과가 적게 나타난 것으로 보인다. 따라서 연구자는 인격치료 프로그램을 진행할 때 소그룹으로 진행하는 것을 권하고자 한다.

또한 인격치료의 주제가 자신의 내면을 살펴봄으로써 자신의 문제를 통찰해보도록 하는 내용으로 구성되어 있기에 훈련생들이 다른 사람과의 관계 향상보다는 자신의 내적인 문제에 더 집중하였을 가능성을 생각해 볼 수 있다. 그리고 훈련받은 대상이 기독교인들이기 때문에 가족, 친척, 친구와의 관계에 비중을 두기보다 교인들 간의 관계나 하나님과의 관계에 대해 새롭게 인식하는 것에 집중하였다는 것도 한 요인이 될 수 있을 것이다. 앞으로 이 분야에 대한 연구가 더 진행되어야 할 것이다.

3. 인격치료 프로그램이 의사 결정 유형에 미치는 효과 검증

의사 결정 유형에 대한 집단 간의 사전 사후 검사의 t-검증 분석은 표 7과 같다. 의사 결정 유형에는 합리적 유형, 직관적 유형, 의존적 유형 세 유형이 있으며 그 분류 기준은 합리적 전략의 사용 정도와 책임의 정도라고 할 수 있다. 본 연구에서는 직관적 유형에 대해서는 신뢰도 상의 문제가 있어 합리적 유형과 의존적 유형에 대해서만 검증을 하였다.

〈표 7〉 의사 결정 유형에 대한 집단 간의 사전 사후에 대한 t-검증

		사전 검사		사후 검사		t
		M	SD	M	SD	
합리적	실험 집단	7.95	2.12	8.09	2.20	.366
	통제 집단	7.53	2.24	7.71	2.17	.413
의존적	실험 집단	3.69	2.23	2.81	1.93	−2.391*
	통제 집단	3.76	2.33	4.04	1.95	.658

*p<.05, **p<.01, ***p<.001

평균을 비교한 결과 사전 검사의 평균은 7.95에서 사후 검사의 평균은 8.09로 0.14 상승하였으나 통계적으로는 유의미한 차이가 없었다. 결과적으로 합리적 의사 결정 유형에 대해서는 실험 집단의 사전 사후 간에 통계적으로 유의미한 변화가 나타나지 않았다. 의존적 의사 결정 유형의 변화를 살펴본 결과, 실험 집단은 사전 검사 평균이 3.69에서 사후 검사 평균 2.81로 0.88 감소하여 p<.05 수준에서 통계적으로 유의미한 차이가 있었다. 따라서 인격치료 훈련을 받은 이후에 실험 집단은 타인의 눈치를 보며 잘못되었을 경우에 남 탓을 하는 의존적 의사 결정이 유의미하게 감소하였다고 할 수 있다.

이러한 결과는 인격치료 프로그램으로 훈련을 받은 실험 집단은 의존적 의사결정 유형이 감소함으로써 의사결정 유형 방식이 좀 더 합리적으로 변할 수 있음을 보여주는 것이라 할 수 있다.

4. 인격치료 프로그램이 역기능적 태도에 미치는 효과 검증

인격치료 훈련 프로그램으로 훈련받은 실험 집단과 훈련받지 않은 통제 집단은 역기능적인 태도에 있어서 어떤 변화를 보이는가에 대한 검증을 위해 실험 집단과 통제 집단의 사전 사후 검사 결과를 전체 점수와 두 개의 하위 영역 별로 비교하였다. 두 개의 하위 영역은 자신의 성취에 대한 평가와 타인에 의한 인정으로 나

〈표 8〉 역기능적 태도에 대한 집단 간의 사전 사후에 대한 t-검증

		사전 검사		사후 검사		t
		M	SD	M	SD	
역기능 전체	실험집단	74.14	19.31	61.91	22.30	-3.342***
	통제집단	79.10	13.77	82.98	13.23	1.421
자신의 성취평가	실험집단	21.68	8.27	18.00	9.10	-2.411*
	통제집단	24.06	6047	25.18	5.38	.935
타 인 인 정	실험집단	14.31	4.16	10.66	4.32	-4.903***
	통제집단	14.57	3.96	15.49	3.58	1.204

*p<.05, **p<.01, ***p<.001

누어져 있다. 그 결과는 표 8과 같다.

역기능 전체 점수의 실험 집단 평균이 사전 74.14에서 사후 61.91로 12.23이 감소하였다. 점수가 줄어들수록 역기능적 태도가 줄어든다는 것을 의미하므로 실험 집단이 사전 검사에 비해 사후 검사에서 역기능적 태도가 전체적으로 줄어들고 기능적 태도가 향상되었음을 알 수 있다.

자신의 성취에 대한 평가 결과는 실험 집단의 평균은 사전 21.68에서 사후 18.00으로 3.68 감소하여 p<.01 수준에서 유의미한 차이가 있는 것으로 나타났다. 따라서 인격치료 프로그램은 역기능 태도 중 자신의 성취에 대한 평가가 감소되어 기능적인 태도가 향상되었음을 알 수 있다. 그리고 타인에 의한 인정을 바라는 태도 점수도 평균이 14.31에서 10.66으로 3.65 감소하여 p<.001의 수준에서 유의미한 차이가 있는 것으로 나타났다.

위의 결과를 종합해 볼 때, 인격치료 훈련 프로그램은 역기능적인 태도를 감소시키는 데 통계적으로 유의미한 효과를 나타내었다고 할 수 있다. 이것은 인격치료 훈련 프로그램으로 훈련을 받으면 역기능적인 태도가 기능적으로 변화하며, 자신의 성취 평가 태도와 타인의 인정을 바라는 태도가 감소한다고 할 수 있다.

V. 결론 및 제언

연구 결과를 정리하면 다음과 같다.

첫째, 기독교 상담과 인지 치료를 통합한 인격치료 프로그램은 자기 효능감을 통계적으로 유의미하게 향상시키는데 기여하였다. 이것은 인격치료 프로그램이 온전한 인격 회복에 필요한 한 변인인 자기 효능감 향상에 긍정적인 역할을 하였음을 시사하는 것이다.

둘째, 기독교 상담과 인지 치료를 통합한 인격치료 프로그램은 대인 관계 능력을 통계적으로 유의미하게 향상시키지는 못했다. 이 부분에 대해서는 더욱 더 연구가 되어야 할 것이며, 후속 교육을 통하여 인간관계 능력이 향상되도록 프로그램이 보완되어야 함을 시사한다고 볼 수 있다. 집단 상담 기법들이 병행된다면 더욱 효과적인 결과가 있을 것으로 생각된다.

셋째, 기독교 상담과 인지 치료를 통합한 인격치료 프로그램은 의사 결정 유형 중에서 그 하위 요인인 합리적 유형을 직접적으로 변화시키지는 못했지만 의존적인 의사 결정 유형 감소에는 의미 있는 효과를 보여주었다. 이것은 인격치료 프로그램이 합리적 의사 결정 능력 향상에 일부분 긍정적인 역할을 하였음을 시사하는 것이다.

넷째, 기독교인을 대상으로 한 인격치료 프로그램은 역기능적 태도를 통계적으로 유의미하게 감소시키는데 크게 기여하였다. 이것은 인격치료 프로그램이 온전한 인격 회복에 필요한 기능적인 태도 향상에 긍정적인 역할을 하였음을 시사하는 것이다.

다섯째, 이 프로그램으로 훈련받은 사람 중에서 자기 효능감, 대인 관계 능력, 의사 결정 능력 그리고 역기능적 태도가 어떤 과정으로 변화하였는지 각각 1명씩 사례 분석을 한 결과 질적인 성장과 변화가 있었음이 밝혀졌다.

위의 결과를 종합해 볼 때, 인격치료 프로그램은 자기 효능감 향상과 의사 결정 능력 향상, 그리고 역기능적 태도의 감소에 기여하였음을 알 수 있다. 따라서 기독교 상담과 인지 치료를 통합하여 새롭게 개발한 인격치료 프로그램은 하나님의 형상으로 온전히 회복되기 위한 하나의 방안으로서 교회 현장에서 유용하게 활용될 수 있을 것이다. 또한 이 프로그램을 기독교인들에게 적용하여 훈련한다면 기독교인들의 전인 치료에 도움을 줄 수 있음을 시사해 주고 있다.

연구자는 위의 연구 결과와 논의를 종합하여 볼 때 앞으로의 후속 연구를 위해 다음과 같은 제언을 하고자 한다.

첫째, 기독교인을 대상으로 한 인격치료 프로그램이 현재 거의 연구된 것이 없기에 앞으로 이 분야에 대한 연구가 많아지기를 바라며, 다각도의 인격치료 프로그램이 개발되기를 제언한다. 둘째, 인격치료 뿐 아니라 심리적인 문제를 다루는 프로그램은 가급적이면 소그룹으로 진행하는 것이 적합하므로 강의 중심 보다는 나눔 중심의 모임으로 시행되어야 할 것을 제언한다. 셋째, 인격치료를 향상시킬 수 있는 여러 변인들에 대한 연구가 앞으로 계속되어 그 효과성을 입증하는 연구가 다각도로 진행되어 기독교인들의 인격 성숙에 기여할 수 있기를 제언한다. 넷째, 본 연구에서는 인격치료의 주제를 10회로 선정하여 10회 모두를 교육하였는데 앞으로는 각각의 주제에 대해서 좀 더 깊이 있는 연구가 되기를 기대해 본다. 그리하여 한국의 기독교인들의 인격 성숙이 영성 중심으로만 치우치지 않고 전인적으로 성장할 수 있게 되기를 바란다.

학회 발표 논문 〈출처〉「복음과 상담」한국기독교상담학회, 제6권(2005, 봄): 253-291.

2. 기독교 상담의 목회현장 적용점 모색에 관하여

I. 시작하는 글

오늘날을 가리켜 '위기의 시대'라고 한다. 위르겐 몰트만(Jürgen Moltmann)은 그의 저서 '십자가에 달리신 하나님(The Crucified God)'에서 오늘날의 신학과 교회, 그리고 인간의 실존은 '정체성의 위기'와 '관계성의 위기'라는 이중적 딜레마에 처해있다고 진단했다.[1] 정체성의 위기란, 인간이 왜 존재하는가에 대한 그 본래적 의미의 상실이라 하겠으며, 관계성의 위기는 개인과 가정, 그리고 교회와 자연과의 관계에 문제가 생겼다는 것이다. 이 두 위기는 마치 동전의 양면처럼

---

[1] Jurgen Moltmann, The Crucified God: The Cross of Jesus as the Foundation and Criticism of Christian Theology (Minneapolis: Fortress, 1993), 7.

서로 깊은 연관을 가지고 있으며, 그 근본적인 원인은 인간관계에 있어서 진정한 대화와 만남이 어려워짐에 따른 문제라 할 수 있을 것이다.[2]

이로 인하여 이 시대의 가정해체는 걷잡을 수 없이 무서운 속도로 질주하고 있다.[3] 이는 사회와 국가 전체에 큰 위협으로 작용할 것이다. 따라서 이러한 모든 문제에 대해 효율적으로 대처하도록 전문가의 도움이 필요하게 되었으며 상담은 이제 모든 교회와 교인들에게 꼭 필요한 사역이 되었다. 웨인 오우츠 목사는 상담의 중요성에 대해서 다음과 같이 말하였다. "훈련 정도에 관계없이 목사는 자신이 교인들과 상담을 하고 안하고를 선택할 수 있는 특권을 누리지 못한다. 교인들은 최선의 지도와 가장 현명한 배려를 얻고자 자신들의 문제를 가지고 늘 목사에게 온다. 그가 목회를 계속하는 한 이런 일을 피할 수는 없다. 그가 선택할 수 있는 것은 상담을 하고 안하고의 문제가 아니다. 문제는 훈련된 기술적인 방법으로 상담을 하는가 아니면 훈련이 안된 미숙한 방법으로 하는가이다."[4]

이처럼 상담이 시대적 요청이라는 현실을 보면서 수동적으로 따라가기보다는 기독교적 입장에서 적극적으로 수용하여 이 시대를 그리스도의 사랑으로 끌어안을 때 해결의 열쇠를 붙잡게 될 것이다. 따라서 이 글에서는 성경에서 상담에 대해 어떤 입장을 취하고 있는지 살펴본 후 기독교 상담의 정의, 목표, 특성, 그리고 그 필요성에 대해 살펴보고자 한다. 그 후 기독교 상담을 목회 현장에 적용하기 위한 모색점 마련을 위해 신학과 심리학의 통합모델을 제시하고자 한다. 그리고 한국교회의 상담 실태를 대형교회 위주로 살펴보고 현재 연구자의 교회에서는

---

[2] 오제은, "새로운 밀레니엄 시대를 위한 목회상담에서의 치유적 패러다임",「기독신학저널」통권 제 3호(2002): 178.
[3] 2003년 총 이혼건수는 167,100건으로 2002년 145,300건에 비하여 21,800건으로 15% 증가하였고, 조이혼율(인구 천 명당 이혼건수)은 3.5건이다. 2003년 이혼부부의 동거기간을 보면 4년 이하는 24.6%로 10년 전(93년 35.8%)에 비해 11.2% 감소하여 꾸준히 줄고 있는 반면, 20년 이상 동거부부의 이혼은 93년 5.3%에서 2003년 17.8%로 12.5% 증가하였다. 통계청, "2003년 혼인·이혼통계 결과" (2004. 3).
[4] W. E. Oates, An Introduction to Pastoral Counseling (Nashvile: Broadman, 1959), 6.

어떤 방식으로 상담을 목회현장에 적용해 왔는지 하나의 사례를 제시함으로써 개 교회에서 상담목회를 적용하고자 하는 목회자들에게 한 모델이 되기를 바라는 것이다.

II. 본론

1. 상담에 대한 성경적 입장

성경에서는 상담에 대해 어떤 입장을 취하고 있는가? 먼저 구약에서는 오실 메시야에 대해 훌륭한 상담자(wonderful counselor: 모사)로 묘사하고 있음을 볼 수 있다(사 9:6). 또한 신약에서는 상담을 덕을 세우는 일과 권면하고 격려하는 일로 설명하고 있다. 바울이 언급한 권위하는 일과 긍휼을 베푸는 일(롬12:8)은 오늘날의 상담의 의미에 해당한다고 할 수 있다. 또한 "짐을 서로 지라"(갈6:2), "연약한 자의 약점을 담당하라"(롬15:1)라든지, "규모 없는 자들을 권계하며 마음이 약한 자들을 안위하고 힘이 없는 자들을 붙들어 주며 모든 사람을 대하여 오래 참으라"(살전5:14)의 내용 등이 상담에 해당한다고 볼 수 있다.[5]

신약에 나오는 상담에 관한 동사로는 파라칼레오($παρακαλεω$), 뉴데테오($ν o υ θ ε τ ε ω$), 파라뮤데오마이($παραμυθε o μαι$), 마크로듀메오($μακρ o θυμεω$)가 있다.[6]

첫 번째 파라칼레오($παρακαλεω$)의 의미는 '간청하다, 권하다' 혹은 '격려하다,

---

[5] Norman Wright 외, How to bring out the best in your spouse, 임종원 역,「당신의 배우자를 변화시키는 방법」(서울: 미션월드라이브러리, 1999), 22-23 참조.
[6] Norman Wright, Training Christians to Counsel (Eugene, Oregon: Harvest House, 1977), 22-23.

위로하다' 이다. 이 단어는 다음에 사용되는 뉴데테오(ναθετεω 훈계하다)보다 부드러운 의미로 사용되었으며 비슷한 동사는 로마서 12장 1절, 고린도후서 1장 4절, 로마서 15장 3절에 언급되고 있다.

두 번째 뉴데테오(ναθετεω)는 상담이라는 문맥과 관련해서 광범위하게 사용되어질 수 있다. 그러나 신약에서는 보통 '기억하다, 경고하다, 직면하다' 라는 의미로 사용한다. 이것은 제멋대로 하는, 훈련되지 않은, 혹은 충동적인 것을 훈계하는 것이다. 이것은 로마서 15장 14절, 고린도전서 4장 14절에서 발견할 수 있다.

세 번째 동사는 파라뮤데오마이(παραμθεομαι)이다. 이것은 '힘이 나게 하다, 격려하다' 이다. 이것은 누군가 두려워하거나 낙심할 때 사용되는 것이다.

네 번째 동사는 마크로듀메오(μακροδυμεω)로서 이것은 '인내하거나 인내력을 갖는 것' 을 뜻한다. 이것은 마태복음 18장 26절, 18장 29절, 야고보서 5장 7절, 그리고 히브리서 6장 15절에서 사용되었다. 이 단어는 수동형 동사이다.

이상에서 살펴본 것처럼 초대교회의 제자들은 전도뿐만 아니라 사람들의 영적, 심리적 필요를 해결해 주도록 부르심을 받았으며(마 10:7, 8), 치유를 위한 기독교 상담을 충실히 수행해 왔음을 알 수 있다(살전 5:14).

2. 기독교 상담

1) 기독교 상담의 정의 및 목표

기독교 상담을 정의하거나 기술하고 있는 글을 보면 도움을 주는 사람(상담자), 상담에 사용된 기법, 그리고 상담 목표를 강조하는 경향이 있다. 이런 관점에서 볼 때 기독교 상담자란 다음과 같이 정의할 수 있다. "헌신되고 성령의 인도를 받는(그리고 성령으로 충만한) 예수 그리스도의 종으로서 하나님이 주신 능력, 기술, 훈련, 지식, 통찰력을 다른 사람들을 돕는 일에 적용하여 그들로 하여금 온전함에 이르고, 대인관계에 있어서 자신감을 갖게 해 주며, 정신적인 안정과 영적인 성숙을 이룰 수 있도록 돕는 사람이다."[7]

　기독교 상담가들은 기독교적인 세계관을 가지고 상담에 임해야 한다. 즉, 하나님의 속성, 사랑과 용서, 창조의 섭리와 통치, 인간의 본성, 성경의 권위, 죄의 실재, 사후세계와 미래에 대한 소망, 인간 역사의 의미 등 기독교적 가치관에 대해 분명한 답을 가지고 상담에 임하게 된다. 기독교 상담가들은 내담자의 행동과 태도, 가치 및 인식을 변화시키려 함에 있어서 내담자의 영적인 성장을 자극하려 하고, 죄를 고백하고, 하나님의 용서를 경험하도록 격려하고, 그리스도인의 기준과 태도, 가치관, 생활상의 모범을 보이고, 복음을 제시하고, 예수 그리스도에게 삶을 의탁하도록 격려하고, 기독교적인 가치관을 따라 살도록 동기부여 한다.[8]

　기독교 상담의 목표는 사람들을 각자의 생활에서 보다 효과적으로 기능하도록 도와주고, 영적, 심리적, 그리고 인간상호 간의 갈등으로부터 자유 하도록 자극하며, 자기 자신과 화평한 관계를 누리고 하나님과 더 깊은 영적 교제를 누리도록 이끌며, 타인과 원만한 대인관계를 계발 및 유지하도록 도와주고, 그리스도 안에서 사람들의 잠재능력을 최대한 발휘하도록 깨우치며, 나아가서 예수 그리스도의 제자가 되는 일과 예수 그리스도를 위해 또 다른 사람들을 제자로 훈련시키는 일에 적극적으로 참여하도록 돕는 일이다.[9]

　상담의 목표는 내담자의 상태에 따라 달라질 수 있다. 즉, 예수 그리스도를 전혀 모르는 사람에게는 영적으로 새로운 삶을 살도록 하는 것을 목표로 하고, 거듭남의 경험이 있거나 한때 크리스찬이었던 사람에게는 하나님에 대한 더 큰 이해가 상담의 목표가 되어야 한다(골 1:28-29).[10] 사람들이 자신의 문제를 이야기하고 여러 다른 주제의 이야기를 하더라도 그 배경은 영적인 문제가 자리를 잡고 있다는 것을 알아야 한다. 그뿐만 아니라 기독교 상담자는 다음과 같은 실제적인 목표

---

[7] Gary R. Collins, Case Studies in Christian Counseling (Dallas, TX: Word, 1991), 4.
[8] 정동섭, 「어떻게 사람을 변화시킬 수 있는가?」 (서울: 요단출판사, 1999), 63.
[9] Gary R. Collins, Christian Counseling, 피현희, 이혜련 역, 「크리스챤 카운슬링」(서울: 두란노, 1984), 40.
[10] Wright, How to bring out the best in your spouse, 19.

를 마음속에 인지하고 있어야 한다.

첫째, 내담자를 사로잡고 있는 현실적인 문제에서 벗어나게 한다. 둘째, 내담자가 자신의 문제 속에 숨어있는 죄 된 본성을 발견하여 올바른 삶의 질서를 찾을 수 있게 한다. 셋째, 내담자로 하여금 인생에 대한 수용의 태도를 갖게 한다. 넷째, 그리스도를 개인적으로 만날 수 있도록 이끈다. 이것이 가장 핵심 되는 목표로서 영적인 치유를 통해 전인이 새로워지도록 돕는다.[11)]

2) 기독교 상담의 독특성

기독교 상담은 성경을 바탕으로 하는 상담이다. 다만 성경을 활용하는 정도에 따라서 성경적 상담과 성경적 접근, 또는 성경적 기초 위에 상담하는 성향들이 나타날 것이다.[12)] 따라서 기독교 상담은 다음과 같은 네 가지 점에서 세속 상담과 다른 특성을 가진다.

첫째 기독교 상담[13)]은 나약한 자아 때문에 고통당하는 내담자를 상담하는 관계 속에 성령이 임재하여 내담자가 이 시대 속에서 하나님의 뜻을 분별할 수 있는 자아능력을 갖도록 도우신다. 따라서 상담 관계에 제3자로 임재하신 주님께서 상담자나 내담자의 기대보다 더 풍성하게 치유하며 도우실 것을 기대할 수 있다.[14)]

[11)] 그 외에도 게리 콜린스는 다음과 같이 기독교 상담의 목표를 제시하였다. ① 필요할 때 지원해 준다. ② 감정의 표현을 격려해 준다. ③ 문제 행동에 대해 지적인 통찰을 달성하도록 도와준다. ④ 죄, 무책임, 스스로를 좌절시키는 행동, 생활의 모순 등 문제를 직시하도록 한다. ⑤ 사교 요령을 가르친다. ⑥ 문제에 대처하는 새로운 방법을 시도하고 스스로 결정을 내리고 죄에 빠지지 않으려고 애쓸 때 격려하고 인도한다. ⑦ 정보를 찾아 이를 사용하도록 도와준다. ⑧ 바람직하지 않은 행동을 버리도록 도와준다. ⑨ 인생의 의미와 목적을 추구하는 사람들을 도와준다. ⑩ 신학적인 문제를 가지고 해답을 찾고 있는 이들을 인도한다. ⑪ 삶을 그리스도에게 의탁하고 제자로서 성장할 것을 권고한다. ⑫ 전문적 상담이 필요하다고 생각될 때에는 내담자를 전문가에게 위탁한다. Gary Collins, How to Be a People Helper, 정동섭 역, 「훌륭한 상담자」(서울: 생명의 말씀사, 1984), 91.

[12)] 전요섭, 「기독교 상담의 이론과 실제」(서울: 좋은 나무, 2001), 8.

[13)] 기독교 상담을 검토할 때 Jay E. Adams의 권면적 상담(nouthetic counseling)과 Bobgan의 영적 상담, Jin Craddock과 Lawrence Crabb, Selwyn Hughes의 성경적 상담, Collins와 Gary Sweeten의 제자 상담, 성장 상담을 강조한 Howard Clinebell과 대화 상담을 강조한 Paul Tournier의 관계 상담의 흐름으로 살펴볼 수 있다. Roger Hurding, Roots and Shoots: A Guide to Counseling and Psychotherapy, 김예식 역, 「치유 나무」(서울: 한국 장로교 출판사, 2000), 330-331.

[14)] 오성춘, 「목회 상담학」(서울: 한국 장로교 출판사, 1993), 375.

둘째, 기독교 상담은 내담자의 건강한 인격을 목표로 상담할 뿐 아니라 하나님 중심의 삶을 회복하도록 돕는다.

셋째, 기독교 상담이 추구하는 것은 복음적 영성을 중심으로 한 전인 건강이다.

넷째, 기독교 상담은 죄악된 행동과 감정을 유발하는 그릇된 생각을 바꾸도록 하는 것을 상담의 목표로 삼는다. 성경에서는 인간의 죄악된 감정과 행동이 근본적으로 죄의 본성과 관련되어 있다고 말한다. 따라서 죄의 심각성을 간과하면 후에 더욱더 심각한 문제를 초래할 수 있다고 보고 있다. 로마서 12장 1절에서는 "마음을 새롭게 함으로 변화를 받으라" 고 하였는데 바울은 변화(transformation)란 감정이나 환경을 일신함으로 얻어지는 것이 아니라 마음을 새롭게 함으로 이루어지는 것이라고 했다. 따라서 기독교 상담자는 무엇보다도 내담자의 구원과 풍성한 삶을 위하여 인간이 가지고 있는 죄악된 행동과 감정을 유발하는 그릇된 생각을 바꾸도록 하는 것을 상담의 목표로 삼는다.

3) 기독교 상담의 필요성

현대사회는 급격한 변화의 소용돌이를 겪고 있다. 즉 물질만능주의와 쾌락주의로 인해 인간성은 점점 상실되고 있으며, 인간관계는 더 피상적이 되어 소외감과 외로움으로 고통받는 사람들이 늘어나고 있다. 그뿐만 아니라 장래에 대한 불확실성 등으로 인해 많은 사람들이 영적, 정신적 빈곤 및 심적 불안을 호소하고 있다.

현대의 성도들은 이전과는 비교할 수 없을 정도로 많은 개인적인 어려움과 가정의 문제로 인해 갈수록 상담을 필요로 하고 있다. 그러나 교회가 죄인들을 위한 병원 이라기보다는 오히려 성자들의 박물관에 더 가깝기 때문에 도움이 필요한 그리스도인들은 어디로, 또는 누구에게 가야 할지 모르는 것이다.[15] 이런 현대인들

---

[15] Tan Siang-Yang, A Lay Counselor, 편집부 역, 「평신도 상담자」(서울 : 미션월드 라이브러리, 1999), 21.

을 주님이 보셨다면 어떻게 어떻게 하셨을까? 아마도 니고데모와의 만남이나 사마리아 여인과의 상담에서 보여주듯이 주님은 그들의 아픔에 깊이 동참하시고 그 고통을 해결하는데 적극적인 도움을 주셨을 것이다. 그리스도인과 교회가 상담에 참여하는 이유는 본질적으로 주님이 그분의 말씀인 성경을 통하여 그러한 사역에 참여하라고 부르셨기 때문이다.[16] 이제 목회자들은 상담의 중요성을 깨닫고 자신뿐 아니라 교인들도 상담에 대해 열린 마음을 갖도록 이끌어야 한다.

교회에서 상담이 필요한 이유는 다음과 같다. 첫째, 사람은 누구나 상담을 받을 만한 문제를 가지고 있으며, 둘째, 개별적인 상담이 없이는 개별적인 보살핌이 불가능하기 때문이고, 셋째, 상담을 통해서 전도가 이루어지며, 넷째, 상담은 목회자들에게 설교의 재료와 방향을 제시해주고, 다섯째, 사람마다 알게 모르게 상담을 주고받고 있기 때문이다. 주변의 사람들이 "세상이 이럴 수가 있느냐, 지금 내가 얼마나 비참한 상태에 있는지…." 등등의 이야기를 듣고 한마디라도 조언을 해 주었다면, 그것은 바로 상담을 해준 것이다. 따라서 일상생활에 필요한 상담의 기본상식은 누구에게나 필요하며, 특히 성경의 말씀대로 살아야 하는 그리스도인들에게는 더욱 필요하다.[17]

상담이 필요한 사람은 누구인가? 그것은 모든 사람인 것이다. 또한 이러한 상담의 목적은 그리스도 안에서 온전한 자로 세우려 함이다(골1:28). 그렇다면 교회에서 누가 상담을 해줄 것인가? 상담은 목회자들을 통해서 이루어지는 것이 가장 바람직하며, 대부분의 경우 목회자들을 통해서 상담이 이루어지고 있다. 그러나 목회자들이 성도들과의 상담에 모든 시간을 쏟을 수 없는 것이 현실이다. 따라서 교회 안에 상담을 전담하는 교역자가 상담을 하거나 상담훈련을 받은 평신도 사역자들이 상담을 하게 되면 더 효과적일 것이다.[18] 사도 바울은 모든 성도가 이 일

---

[16] Tan Siang-Yang, 24-25.
[17] 황규명, "상담과 목회의 실제", 「성경과 상담」제 2권(한국 성경적 상담 학회, 2002): 44-46.
[18] 이를 위해서는 연구자의「평신도 상담자를 위한 집단상담」(서울: 서로사랑, 2001)과 "평신도 상담자 훈련 모형에 관한 일 연구" (박사학위논문: 풀러신학대학원, 2001)를 참조하라.

에 참여하기를 원했고, 그래서 성도들에게 "서로 권면하라(롬12:8)"고 했다. 교회는 그리스도의 몸이며 성도는 그 몸의 각 부분이다. 한 사람이 울면 나머지도 울고, 한 사람이 기뻐하면 다른 사람도 기뻐하는 것이 그리스도의 몸이며 지체인 것이다.

3. 기독교 상담의 목회현장 적용점 모색

1) 신학과 심리학의 통합 모델

신학과 심리학은 서로 갈등하는 것이 아니라 서로 보완하는 관계를 가진다. 양자가 갈등하는 것은 경험적 사실에 관한 것이 아니라 경험에 앞선 원리나 전제와 관련되어 있다. 신학자나 심리학자는 동일한 사실을 본다. 그러나 양자는 이 사실을 수집하고 해석하고자 하는 전제가 다르다. 따라서 심리학이 행동주의나 실험주의의 관점에서 벗어나 인본주의 심리학자처럼 인간의 정서와 가치와 희망을 인정한다면 보다 넓은 관점을 수용하게 되는 것이며, 또한 인간의 차원을 넘어서는 신적인 초자연적 만남을 인정할 때 비로소 심리학은 가장 포괄적인 관점을 갖추게 될 것이다.[19]

통합을 추구하는 학자들은 "내담자의 독특한 필요들과 생활상의 문제 전반에 있어서 상담 및 심리치료를 하기 위해서는 개방적이며, 종합적이고, 융통성이 있으며, 절충적인 시도가 필수적"이라고 주장한다. 이러한 통합 모델은 하나님이 모든 진리의 원천이 되신다는 믿음에 근거를 두고 있다.[20]

하나님의 창조와 섭리 안에서는 모든 것이 조화와 통일이 이루어진다. 결국 기독교와 심리학은 분열이 아니라 온전한 진리의 발견을 위해 서로가 필요한 것이

---

[19] 김영한, "심리학과 신학: 심리 치료와 목회 상담", 「새천년 목회 상담과 심리 치료의 실제」 숭실대학교 제8회 전국 목회자 신학 세미나 (2000), 32.
[20] 정동섭, 33-35.

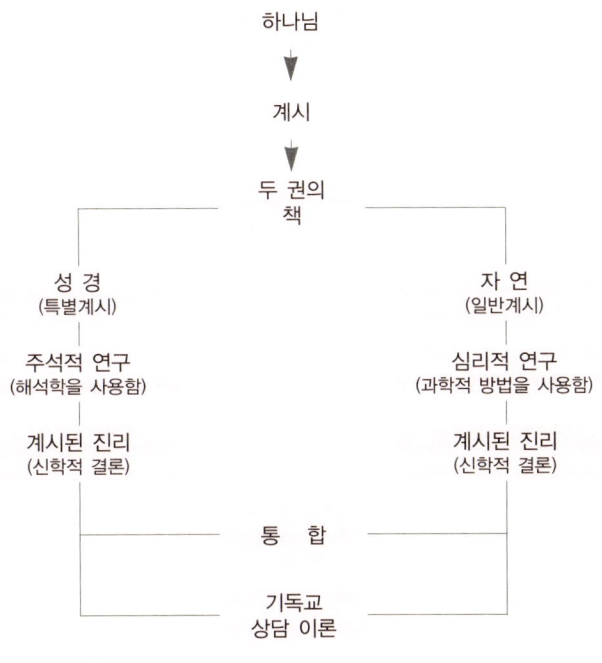

〈그림 1〉 기독교와 심리학의 통합 [21]

다. 〈그림-1〉은 이 둘의 통합의 가능성을 보여주고 있다.

이와 같은 이론적 배경에서 기독교 신학과 심리학의 통합을 통해 1920년대 후에 발전한 것이 목회심리학(Pastoral Psychology), 또는 기독교 상담학(Christian Counseling Psychology)이다. 기독교 심리학자는 하나님의 계시와 과학의 참된 사실 사이에 모순이 있을 수 없다고 믿기에 심리학은 교회지도자가 성령의 인도하심을 구하는 가운데 그의 사역에 사용할 수 있는 가치 있는 도구인 것이다.[22]

---

21) Lawrence Crabb, Understanding People, 윤종석 역,「인간 이해와 상담」(서울: 도서출판 두란노, 1993), 54.
22) 정동섭, 38-39.

2) 한국 교회 상담 적용 실태

한국교회에 기독교 상담이 처음 도입된 것은 1950년 후반에 한 두 명의 교수들이 산발적으로 기독교 상담을 강의하면서 시작되었다. 그러다가 1960년 초기에 연세대학교에서 기독교 상담 교육을 지도한 외국 선교사 반 리어로프(Van Lierop) 박사에 의해서 좀 더 체계적으로 발전한 것으로 전해지고 있다. 이때 기독교 상담 교육 과정으로 연세대학교 세브란스병원과 연결하여 임상목회교육(CPE)이 도입되었다. 그 후부터 세브란스병원 이외에도 한신대학교가 한양대학병원과 연결하여 임상목회교육을 실시하고 있으며 감리교신학대학에서도 80년대 초기 전후로 시작되었던 CPE 교육이 최근 국제신대 상담학 석사과정에서 상담연습을 위해 개설하였으나 아직도 많이 개발되지 못하고 있는 실정이다.

또한 1960년대 이후에 여러 신학교 교육과정에 기독교 상담, 종교심리, 교육심리, 상담심리, 정신위생과 같은 과목을 포함시키고 있다. 통합주의적 관점에서 기독교 상담학이 한국에 소개되기 시작한 것은 1980년 11월 콜린스(Collins) 박사가 내한하여 '목회상담세미나'를 인도하면서 부터였다고 할 수 있다.[23] 그 이후 최근까지 기독교 상담학 분야에서 이론과 실제 뿐 아니라 임상에 이르기까지 많은 성장이 일어나고 있다고 볼 수 있다. 그럼에도 아직까지 이러한 시도는 첫 걸음에 지나지 않는다.[24]

연구자는 이러한 한국 교회내의 상담 사역 현황을 객관적으로 조사하여 하나의 기초 자료를 만드는 작업을 2001년에 시도하였다.[25] 조사의 방법은 먼저 각 교회 상담실에 교회 상담 운영에 대해 알고 싶다는 공문을 팩스로 보낸 후 상담실 책임자와 만나거나 전화 연락, 또는 인터넷 자료실을 통하여 확인하였다. 또한 월간지인 '가정과 상담'의 교회 탐방 내용도 참조하였다. 각 교회의 상담실 책임자에게

---

[23] 정동섭, 39-40.
[24] 기독교 상담학 분야가 어느 정도까지 성장하고 있는지에 대해서는 본 연구의 주제가 아니므로 생략하였고 한국교회의 상담 사역 실태에 대해서만 언급하였다.
[25] 심수명, "평신도 상담자 훈련 모형에 관한 일 연구", 44-50.

주어진 질문의 내용은 다음과 같다. 첫째, 교회 내에 상담실이 있는가? 둘째, 상담실 책임자는 누구이며 어떤 분인가? 셋째, 당회장의 상담에 대한 철학 및 상담실에 대한 지원은 어떠한가? 넷째, 교회 내에서 평신도 기독교 상담이 이루어지고 있는가? 없다면 그 이유는? 다섯째, 훈련된 평신도 상담자가 있는가? 여섯째, 상담 교육은 어떻게 하고 있으며 지속 교육은 이루어지고 있는가? 일곱째, 상담 프로그램은 어떤 것들이 있는가?

위의 질문들에 대한 상담실 책임자의 답변과 각종 자료를 토대로 하여 2001년도의 대형 교회 5곳의 상담 운영 실태를 요약, 정리하면 다음과 같다.

(1) 영락 교회

상담부 조직으로는 교역자 및 임원(7명), 실행 위원(30명), 연구조 조장(10명), 전문 상담원(9명), 인터넷 전문 상담원(30명), 상담 교육 위원(4명), 부부 상담원

〈표 1〉 영락교회 상담 프로그램

구 분	대 상	종 류
부부 교육	예비 부부	결혼 준비 교육
	교우 부부	부부 성장 교육
상담 교육	일반 교우	평신도 상담 교육
	상담원 희망자	상담원 양성 교육
	일반 교우	소그룹 상담 교육
전화 상담	전화 상담원	전화 상담
전문 상담	정신장애자 및 가족	달리다굼
	일반 교우	정신 건강 상담
	일반 교우	세무 상담
	일반 교우	법무 상담
	일반 교우	금융 경제 상담
	일반 교우	교통사고 상담
	일반 교우	만성 난치병 상담
	일반 교우	병무 상담
Internet 상담	일반 교우	Internet 전문 상담
특수 상담	일반 교우	결혼, 직업 상담

(20명), 특수 상담원(7명), 그리고 전화 상담원(176명)으로 구성되어 있다. 상담 내용 및 프로그램은 〈표-1〉과 같다.

영락 교회는 상담을 위한 교육이 전체 교인 대상의 평신도 상담 교육과 평신도 상담원 양성자 훈련으로 분리되어 있으며 상담원 교육을 받은 평신도 상담자는 모두 전화 상담원으로만 봉사하고 있고 그 인원은 현재(2000년 8월) 180명 정도이다. 그리고 면담 상담 및 특수 상담 등 전문 상담은 평신도가 아닌 전문 상담가가 따로 상담하고 있다.

(2) 사랑의 교회

사랑의 교회는 상담을 전공한 4명의 상담 전문가가 상담실에 근무하여 교인들에게 상담을 제공하고 있으며 전부 사랑의 교회 직원으로, 사례를 받고 있다. 1명은 주 6일 근무하며 나머지 3명은 주 2-3일, 요일별로 나누어 상담실에 근무하고 있고 경력과 근무시간에 따라 그에 합당한 사례를 교회로부터 받고 있다.

상담실에서는 개인과 가족, 그리고 공동체 생활에서 생겨나는 삶의 문제를 전문 크리스천 상담사가 면접 상담을 통하여 돕고 있으며 전화 상담은 일체 하지 않는다. 이 상담실은 한국 목회 상담 협회와 한국 기독 상담 및 심리 치료학회 기관 회원으로 가입되어 있으며 집단 상담 및 각종 심리 검사를 실시하고 있다. 평신도들은 상담사역에 종사하고 있지 않았으며 전문 상담가가 상담 사역을 하고 있으며 상담사역 프로그램은 〈표 2〉와 같다.

〈표 2〉 사랑의 교회 가정 사역 프로그램

프로그램	대 상
1. 데이트와 결혼 세미나	• 이성 교제에 관심 있는 청년들
2. 결혼 준비 교실	• 결혼을 전제로 교제중인 경우 • 타교인 및 비그리스도인도 포함
3. 신혼 부부 다락방	• 신혼 부부
4. 가정생활 세미나	• 결혼 5년 이상 · 아내반(불신 남편) · 부부반

(3) 여의도 순복음 교회

여의도 순복음 교회는 상담을 1958년부터 시작하여, 1978년에 '결혼상담소', 1980년에 '청소년 상담소', 같은 해 5월에는 '사랑의 전화', 1982년에는 '신앙 상담소'가 창설되어 활동하다가 1986년 순복음 상담소로 기구가 개편되어, 현재는 상담 기획부 내에 인터넷 상담실, 청소년 상담실, 결혼 상담실, 신앙 상담실, 아가페 전화 상담실이 있다.

'모든 성도는 자신의 재능과 은사에 관계없이 상담자로서의 명령을 지켜야 한다'는 전제 아래, 일반 평신도를 주 대상으로 상담 교육을 강화하고 있다. 상담실 내의 교육 프로그램으로는 상담 학교 초·중급반, 부모 역할 훈련, 목회자 상담 세미나, 장로 상담 세미나, 학부모 세미나, 집단 상담, 가정 세미나, 내적 치유 세미나 등이 있다. 1999년 12월부터는 상담 중심의 목회로 전환되면서 '상담소'가 '상담국'으로 승격되어 상담 사역자의 자질 향상 및 전문화, 가정 상담 사역의 집중화, 인터넷 상담실의 활성화, 재직 상담 교육의 의무화 등 4대 목표로 운영하고 있다. 주요 업무 안내는 〈표 3〉과 같다.

여의도 순복음 교회의 상담국은 심리적 갈등과 신앙 문제, 가정 문제, 대인관계의 문제로 인하여 어려움을 겪는 성도들을 위해 오순절 신앙에 입각한 치유 목회적 관점에서 성도들이 문제를 해결할 수 있도록 돕고, 성도들의 신앙이 성장할 수

〈표 3〉 여의도 순복음 교회 상담국의 주요 업무

구 분	종 류
면담상담	신앙 상담실
	결혼 상담실
	청소년 상담실
전화 및 인터넷 상담	아가페 전화 상담실
	인터넷 상담실
상담지원 및 행정	지성전 상담실
	행 정 실
설 교	10분 설교 전화

있도록 인도하고 있다. 또한 이를 위해 평신도를 상담원으로 양성하여 각 상담실에서 봉사할 수 있도록 지속적으로 교육하고 있다.

(4) 온누리 교회

온누리 교회의 상담 훈련은 '상담의 실례를 가지고 상담 사역자들이 받는 전문적인 상담 훈련과 평신도들을 위한 세미나와 소그룹 활동'으로 이루어지고 있다. 실제로 상담실 운영은 1999년 3월에 개설되어 전화 상담과 면접 상담으로 이루어지고 있으며 운영 시간은 오전 10시에서 오후 5시까지이다. 현재, 풀 타임 2명과 파트 타임 12명의 자원 봉사자들이 종사하고 있는데 이들은 모두 사례를 받지 않는 평신도 상담자들이다. 상담 전문가는 따로 없으며 2명의 풀 타임 사역자는 권사님들이다.

당회장 목사의 상담 운영 방침이 영성을 우선시하고 있기 때문에 상담 전공자보다 신앙이 있는 사람을 상담 사역자로 세우고 있으며 상담 교육 및 훈련도 교회가 아닌 기관(두란노)의 도움을 받고 있다. 교육 내용은 〈표 4〉와 같다.

〈표 4〉 교육 내용

학 기	가정 사역
1학기	가정 사역 개론, 부부 문제 및 가정, 자녀 문제 해결
2학기	자녀 교육 1-6, 가족 치료 1-6
3학기	가정의 비밀과 내적 치유 등
4학기	가족 관계 신학, 결혼과 치유 성장, 성경과 가정 사역 등

연구자가 대형 교회 4곳을 중심으로 상담 사역의 실태에 대해서 조사한 것을 근거로 요약을 하면 다음 〈표 5〉와 같다.

〈표 5〉 교회별 상담 사역 현황

	영락교회	여의도순복음교회	온누리교회	사랑의교회
평신도 상담자	있다	있다	있다	없다
지속교육	1달에 1번	매주	1달에 1번	없다
당회장의 지원	적극적	아주 적극적	적극적	상담전문가와 협력관계
평신도 상담사역 형태	전화상담원으로 봉사	모든 성도의 상담자화 도모	영성 위주의 상담 사역	전문가가 주도

또한 한국의 대형 교회 32곳을 대상으로 한국 교회의 상담 현황에 대해 조사한 손수현의 결과를 보면 상담 사역만을 담당하는 전문 상담자가 있는 교회는 7교회이며 그 중 상담 전문 목회자만 있는 곳이 3교회, 상담을 전공했거나 훈련을 거친 평신도 상담자가 있는 곳이 3교회였으며, 상담 전문 목회자와 평신도 상담자가 함께 있는 곳은 1교회 밖에 없다고 보고하였다.[26]

최근의 연구 결과 중 교회의 상담 창구의 필요성과 그 역할에 대한 구체적인 활용방안을 조사한 이재실[27]의 연구 결과를 살펴보면 101교회 가운데 교회 내 상담창구의 필요성에 대한 질문에서 96%인 97개 교회가 필요하다고 답하였지만 실제로 교회 내 상담창구 운영여부에 대한 조사 결과 20%인 20개 교회만이 운영을 하고 있다고 답하였다. 그리고 종합평가에서 많은 목회자들이 교회 내에서 상담 교육 프로그램은 아직 없고 앞으로도 계획이 없어 보인다고 하였으며, 교회 상담실 운영에 있어서 전문상담자의 필요성을 알고는 있지만 제반 문제 때문에 실행하기에는 역부족인 것이 현 실정이라고 하였다.

위의 조사에 따르면 현재 많은 목회자들은 상담사역의 필요성에 대해서 대다수(96%) 동의하고 있으나 여러 여건 상 전문상담자를 두어 목회에 도움을 얻기는

---

[26] 손수현, "목회 상담에 있어서 평신도 상담의 필요성과 역할에 관한 연구" (석사학위논문, 아세아연합신학대학원, 1999), 121-122.
[27] 이재실, "교회에서 상담 역할과 활용 방안 연구" (석사학위논문, 국제신학대학원대학교, 2002), 18-22.

힘든 실정이다. 그럼에도 불구하고 대형 교회의 상담사역이 점차 활성화되어 주변의 중소형 교회의 목회사역에 기여하고 있는 것이 긍정적이다.

그러나 무엇보다 대다수의 성도들에게 도움을 주려면 목회자 혼자서는 감당하기 어려우므로 평신도 상담자의 활성화 방안이 요청되고 있다. 하지만 평신도를 훈련시켜 상담자로 세우는 상담 사역은 아직 미미한 것으로 보인다. 앞으로 대형 교회뿐 아니라 중소형 교회에도 기독교 상담 사역이 확산되는 방안에 대해 더 많은 연구와 시도가 있어야 한다고 생각한다.

4. 기독교 상담의 목회현장 적용 사례 : 한밀교회 상담사역

1) 상담사역 도입 과정

한밀교회에서 상담사역을 도입하게 된 이유는 '전 성도가 자신의 내면을 치유하고 전인적으로 성숙한 자가 되어 온전한 예수의 제자로 서게 한다' 는 목표를 달성하기 위해서 무엇보다 인간의 내면 치유가 필요하다는 연구자의 목회철학 때문이었다. 연구자는 자신의 내면 치유와 영적 성숙 및 전인적 성장에 초점을 둔 상담 사역을 통해 다음과 같은 목표를 설정하였다. 첫째, 모든 성도가 서로 격려하는 자로 부름 받았기에 성도 간에 사랑의 관계가 넘치는 공동체를 건설하도록 한다. 둘째, 하나님 나라를 지향하는 교회로 나아간다. 셋째, 평신도 지도자를 세운다. 넷째, 상담에 은사와 열정이 있는 자를 계속 훈련하여 평신도 상담자로 사역하도록 한다. 다섯째, 상담 사역을 통해 전도의 기회를 삼는다.

한밀교회의 초기 상담 사역은 성경적 상담 관련 서적 및 기독교 심리학자의 상담 시리즈를 요약, 발표, 토론하는 모임을 통해서 성경적 상담의 기초를 세웠다. 그리고 매년 2회에 걸쳐 4-5일 정도 매회 3시간씩 열린 주제별 세미나는 지성 개발을 통한 기독교 세계관 확립 및 영성 치유의 기회로 삼았다. 세미나 주제로는 공동체, 하나님 나라, 가정생활, 하나님의 치유 등 다양한 주제로 시행되었으며 10

년간 약 18회 정도 개최했다. 또한 년 1~2회의 합숙 캠프(3박4일, 또는 4박5일)를 통해서 집단 공동체 경험과 신앙 성숙 및 자신과 타인 이해, 그리고 전인격적 성숙을 도모하였다.

연구자는 소그룹 상담(집단상담) 프로그램이 교인들에게 성숙과 변화의 삶을 살게끔 하는 데 효과적임을 확인하면서 1996년부터 이 프로그램을 전 교인들에게 확산시킬 뿐 아니라 지역주민들에게도 확대하여 전도의 접촉점으로 만들어야 한다는 생각을 갖게 되었다. 이에 따라 평신도 지도자들 중에서 상담에 관심과 은사가 있으며 자원하는 사람을 중심으로 평신도 상담자 훈련을 실시하였다. 1998년 1월에는 '상담 사역 및 가정 사역 위원회'를 발족하여 교회 내외적으로 '치유와 성장 세미나', '성경적 상담 세미나'를 진행하였고 6월에 2, 3, 4, 5차 집단 상담을 실시하는 등 상담 사역이 전교인과 지역주민을 위한 사역으로 확대되기 시작하였다.

연구자가 풀러신학대학원 박사 논문으로 평신도 상담자 양성을 위한 훈련 프로그램을 개발하면서[28] 평신도 상담 훈련과정을 총 4학기, 2년제로 하여 평신도들을 훈련하였다. 이때 상담을 전공한(석사) 평신도 상담자 2명과 상담 훈련을 마친 3명의 평신도들이 격일로 상담실에 근무하면서 전화 상담 및 면접 상담을 하였다. 그리고 연구자의 인도 하에 훈련받은 평신도 사역자 30여명이 매주 2~3시간씩 지속적인 교육을 받았으며, 그들은 다시 주 1회씩 4-10여 명의 소그룹으로 일반 성도들을 대상으로 하는 신앙 및 상담 사역을 실시하였다.

연구자의 교회에서 실시한 4학기 훈련 과정은 〈표 6〉과 같다.

---

[28] 프로그램 개발 과정은 풀러 박사논문 참조 바람.

〈표 6〉 평신도 상담자 훈련 내용

	주제	목적
1학기	집단상담	집단의 역동을 통해 자신에 대한 이해와 수용을 배우며 생산적인 인간관계를 익힌다.
2학기	인격치료	하나님의 형상으로 온전히 회복되는 것을 목적으로 인간의 내적상처와 아픔을 기독교 상담과 인지치료적 기법으로 치료한다.
3학기	부부치료	성경적 부부 관계의 원리와 부부의 심리를 이해하고 갈등을 치료한다.
4학기	수퍼비전	각 상담이론을 연구, 실습한 후 지도 감독을 받는다.
특 징	① 정원 : 20여명 이하 ② 전 단계를 이수해야 다음 과정으로 넘어갈 수 있음 ③ 시간 : 3시간 정도 소요되며 각 10회기로 이루어짐 ④ 훈련 모임 : 치료적 모임이 아님. 정서적, 영적으로 성숙한 사람이 필요함 ⑤ 자격 : 구원의 확신, 제자 훈련 과정 이수자, 상담의 은사 있는 자	

2) 현재의 상담 사역 실제

2001년도에는 한밀상담연구소(현재 사단법인 다세움으로 활동하고 있다.)가 설립되었고 현재는 소장(연구자)과 부소장 외에 상담 관련 석사 졸업자인 전임간사 2명, 연구원 2명과 석사 과정 중에 있는 상담연구원 4명 등 총 10명이 상담연구소에서 각종 프로그램을 진행하며 교회 내외적으로 사역을 감당하고 있다.

한밀상담연구소의 상담사역은 크게 상담 및 심리치료, 임상훈련, 세미나 과정, 그리고 심리검사의 네 가지로 나눌 수 있다. 상담 및 심리치료 사역은 개인 상담, 부부상담, 가족상담, 그리고 집단상담 프로그램으로 이루어져 있다. 상담은 내담자의 문제 성격과 대상에 따라 담임목사인 소장과 상담연구소의 인적 자원을 탄력적으로 활용하고 있다. 그리고 교회에 등록한 경우 목자나 원투원 리더를 통해 상담이 이루어지고 있다. 임상훈련은 소장인 연구자가 주로 인도하며 전문상담자와 평신도 지도자를 위한 훈련의 장으로 활용하고 있다. 세미나 과정은 초기에는 연구자가 전 교인 및 지역 주민(불신자 포함)을 대상으로 가정사역 위주로 진행하다가 지금은 부소장과 전임간사에게 많이 위임하여 진행하고 있다. 그리고 심리검사는 타 기관에서 훈련된 연구원이 주로 진행하고 있다.

한밀상담연구소의 주 사역내용 및 프로그램은 〈표 7〉과 같다.

이외에도 국제신학대학원 대학교와 하이패밀리, 한국목회상담협회, 한국복음주의 기독교상담학회, 한국가정사역학회, 건강가정 시민연대, 그리고 한국 NCD 등 다른 기독교 학교나 단체와 협력적으로 교류하면서 기독교 상담사역의 네트웍을 이루어가고자 노력하고 있는 중이다.

〈표 7〉 한밀상담연구소 사역 내용

프로그램	내 용	대 상
상담 및 심리치료	개인상담	청소년, 청년, 성인
	부부상담	부부
	가족상담	가족
임상훈련	집단상담(사랑의 관계를 위한 집단상담, 치유와 성장모임, 청소년진로탐색집단, MBTI 웍샵)	청년, 성인 남녀 누구나
	감수성훈련, 집단심리치료	집단상담 훈련받은 사람
	수퍼비전 / 인턴, 레지던트 교육	일정한 상담교육이나 훈련 마친 자
세미나 과정	사랑의 관계 클리닉	청년, 성인
	결혼준비교육	데이트 중인 남녀, 결혼 날짜 정한 커플
	가정사역(부부치료, 부부치료실습, 부부성장학교, 부모교육세미나 Ⅰ·Ⅱ, 아버지, 어머니 학교)	가정사역에 관심 있는 자
	인격치료	내적상처치료 및 인격회복에 관심 있는 자
심리검사	성인심리검사 (MMPI, MBTI, EGOGRAM)	청년, 성인
	아동심리검사	아동

3) 평가

위에서 제시한 목표 하에 기독교 상담 전략을 가지고 인간관계 훈련 및 가정사역 프로그램과 상담자 양성 프로그램을 꾸준히 실시하였다. 특히 연구자가 직접 개발한 '사랑의 관계 훈련 프로그램'[29)]은 이 목표를 이루는 데 큰 도움을 주었다. 이 프로그램은 과학적으로도 상담자 훈련에 아주 효과적이었음이 통계분석을 통해 입증되었다. '사랑의 관계 프로그램'에 대한 효과 검증 결과는 아래와 같다.[30)]

(1) 의사소통능력에 미치는 효과

'사랑의 관계 프로그램'이 의사소통능력에 어느 정도 효과가 있었는지에 대한 결과는 〈표 8〉과 같다.

〈표 8〉 의사소통능력에 대한 집단 간의 사전 사후에 대한 t검증

	사전 검사		사후 검사		t	p
	M	SD	M	SD		
실험집단(N=20)	11.75	3.01	14.15	2.25	-4.37	.00*
통제집단(n=20)	11.15	4.30	11.05	2.95	.15	.88

(점수범위 0-20점) (p<.01)

〈표 8〉에 나타난 것과 같이 실험 집단(훈련을 한 집단)은 훈련받기 전의 사전 검사에서는 의사소통능력 점수가 11.75에서 훈련을 받은 후에는 14.15로 통계적으로 유의미하게 높아졌다. 그러나 통제 집단(훈련받지 않은 집단)은 사전 검사에서는 의사소통 능력이 11.15에서 실험 집단과 비슷하였는데 사후 검사에서는 11.05로 전혀 상승하지 않았다. 이 수치는 연구자가 개발한 '사랑의 관계 프로그램'이

---

29) 사랑의 관계 훈련 프로그램의 목적은 다음과 같다. 첫째, 자신을 현실적으로 이해할 수 있도록 한다. 둘째, 있는 그대로의 자신을 수용하고 사랑하도록 한다. 셋째, 하나님과 교회, 그리고 이웃에게 있는 그대로의 나를 개방할 수 있도록 한다. 넷째, 자신의 말과 행동에 책임을 짐으로써 생산적인 인간관계를 발전시킬 수 있도록 한다. 다섯째, 하나님과의 깊은 만남으로 인해 영적 자유와 평안함을 누리고 다른 영혼의 성장을 돕는 사랑의 창조자로서 살도록 한다. 여섯째, 이 과정을 통해 교회공동체가 사랑의 관계로 회복되어 사랑의 열매가 맺히기를 기대한다. 또한 훈련의 효과는 다음과 같다. 첫째, 인간관계를 훈련받아 성도 간에 사랑이 넘치며 관계전도 능력도 향상된다. 둘째, 리더십이 개발되므로 평신도 지도자 발굴에 아주 효과적이다. 셋째, 기독교 상담적 안목이 생기며 상담기술도 배움으로써 고통 받는 성도를 도울 수 있다. 넷째, 성도들의 전인적 성장이 일어나며 교회가 질적, 양적으로 성장 부흥한다. 다섯째, 셀교회의 기초 교재로 사용하면 전인적 소그룹 형성에 도움이 된다.
30) 심수명, "평신도 상담자 훈련 모형에 관한 일 연구", 164-166.

상담자들의 의사소통능력 향상에 매우 효과적임을 시사해 준다.

(2) 공감적 언어 표현에 미치는 효과

'사랑의 관계 프로그램'이 공감적 언어 표현 능력에 어느 정도 효과가 있었는지에 대한 결과는 〈표 9〉와 같다.

〈표 9〉 공감적 언어 표현에 대한 집단 간의 사전 사후에 대한 t검증

	사전 검사		사후 검사		t	p
	M	SD	M	SD		
실험집단	41.10	12.70	50.00	10.71	-4.75	.00**
통제집단	39.90	14.09	36.05	12.06	2.77	.01*

* p<.01

〈표 9〉에 나타난 바와 같이 실험 집단은 사전 검사에서 41.10에서 훈련받은 후 50.00으로 매우 의미 있게 향상되었으며 통제 집단은 사전이 39.90에서 사후 검사에서 36.05로 오히려 낮게 평가되었다. 이것은 연구자가 개발한 프로그램이 상담자들의 공감적 언어 표현 능력을 향상시켰음을 의미하며, 이것은 초심 상담가들도 훈련만 잘 받으면 공감 능력이 향상되어 상담을 효과적으로 할 수 있음을 보여주는 것이라 할 수 있다.

(3) 상담자 자기 평가에 미치는 효과

'사랑의 관계 프로그램'이 상담자의 자기 평가에 어느 정도 효과가 있었는지에 대한 결과는 〈표 10〉과 같다.

〈표 10〉에서 실험 집단과 통제 집단의 평균 차이를 비교한 결과 7가지 요인 중에서 상담 지식, 기독상담 지식, 경청, 그리고 자기 개방 능력에서는 유의미한 수준으로 향상되었지만 공감, 감정 표현, 직면 능력에서는 실험 집단의 변화가 통제 집단에 비해 유의미하게 향상되지는 않았다. 이러한 결과는 '사랑의 관계 프로그

램'이 상담 기술 습득 향상에 도움이 되는 것도 있고 도움이 되지 않는 것도 있지만 전체적으로 기술 향상에 도움이 됨을 알 수 있다.

〈표 10〉 상담자 자기 평가의 집단간 평균 비교

하위 변인	실험 집단				t값	통제 집단				t값
	사전		사후			사전		사후		
	M	SD	M	SD		M	SD	M	SD	
상담 지식	5.40	2.21	6.75	1.44	-3.00*	4.70	1.62	5.00	1.52	-.97
기독교 상담 지식	4.65	1.81	6.80	1.43	-4.67*	4.35	1.38	4.80	1.64	-1.30
경청 능력	6.75	1.16	7.55	1.60	-2.13*	5.90	1.61	5.85	1.69	.18
공감 능력	6.60	1.14	7.25	1.44	-2.09	5.65	1.34	6.05	1.27	-1.25
감정표현 능력	6.60	1.72	7.30	1.68	-1.70	5.75	1.83	5.65	1.98	.24
자기개방 능력	6.25	1.11	7.50	1.46	-3.68*	6.50	1.90	6.10	1.37	.98
직면 능력	5.70	1.08	6.20	1.85	-1.22	5.70	1.97	5.75	1.71	-.17

*p<.05

이러한 연구 결과는 한국적 현실에서 평신도를 상담자로 훈련시킬 수 있는 공식화된 프로그램이 없던 때에 아주 고무적인 일이며, 국내에서 최초로 평신도 상담자 훈련 프로그램에 대한 효과 검증을 시도하였다는 데에 큰 의의가 있다고 본다. 즉 비전문가라도 지속적인 상담 훈련을 통하여 상담자로서 활동할 수 있는 가능성을 보여주었고 목회자가 상담 사역에 있어 평신도와 동역할 수 있는 길을 제시해주었다.

(4) NCD의 평가 결과

위의 연구 결과 뿐 아니라 교회성장 평가 전문기관인 NCD[31](Natural Church Development) KOREA에 의한 한밀교회 평가에 의하면 사역자를 세우는 지도력, 은사 중심적 사역, 열정적 영성, 기능적 조직, 영감 있는 예배, 전인적 소그룹,

필요 중심적 전도, 사랑의 관계의 8개 척도에 의한 1차(2000년 3월)와 2차(2001년 1월)의 결과 최소치였던 필요중심적 전도의 점수가 41점에서 60점으로 19점이나 향상되었으며, 사랑의 관계는 70점에서 97점으로 27점 향상되는 결과를 보여주었다. 그 평가결과를 표로 정리하면 다음과 같다. 이러한 평가 결과는 한밀교회가 다른 모든 훈련과 함께 기독교 상담사역을 꾸준히 지속했기 때문이라고 연구지는 자평한다.32) 현재는 '사랑의 관계 클리닉'이라는 공식 명칭으로 한국 NCD와 함께 한국의 목회자와 평신도 지도자들을 대상으로 교육하고 있으며 2004년 현재 28차에 이르고 있다.

〈표 11〉 한밀교회의 NCD진단 결과

내용	2000년	2001년	2002년
사역자를 세우는 지도력	58	71	72
은사 중심적 사역	59	83	66
열정적 영성	45	70	69
기능적 조직	61	72	76
영감 있는 예배	49	60	73
전인적 소그룹	60	79	86
필요 중심적 전도	41	60	73
사랑의 관계	70	97	94
평균	55	74	76

---

31) NCD란 자연적 교회성장원리로서 6대주 32개국 1,000여개 샘플교회의 420만 자료로부터 추출된 자연적 교회 성장 원리이다. 현재 50개국 5,000여개 2,100만 자료로 발전한 전 세계 모든 문화와 교회에 적용할 수 있는 실질적인 도구이며 NCD 원리를 적용한 결과 99.4퍼센트 질적·양적 성장이 전 세계 50개국에서 검증되었다. NCD KOREA는 이 원리를 한국에서 적용하고 있는 단체이다. Christian A. Schwarz, Natural Church Development, 정진우 외 역, 「자연적 교회성장」(서울: 도서출판 NCD, 1999).
32) NCD진단 점수의 의미는 8개척도 점수가 각각 65점 이상이어야 하며 점수간의 편차가 적을수록 교회가 건강하다는 것이다. 그리고 건강한 교회는 자연히 질적, 양적인 부흥이 따라오는 것이다.

Ⅲ. 제언 및 결론

　　교회에서 상담사역을 시작하고 활성화하기 위해서 가장 필요한 것은 무엇일까? 이 점에 대해서는 기독교 상담의 정의에서 그 답을 어느 정도 찾을 수 있을 것이다. 기독교 상담에서 필요한 3가지 구성 요소는 '도움을 주는 사람(상담자), 상담에 사용된 기법, 그리고 상담 목표'라고 앞에서 서술하였다. 이 중에서 상담 사역을 실제로 목회에 적용하려면 도움을 줄 수 있는 훈련된 상담자가 있어야 한다. 그렇다면 훈련된 상담자는 어떻게 해서 만들어지는가? 상담자가 되려면 상담 및 심리치료에 대한 이론, 실제, 그리고 실습 등 세 영역에 대해서 교육과 훈련이 있어야 한다. 즉, 상담의 이론과 실제에 대한 교육뿐 아니라 상담 실습까지 소화해내야 한다.

　　상담사역에 대한 필요성은 알지만 실제로 상담사역에 대한 실제적인 방안을 어떻게 마련할 것인가? 연구자는 이 문제에 대한 대안으로 실제로 상담사역을 실시하고 있는 교회들의 실태를 파악한 후에 자신의 교회 여건에 가장 적합한 모델을 선정하여 응용하는 방안이 가장 효과적인 방법 중의 하나라고 제언하고 싶다. 이런 의미에서 한밀교회의 현장보고가 실제로 기독교 상담을 목회현장에 적용하려는 목회자들에게 하나의 대안이 될 수 있을 것이다.

　　더 나아가 상담 사역의 활성화를 위해서 가장 중요한 것은 담임 목회자의 상담에 대한 인식이라고 생각한다. 따라서 상담 사역을 시작하려는 목회자들은 기독교 상담이 성도를 성숙케 하며 그리스도의 제자로 살아가게 하는 강력한 수단이 되므로 상담에 대한 부정적 인식을 긍정적인 사고로 전환하는 것이 필요하다.

　　상담사역과 함께 교회 공동체의 자원 및 성경과 기도의 자원이 동시에 균형 있게 강조되어야 하나님이 세우신 교회 공동체가 회복되고 더 나아가 구원과 치료, 성숙을 위한 훈련과 선교의 중심지로 세워지게 될 것이다. 따라서 기독교 상담자는 공동체 안에서, 공동체를 위하여, 공동체의 지도로 상담한다. 그러므로 기독교 상담자는 교회라는 맥락에서 상담하는 자이다. 그리고 교회공동체와 성경, 그리고 기도라는 영적인 자원 외에도 상담을 통한 전도의 접촉점 마련, 상담 메시지의 전달, 영적 훈련을 포함한 기독교 상담 등과 같이 교회 내에서 상담사역이 하나님의 나라 실현과 확장에 부응하는 사역이 되도록 끊임없는 연구와 개발이 필요하다. 효과적으로 상담할 수 있는 자원은 결국 영적인 실력(영성)에서 나오기 때문이다.

기독교 상담은 예방상담과 단기상담으로 하는 것이 효과적이다. 예방상담(preventive helping)이란 일어날 가능성이 있는 문제를 사전에 예방하도록 사람들을 돕는 과정 전체를 말한다. 예방상담은 문제가 발생하기 전에 문제 상황을 예상하고, 문제를 야기할 수 있는 상황이나 조건을 변화시킬 수 있으며, 문제가 악화되기 전에 문제를 막을 수 있게 하고, 문제의 영향을 감소하거나 제거할 수 있게 한다.[33] 또한 기독교 상담은 그 특성상 단기상담으로 접근된다. 단기상담은 치료의 목적을 구체화, 단순 명료화 시켜서 그것에만 초점을 맞추는 것이다.[34]

목회는 '찾아가는 목회'가 아니라 '찾아오는 목회'가 되어야 한다. 찾아가는 목회는 한 개인이나 그 가정만이 대상일 수 있으나, '찾아오는 목회'는 한정된 시간 내에 여러 사람을 만날 수도 있고 언제든지 목회자와 연락이 가능하다는 장점이 있다. '찾아오게 하는 목회'의 가장 이상적인 형태는 '상담중심의 목회'이며 이러한 관점에서 미래 목회의 성공여부는 '목회적 전문성'에 있다고 할 수 있다.[35] 이럴 경우, 목회자 한 사람이 목회의 모든 분야를 감당해야 하는 목회 형태를 지양하고 목회자들 간, 교회 간의 상호 협력을 통해 목회사역 과중으로 인한 탈진을 피하도록 해야 한다. 그리고 더 나아가 평신도 상담자들을 개발하고 그들과 함께 비전을 나누어감으로 보다 효과적인 사역이 이루어질 것이다.

---

[33] Collins, How to Be a People Helper, 162-163.
[34] 김계현, 「카운슬링의 실제」 (서울 : 학지사, 1995), 225.
[35] 오제은, 194.

칼럼 〈출처〉 목회와 신학 2007년 8월호

3. 자살위기자에 대한 신앙인의 자세

시작하며

최근 우리 사회에서는 자살이 매우 중요한 문제로 부각되고 있다. 통계청 발표에 의하면 2004년도 우리나라의 자살건수가 10년 전보다 2.5배 가까이 뛰면서 자살률이 OECD 국가 중에서 최고를 기록했다고 한다. 하지만 보고되지 않는 자살자까지 합친다면 그 수치는 훨씬 더 높게 기록될 것이다. 이제 한국 교회는 삶의 다양한 문제들로 인해 고통받는 조국의 백성들의 병든 마음을 치유하고 생명을 살리는 목회가 될 수 있도록 초점을 모아야 할 것이다. 우리 시대에 발생하는 이 모든 현실적인 문제는 복음의 능력이 부족해서가 아니라 복음의 적용이 미숙함으로 인해 일어나는 것이다. 교회는 고난당한 이 백성을 도울 것인가 말 것인가에 대해 선택할 자유가 없다. 생명을 구원하는 일은 기독교의 본질이기 때문이다.

• 자살의 실태

통계청이 발표한 '2004년 사망원인 통계'에 따르면, 우리나라에서 스스로 목숨을 끊은 사람은 인구 10만 명 당 25.2명이었다. 이것은 94년(10만 명 당 10.5명)에 비해 147%나 많아진 것이며 수치상으로도 세계 1위이다. 지난해 우리나라에서 자살한 사람은 전체 1만 1,523명인데, 이것은 하루 평균 31명, 시간당 1.3명꼴로 목숨을 끊은 것으로 자살로 죽는 사람의 수가 교통사고로 죽는 사람의 수를 추월하고 있는 것이다. 그런데 이 통계에서 보여주는 심각성은 우리나라 전체 인구의 사망원인에 있다. 그 내용을 살펴보면, 암이 1위, 뇌혈관질환이 2위, 심장질환이 3위, 그리고 자살이 4위이다. 특히 연령대별 사망원인을 따져볼 때는 20~30대의 사망원인으로는 자살이 1위이다. 이러한 자살은 외환위기 때보다 더 높은 수치인 것이다. 이 사실은 우리 사회가 국민들의 삶의 질에 대한 욕구를 제도적으로 반영하지 못함을 보여주고 있다.

• 자살 위기자의 심리

자살이란 더는 참을 수도 없고 해결될 수도 없다는 절망적인 영적, 심리적 고통에 대항하여 혼란스럽고 경직된 마음이 결정한 극단적 행위라고 말할 수 있다. 자살하려는 사람들의 심리상태는 어떨까? 한 때 자살을 결심하고 시도했었던 나의 경험과 그 동안 자살을 시도한 내담자와의 상담 및 학문적 연구, 여러 전문가들의 의견을 종합하여 살펴보기로 한다.

나는 어린 시절 아버지로부터 버림받았던 깊은 심리적 상처가 있었다. 그런데 하나님을 인격적으로 만난 이후 상처가 회복되면서, 하나님의 사랑과 은혜에 감동하여 주님을 위해 살기로 서원하였다. 그러나 변화되지 않는 나의 삶에 대해 답답한 가슴을 안고 괴로워하던 어느 날, 히브리서 6장 4-6절의 말씀을 읽게 되었다.

"한번 비췸을 얻고 하늘의 은사를 맛보고 성령에 참예한 바 되고 하나님의 선한 말씀과 내세의 능력을 맛보고 타락한 자들은 다시 새롭게 하여 회개케 할 수 없나니 이는 자기가 하나님의 아들을 다시 십자가에 못 박아 현저히 욕을 보임이라"

말씀은 내게 너무 큰 충격을 주었다. 반복된 죄악을 범하고 있던 나는 이 말씀을 이제 더는 하나님의 용서를 입을 수 없다는 것으로 해석하였다. 나는 구원의 소망을 잃어버렸다. 사람이 제일 견디기 힘든 고통이 있다면 그것은 영원에 대한 소망을 잃어버리는 것이다. 내일에 대한 소망이 없다면 오늘 하루를 산다는 것은 무의미하고 그 자체가 죽음이다. 소망을 잃어버리는 것은 깊은 허무와 자살에의 충동이다. 그래서 절망은 '죽음에 이르는 병'이며 영원한 허무에 이르는 저주이다. 그뿐만 아니라 이 세상에서 아무도 나를 사랑해주지 않았는데, 이제 겨우 하나님의 사랑을 만나 삶의 의미와 기쁨을 느꼈는데 그 하나님이 나를 버리신다고 생각하니 더는 살 이유가 없었던 것이다.

죽을 결심을 굳히고 죽는 방법에 대해 고민하다가 아무도 모르게 편안히 죽으려고 한밤중에 한강대교를 찾아갔다. 한강대교의 난간을 붙잡고 잠시 나를 돌아보았다. 이제 내 인생은 끝이로구나 하는 생각이 스쳐가면서 청춘의 허무함과 인생무상이 가슴 깊게 밀려 왔다. 드디어 한강대교 난간을 넘어가는데 한 중년 남자가 나를 관찰하고 있음을 보고 순간 움찔하며 행동을 멈추었다. 그 순간 '오늘은 날이 아니로구나!' 하는 생각에 안도감이 일어나면서, 죽기 싫어하는 나를 느끼며 씁쓸한 마음을 안고 힘없이 한강교를 걸어 나왔다.

그때 순간 이런 생각이 지나갔다. '내가 이토록 처절한 참회의 심정을 가지고 하나님께 나아가 그분께 내 죄를 아뢰고 그분의 도움을 구한다면… 그래도 하나님이 나를 외면하실까?' 하는 간절함이 일어나면서 '하나님은 그런 분이 아닐 거야!' 라는 생각이 스쳐 지나갔다. '그래, 그분이 나를 외면해도 그분 앞에 가서 엎드리자. 죽어도 그분 앞에서 죽자.'는 마음으로 금식기도를 하다 하나님의 긍휼과 사랑을 체험하고 새롭게 인생을 살게 되는 은혜를 경험하였다.

　자살자들의 심리상태는 매우 복합적인 작용을 거치면서 순간적인 충동에 따라 행동하는 극단적인 면이 있다. 그래서 그 한순간의 선택이 너무나 중요한 것이다. 자살자의 심리상태에 대하여 슈나이드만(E. Shneidman)의 분석을 참고하여 정리하면 다음과 같다. 첫째, 이들은 참을 수 없는 심적 고통을 겪고 있었기에 자살행동은 이 고통을 피하기 위한 방법인 것이다. 둘째, 자신에게 필요한 기본적인 심리적 욕구가 충족되지 못한 깊은 좌절의 힘든 상태를 죽음으로 벗어나려 하는 것이다. 셋째, 자살자들은 자신이 더는 참을 수 없는 상황, 즉 위기로부터 벗어나는 하나의 방법으로 자살을 선택한다. 넷째, 자살은 끊임없이 자신을 괴롭히는 현재의 생각과 감정, 행동이란 의식의 활동을 단절하려는 것이다. 다섯째, 이들은 죄책감이나 수치심을 가지고 있고 이런 감정의 배후에는 절망감과 무능력감이라는 근원적인 요인이 숨어 있다. 일곱째, 이들은 자신의 문제에 대한 해결방식을 모르거나 아주 제한된 생각을 하기 때문에 문제의 완전한 해결이 아니면 자살이라는 양 극단 밖에 모르는 것이다. 여덟째, 자살자의 80%는 자살하기 전 자신의 죽음을 알리는 단서를 주위에 보여준다. 그래서 친구나 교회나 상담기관에 전화로 연락하기도 한다. 아홉째, 이들은 자살을 미화시켜 자살이 최고의 탈출구이며 영원한 평안을 주는 방법이라고 자신에게 세뇌시킨다. 열 번째, 자살자들은 위기가 발생할 때 비합리적 사고에 몰입되어 문제해결능력이 심하게 결여되어 있다.

　자살은 욕구의 좌절로 인해 영적, 심리적, 신체적, 관계적인 어려움과 고통을 견딜 수 없을 때 촉발되며 자살자들은 자살 당시에 무력감과 절망감을 가지고 자살을 결심하게 된다.

• 자살 위기자에 대한 신앙인의 자세

자살이 이루어지면 주변 가족들의 고통이 매우 심각해지며 자살이 실패하면 자살 시도자가 영적, 정신적, 신체적 후유증으로 혼돈의 삶을 살게 된다.[1] 특히 하나님과 가족 및 주변 사람들에게 죄책감, 수치심을 가지게 되고, 주변 사람들은 자살 시도자에게 깊은 상처를 입었기 때문에 그에게 분노하며 정죄하게 된다. 따라서 이들을 도울 수 있는 치유적 방법으로 다음의 것들을 권하고자 한다.

첫째, 자살은 사전에 예방이 가능하다.

자살을 예방하기 위한 가장 큰 희망의 요소는 자살자들이 한 번의 결심으로 자살에 이르는 것이 아니라 자살에 대하여 양가감정을 가지고 있기에 그들의 밑 마음에는 살고 싶은 소망으로 인해 자신이 죽을 수도 있다는 단서를 남긴다는 사실이다. 따라서 이러한 단서를 잘 활용하면 자살을 예방하는 데 아주 큰 도움을 받게 된다. 죽고 싶다는 욕구가 자살을 결심하게 하지만 주위 사람들에게 마지막으로 살고 싶다고 외치는 부르짖음을 잘 파악하여 기도와 상담으로 접근한다면 큰 위로와 삶의 소망을 제공할 수 있다.

둘째, 자살 위기자들에게 하나님의 사랑에 대한 소망의 소식을 들려주어야 한다.

자살은 자신의 존재가 소멸되는 위협 앞에서 자신이 '지금 여기'에 '있음'을 소리쳐 부르짖는 절규이다. 이러한 자살자의 대부분은 삶의 의미를 찾다가 좌절된 경험이 핵심을 이루기 때문에 영적으로 다루어야 할 부분이 상당히 크다.

자살에 대한 원인은 복잡하고 다양하지만 자살 동기를 불러일으키는 인간의 내적인 역동성과 실천의 배경에는 언제나 좌절된 삶의 의미가 도사리고 있다. 따라서 자살을 시도하려는 사람이 듣고 싶은 말은 "좋은 소식"이다. 그에게 하나님의 영원한 사랑과 끝없는 용서가 항상 임하고 있었으며 앞으로도 계속 될 것임을 느

---

[1] 자살은 생명을 주신 하나님에 대한 도전이요 반역이다. 이것은 하나님의 섭리에 대한 거부이자 신앙의 포기이기 때문에 광범위한 신앙체계에 대한 부정이라고 볼 수 있다.

낄 수 있도록 해 주어야 한다. 이러한 것은 목회자의 설교와 삶의 태도, 성도를 대하는 모든 분위기에서 자주 표현되어야 한다. 그리고 교회공동체의 분위기에서도 사랑이 느껴지도록 만들어 가야 한다. 자살을 시도하려는 지친 영혼들에게 자신의 가치와 삶의 의미를 느끼게 한다면 살아갈 소망을 찾을 수 있을 것이다. 더 나아가 자신의 미래에 소망을 보게 된다면 죽을 이유 또한 사라질 것이다. 그 궁극적인 소망은 바로 그리스도의 사랑의 복음이며, 자신의 존엄과 소명에 대한 확인, 하나님 나라의 영원한 안식과 위로, 상급을 바라보게 하는 것이다.

셋째, 자살의 위험요인들에 대해 알고 있어야 한다.

자살을 생각하거나 시도하려는 사람들에게서 나타나는 자살위험 요인은 다음과 같은 것이 있다. 첫째, 영적 침체나 신앙적 왜곡이 심한 경우, 하나님에 대한 오해와 원망으로 반발을 불러일으킬 수 있다. 둘째, 사회-경제적 불행, 낮은 교육 및 빈곤으로 심각한 불행을 느끼는 경우이다. 셋째, 어린 시절의 환경에서 상처를 많이 받았을 때, 즉 부모의 불화와 이혼, 부모의 정신병리와 약물남용, 부모로부터 거절당하거나 방치된 경우, 신체적이거나 성적인 학대로의 노출 등이 포함된 아동기를 겪은 경우이다. 넷째, 심리적 장애(인격장애)가 심한 경우이다. 특히 우울증과 같은 기분장애는 자살할 확률이 훨씬 높다. 다섯째, 인간관계의 고립과 상실을 경험할 때, 특히 부모, 배우자, 혹은 친구와의 갈등이나 직장 혹은 학교에서의 왕따와 같은 어려움, 법률이나 규율문제 등으로 깊은 정죄감을 받을 때이다. 마지막으로 자살 시도를 했던 과거력이 있거나, 자살의 가족력에 지배받아 구체적인 계획과 준비를 가끔씩 이야기할 때이다.

넷째, 자살에 대한 비합리적 상식을 수정해야 한다.

일반적으로 자살에 대하여 잘못 알고 있는 오해를 수정함으로서 자살자들에게 효과적으로 대처하도록 해야 한다. 잘못된 상식으로는 다음과 같은 것이 있다. 첫째, 주변의 사람에게서 자살에 대한 징후가 보여도 자살이라는 주제를 꺼내면 그 사람이 더 자살에 대해 집착할까봐 두려워서 아무런 확인도 하지 않는 것이다. 둘째, 자살하려는 사람이 '정말로' 자살하기를 원한다면 벌써 했을 것이라고 가정하여 그들이 자살에 대해 이야기해도 부담을 가지고 싶어 하지 않는 것이다. 셋째, 자살하려는 사람들의 우울감이나 주관적인 고통을 이해해주지 않고 감정을 비난하거나 배척할 때 자살자들은 더 심한 자기 비하와 학대로 자살을 선택할 수 있는 것이다. 넷째, 자살이 실패로 끝났을 때 성급하게 주변사람들을 위로하며, 이제 모든 것은 정상으로 돌아왔으며 걱정할 필요가 없다고 단정하는 것이다. 이것은 이해할 만한 반응이지만 희망사항일 뿐이다. 다섯째, 자살하려는 사람에게 "너무 심각하게 생각하지 마세요." 라고 그들의 감정을 희석하려 하거나, 전문적인 도움을 받아 보라고 단순하게 권유하는 것은 자살자들을 더 낙심시키며 자존감에 더 손상을 주는 것이다. 여섯째, "자살을 할 거면 어서 가서 해 버리고 더는 나에게 위협하며 고문하지 마."라면서 분노를 표현하는 것이다. 자살을 하려는 사람에게 이러한 격앙된 말은 한순간의 극단적 행동을 취하도록 하는 자극제가 될 수 있다.

상담을 통해 돕고자 할 때 범하는 주요 오류들을 알고 올바른 반응법이 무엇인지 익혀두면 그들을 효과적으로 도울 수 있을 것이다.

다섯째, 자살자의 가족들, 그 남은 이들에게 도움을 주어야 한다.

나의 경우에도 내가 상담을 공부하지 않았을 때, 나와 기초 성경공부를 몇 번 하던 한 자매가 정신병동에서 추락사하는 자살 사건을 접한 뒤 오랫동안 죄책감의 충격에서 헤어 나오지 못했던 아픔이 있었다. 자살자들의 주위 사람을 자살피해자라 부르는데 1명의 자살은 최소한 10여 명 이상의 자살 피해자가 발생하면서 그들은 심각한 고통을 가지게 된다. 우리나라의 경우 1990년부터 2001년까지 12년 동안 자살피해자가 약 383,000명이 생겼다. 이는 국민 100명 중 1명꼴로 자살 피해자가 생긴 것이라고 할 수 있다. 자살 사건은 구성원 전체에게 쉽게 사라지지 않는 영적, 심리적, 정서적, 관계적 고통을 불러일으키며 평생 동안 자살에 대한 의

〈표 1〉 자살 위기자에 대한 오류와 올바른 반응

	상담자가 범하는 오류	그릇된 반응	올바른 반응
1	피상적으로 안심시키기	"자, 이제 괜찮을 겁니다. 모든 일이 다 잘 될 거예요."	"일이 너무나 뜻대로 되지 않으니 살기가 너무 힘드시죠?"
2	핵심 감정 회피	"왜 아무도 당신을 도울 수 없다고 생각하죠?"	"지금 매우 소외되어 홀로 버려진 것 같은 느낌이 드시는군요."
3	전문가적 태도로 접근하기	"저에게 말해 보세요. 이것이 저의 전문분야에요."	"지금 생각하고 계신 것들 중 매우 말하기 힘든 내용이 숨겨져 있군요."
4	자살의도의 부정확한 평가	"지금 자살을 생각하고 있다고 했는데 무엇이 당신을 괴롭히고 있습니까?"	"자살을 하고 싶은 감정에 대해 좀 더 말해 줄 수 있을까요?"
5	자살충동의 촉발 사건 파악 못함	"당신의 아내가 하늘나라에서 무엇을 원하고 있을지 생각해 보세요."	"아내가 죽은 후로 살아가야 할 의미가 없을 정도로 삶이 힘드셨군요."
6	수동적 태도	"지금 말소리가 매우 피곤하게 들립니다. 지금은 잠을 자고 내일 아침 다시 전화하세요."	"당신의 목소리가 졸린 듯합니다. 너무 힘들어서 혹 다른 약을 먹지는 않나요?"
7	애매한 지시	(지금 죽겠다고 하는 급박한 순간에) "지금 매우 화난 상태시군요."	"무기를 내려 놓으시구요, 그리고 함께 이야기를 시작해 봅시다."
8	충고하기	"당신을 도울 수 있는 방법이 있어요. 문제는 그렇게 심각하지 않습니다."	"희망이 보이기도 하지만, 또 현실을 보면 너무 절망적인 고통을 느끼시는군요."
9	상투적 반응	"울지 않으려고 하는 이유가 당신이 남자이기 때문인가요?"	"당신이 느끼고 있는 상처가 너무 커서 눈물을 참을 수 없었군요."
10	방어적 태도	"맞아요. 저 역시 자살을 생각해본 적이 있어요. 그런데 해결책이 있으니 찾아봅시다."	"제가 당신을 도울 수 있을지 의심이 가는군요. 맞습니다. 그럼 어떻게 하는 것이 좋을까요?"

문과 죄책감, 분노 등의 감정에 시달리게 한다. 경우에 따라서는 연속자살로 이어지기도 한다. 자살자의 가족을 도울 때는 자살자와의 관계 속에서 여러 복잡한 감정들을 처리한 이후에 그들의 죽음을 애도하고 그 후유증을 극복하여 원래의 생활로 돌아가도록 하는 것을 목표로 하고 도와야 한다.

• 결어

자살자들은 종종 살고 싶어 하면서 동시에 죽고 싶어 한다. 이러한 양가감정이 자살행동의 주된 특징이다. 어떤 이들은 자신에게 상처를 준 사람들에게 복수하려고 자살을 시도하기도 하며, 또 자신을 무시하거나 거절한 '값'을 치르게 하려고 자살하겠다고 위협하거나, 자살을 시도하고 또 다른 이들은 자신들이 알고 있는 사람들의 결정이나 행동에 변화를 불러일으키게 위해 그렇게 한다.

우리는 자살하려는 사람들에게 사랑의 지지와 관심을 표현해야 한다. 그것은 부드럽고 따뜻해야 하지만 동시에 진리와 소망에 반하는 요구에 복종하지 않는 단호함으로 자신의 입장을 확고하게 유지할 수 있어야 한다. 이를 위해서는 자살을 시도하려는 사람을 사전에 잘 파악하여 사랑의 대화로 그 심정을 헤아려 주는 만남, 즉 심정대화가 필요하다. 물론 단 한 번의 심정대화가 모든 문제에 대한 만병통치약이 될 수는 없지만, 위로와 격려의 심정적인 만남은 매우 중요하다. 이는 삶으로부터 단절되려고 하는 사람을 다시금 하나님의 사랑과 용서와 만나도록 도와줄 수 있으며 새로운 소망으로 인도할 수 있기 때문이다. 모든 신앙인이 자살에 대한 바른 이해를 가지고 합리적일 뿐 아니라 하나님의 사랑과 긍휼로 대처함으로 이 땅에 외롭게 죽어가는 영혼들이 적어지기를 소망한다.

칼럼 〈출처〉 월간 프리칭 2004년 9월

4. 멘토로서의 기쁨

현대인들은 무엇인가 열심히 살기는 하지만 정작 그에게 "무엇을 위해 사느냐?"고 물으면 대답할 수 있는 사람이 많지 않다. 즉 많은 사람들이 생의 목적과 의미를 모른 채 바쁘게만 살아가고 있는 것을 볼 수 있다. 나 역시 그랬다. 내 인생의 진정한 아비와 스승이 없었기에 많은 세월 방황과 혼돈, 실패의 삶을 살았다. 그러나 그리스도를 만난 이후 소명의 길을 걸어가면서 좋은 아비와 같은 스승을 만나 상담과 리더십에 대한 많은 임상적 훈련을 받으며 내 인생을 통합적으로 바라보는 안목을 얻게 되었다. 그러면서 내 인생의 비전이 예수님이 되었다. 그리고 나는 다른 사람에게 이 비전을 찾도록 돕는 것을 나의 비전으로 삼았다. 이 과정에서 나는 감히 다른 사람의 삶에 영감과 빛을 주는 아비이자, 스승이 되고 싶었다.

이것이 바로 멘토이다. 멘토는 다른 사람을 돕는 좋은 조언자, 상담자, 후원자를 뜻한다. 누군가를 통해 삶의 문제를 자문을 받을 수 있다면, 그는 살아가면서 삶을 더 깊이 보고 넓게 보면서 문제를 풀어내는 실력을 갖게 될 것이다. 따라서 멘토링은 한 사람의 인생을 크게 바꿔줄 뿐 아니라 자신의 비전을 발견하고 그 비전을 향해 나아가도록 돕는 것이다. 나는 하나님의 은혜로 많은 사람에게 멘토의 역할을 할 기회를 얻었다. 목사로서, 교수로서, 연구소 소장으로서 사람들에게 조언자, 양육자, 스승의 역할을 할 수 있었기 때문이다. 이 과정에서 나는 참으로 많은 축복을 누렸다.

그 중 소개하고 싶은 한 멘토리가 있다. 이분은 우리 교회의 교인이었고 평범한 가정 주부였다. 나는 그분 안에 있는 잠재력과 재능을 발견하고 자신의 인생을 좀 더 주도적으로 살도록 격려하였다. 그러자 그분은 자신의 은사를 발견하고 수많은 임상훈련을 소화해 낼 뿐만 아니라 석사를 졸업하고 지금은 박사과정을 이수하면서 상담자로, 대학의 강사로 많은 사람을 가르치며 돕고 있다. 그분은 상담사역을 통해 다른 사람을 돕는 비전을 갖게 되었다. 그분에 관한 이야기는 여기서 끝나지 않는다. 그분에게 똑똑한 중학생 딸이 있는데 그는 가장 존경하는 사람을 엄마로 꼽았다. 그만큼 엄마를 존경하고 사랑하였다. 그런데 어느 날 딸과 대화 중 이제는 엄마를 존경하는 인물 3위로 두게 되었다는 것이다. 그분은 이 말을 듣고 충격을 받아 너무 낙심이 되어 1,2위가 누구냐고 물어 보았다. 딸은 쉽게 대답하지 않았지만 너무 궁금한 나머지 며칠 지난 후 다시 물어보니, "엄마, 1위는 예수님이니까 너무 속상해하지 마."라고 하면서 2위에 관한 자신의 속마음을 다음과 같이 털어 놓았다는 것이다. "나는 엄마가 왜 이렇게 좋은 엄마가 됐을까 생각해 봤는데 엄마가 이렇게 되도록 키워준 사람이 있을 거라는 생각이 들었어. 그래서 엄마의 스승은 누구일까 봤더니 바로 심 목사님인 것 같고 그러면 엄마보다 심 목사님이 더 훌륭할 것이라는 생각이 들어. 이제부터 심 목사님을 더 존경하기로 했어."라고 대답했다는 것이다. 그분은 딸의 말을 듣고 딸의 깨달음과 사려 깊음에 감동하면서 자녀를 축복하였고 또 여기까지 오도록 자신을 이끌어 준 나에게 고마움을 표하면서 감격의 눈물을 흘렸다.

나는 머리 숙여 사례하면서 목이 메였고 가슴이 뜨거웠다. 그러나 또 한편 그 딸을 향하여 무거운 마음이 느껴졌다. 그가 나를 모델로 인정하고 관찰하는 과정에서 나를 향한 실망을 어떻게 극복할 것인지…. 그러나 그 문제마저 주님과 나의 멘토리에게 맡기며 자유로웠다. 주님과 함께하는 멘토리는 또 다른 사람의 멘토로서 나보다 더 큰 영향력을 베풀 것이기에….

결국, 멘토는 생명과 정신 그리고 힘의 원천이신 예수를 자신의 삶을 통해 멘토리에게 보여 주는 것이며 이로 말미암아 하나님 나라가 조용히 확장되는 기쁨을 바라보는 것이다.

4장
교회성장과 상담목회

〈칼럼〉
1. 상담목회 패러다임 _ 122
2. 상담과 목회 _ 126

〈학회 발표 논문〉
3. 건강한 교회 운동에 대한 고찰 _ 129
4. 교회 성장을 돕는 상담목회 프로그램에 대한 연구 _ 167
5. 목회자들을 위한 상담 프로그램 _ 195
6. 개혁주의 신학과 상담 _ 202

칼럼 〈출처〉 국제신학대학원대학교, 「국제칼럼」 (2007. 7)

1. 상담목회 패러다임

통계청 발표에 의하면 2004년도 우리나라의 자살건수가 10년 전보다 2.5배 가까이 뛰면서 자살률이 OECD 국가 중에서 최고를 기록하고 있다. 이는 우리의 삶의 현장이 너무나 각박함을 보여주는 것이다. 이러한 맥락에서 볼 때 한국은 심각한 위기를 겪고 있는 것이다. 이혼의 급격한 증가로 인해 버려지는 자녀문제와 각종 범죄율의 증가, 중독의 문제가 점점 더 많아지는 것, 최근 젊은이들 사이에서 결혼 기피 현상이나 출산율 감소, 그리고 세계 최고의 노인 인구 증가 등은 조국의 내일에 염려를 던져주고 있다.

더더욱 안타까운 것은 우리나라의 희망이라고 믿어온 한국 교회가 지난 시대에 폭발적인 성장을 거듭해 오다가 침체일로에 빠진 것이다. 이제는 한국 교회가 양적성장추구에서 질적성장추구로 전환되지 않을 수 없는 심각한 여러 정황을 맞이하고 있는 것이다. 따라서 교인 개개인의 다양한 개성과 욕구들을 능동적으로 고려한 새로운 목회방향을 모색해야 할 필요가 있다. 즉 미래의 주역이 될 청년 세대와 신세대들은 이제 전통적인 가치관을 넘어 개인중심, 개성중심의 삶의 스타일을 선호하고 있다. 이로 인하여 지금까지는 숨겨오거나 소홀히 여겨져 왔던 분야나 문제들이 중요한 요소로 등장하고 있다. 예를 들면 그동안 교회에서는 감추려고만 했던 성의 문제나 가정폭력 문제, 나아가 각종 중독 등의 문제들이 공개적으로 논의되기 시작했다. 지금까지는 그저 타고난 것이러니 여겨졌던 개개인의 성격문제나 생활스타일 문제 등도 주요한 갈등요소로 등장하고 있다.

이렇게 현대인들은 삶의 문제를 가지고 있다. 이러한 삶의 문제는 인격과 마음의 문제이다. 우리 성도들 역시 예외가 아닌 것이다. 그래서 목회현장에서 이러한 마음의 병을 도외시할 수가 없게 되었다. 따라서 성도들의 그 병든 마음을 치유하고 회복되어야 비로소 생명을 살리는 목회가 될 수 있을 것이다. 이는 복음의 능력이 부족한 것이 아니라 복음의 적용이 미숙한 것이다. 그래서 웨인 오우츠 목사는 상담의 중요성에 대해서 다음과 같이 말하였다. "훈련 정도에 관계없이 목사는 자신이 교인들과 상담을 하고 안하고를 선택할 수 있는 특권을 누리지 못한다. 교인들은 최선의 지도와 가장 현명한 배려를 얻으려고 자신들의 문제를 가지고 늘 목사에게 온다. 그가 목회를 계속하는 한 이런 일을 피할 수는 없다. 그가 선택할 수 있는 것은 상담을 하고 안하고의 문제가 아니다. 문제는 훈련된 기술적인 방법으로 상담을 하는가 아니면 훈련이 안된 미숙한 방법으로 하는가이다." 그러므로 목회자는 상담에 대한 전문적인 지식과 경험이 요청되고 있다.

이러한 요구에 가장 적절한 대안은 바로 상담목회이다. 상담목회란 목회 전반을 상담적 안목을 가지고 목회하는 것이다. 한국적 현실에서 목회자들은 교회의 부흥과 목회의 효과성을 위해 심방, 선교, 교육, 설교, 기도, 신유 등 어느 한 가지 분야에 치우치는 경우가 많다. 그렇다면 어떤 방향이 가장 바람직한 목회인가? 그것은 "하나님의 사람으로 온전케 하며 모든 선한 일을 행하기에 온전케 하는(딤후 3:17) 목회가 되어야 할 것이다." 따라서 목회자는 성도들이 신앙과 삶이 일치하는 전인적으로 성숙한 신자가 되도록 이끌어야 한다. 그러면 그 방법은 어떠해야 할까? 그것은 성령님을 의지하면서 인격의 변화에 초점을 두는 것이어야 한다. 왜냐하면 인격의 변화 없이는 가정이 건강하게 세워질 수 없고 더 나아가 진정한 교회의 부흥을 기대할 수 없기 때문이다.

따라서 이제는 기존의 목회방법에서 좀 더 보완된 접근이 필요하다. 그것은 인격적인 변화를 가져오는 종교적 각성을 일으키는 목회인 것이다. 이를 위해서 처음에는 자신의 인격과 가정의 변화에 관심을 두는 것으로 시작하여 궁극에 가서는 하나님의 뜻과 영혼구원 사역에 자발적인 헌신이 일어나도록 하는 교육 방법을 적용해야 한다. 이를 위한 가장 효과적인 방법이 바로 상담목회사역이라고 생각한다. 즉 목회상담의 차원을 뛰어넘어 상담목회의 차원으로까지 나아가는 것이다. 목회상담이란 어떤 하나의 학문과 그 방법론을 지칭하는 말이 되지만, 그러나 상담목회는 목회자가 상담자의 마음을 품고 목회하겠다는 것이며, 결국 목회 전체를 상담적으로 하겠다는 결단이다.

상담목회는 목회현장의 실천적 방법에 있어 상담적 관점으로 예배와 설교, 교육과 심방사역들이 효율적으로 시스템화 되도록 하는 모든 목회사역이다. 따라서 상담목회란 상담적 방법을 모든 목회에 적용하는 사역 전반이라고 할 수 있다. 그러므로 상담목회는 상담이 도구가 되어 목회 현장에서 여러 가지 모습으로 실천되는 목회형태라고 할 수 있을 것이다.

이는 단순히 교회의 프로그램이 아니라 한 개인과 가정과 공동체를 건강하게 하여 하나님께서 의도하신 본래의 모습과 기능대로 살아가도록 하는 목회사역으로서 오늘 우리시대에 가장 필요한 하나의 대안적인 목회사역이라고 할 수 있을 것이다. 그러므로 상담목회는 교회가 건강해지고 이를 통해 교회가 양적, 질적으로 성장하는 새로운 목회방법론이다.

교회는 그리스도의 몸으로서, 그리스도께서 통치하시는 생명공동체이다. 그러므로 그리스도인의 삶의 모습은 세상과 다를 수밖에 없다. 이를 위해 성경적 인간관계 원리와 적용에 대한 교육과 훈련이 필요하다.

　이런 이유에서 우리는 기독교 상담적인 도움이 필요하다. 갈등의 시대를 살아가며 상처 입은 성도들이 사랑의 기술로 서로 격려되어질 필요가 있다. 이때 회복과 아울러 삶의 능력을 가지고 세상을 치료하는 최상의 공동체가 될 것이다. 세상은 소외시키고 담장을 쌓고 군림하지만 교회는 섬기고 형제애를 나누고 흉금을 털어놓는 친밀함의 공동체이다. 이렇게 교회가 세상의 빛으로 드러날 때 복음의 확장은 더욱 풍성할 것이다.

칼 럼 〈출처〉 국제신학대학원대학교, 「국제칼럼」 (2007. 5)

2. 상담과 목회

현대사회는 급격한 변화의 소용돌이를 겪고 있다. 즉 물질만능주의와 쾌락주의 때문에 인간성은 점점 상실되고 있으며, 인간관계는 더 피상적이 되어 소외감과 외로움으로 고통 받는 사람들이 늘어나고 있다. 그뿐만 아니라 장래에 대한 불확실성 등으로 많은 사람들이 영적, 정신적 빈곤 및 심적 불안을 호소하고 있다. 이런 점에서 현대인들은 과거에 비해 더 큰 아픔과 소외를 겪고 있는 것처럼 보인다. 그러나 이런 소외와 인간 상실의 문제는 현재만의 문제가 아니요, 태고 적부터 있어왔던 일이다.

인간은 누구나 상처를 받으며 살아간다. 그리스도인이라 해도 예외는 없다. 성경은 마음의 상처가 죄 때문이라고 말씀하고 있다. 죄가 들어왔을 때 인간은 아름다운 에덴동산을 상실하였고 서로간의 친밀함도 잃었다. 타락은 인간의 근본적인 문제요 상처이다. 이로 인해 하나님으로부터 버린바 되었고 그 결과 하나님과의 관계 속에서 누리던 풍성함, 안전감, 보호, 소속감, 자존감은 상실되어 버렸다. 그리고 그 대신 죄책감과 부정적 감정이 찾아오게 된 것이다. 죄를 해결하지 않고는 생명을 얻거나 풍성한 삶을 생각할 수도 없는데 이것은 인간의 힘으로 해결할 수 없는 문제이기에 하나님의 은총이 필요한 것이다.

결국 인간의 모든 마음의 상처는 근본적으로 죄의 결과이다. 이러한 상처는 인간관계 속에서 드러나며 그것도 가장 가까운 관계에서 서로 상처를 주고받게 된다. 상처를 받지 않겠다는 것은 삶을 포기하는 것과 같은 것이다. 그런데 상처의 고통이 너무 크고 자주 받다 보니 사람들은 마음의 상처에 둔감해지고 익숙해져서 상처를 받아도 상처인 줄 모르고 살아간다. 그래서 상처를 심각하게 생각하지 않는데 이것이 비극인 것이다. 상처를 하나씩 치유해가며 살면 되는데 상처는 싸매지지 않은 채 계속 상처를 받기만 하고 상처가 있어도 없는 척 해야 하기 때문이다.

결국 모든 인간은 상처를 피할 수 없지만 상처받은 것을 자동적으로 억압하기 때문에 자신이 왜 힘든지도 모르고 자기를 서서히 죽여가면서 살아간다. 하지만 치료되지 않은 상처는 무의식 속에 '상처 난 부위'로 남아 있다가, 세월이 지난 다음에 또 다른 비난이나 거절, 무시를 당할 때 되살아나면서 한 번 더 상처를 남기게 된다. 그래서 과거에 받은 상처는 현재와 연관되어 있는 것이다. 따라서 상처는 반드시 치유되어야 한다.

특별히 목회 현장에서 성도들의 마음의 상처를 어떻게 다루어야 할 것인가? 교회는 그리스도의 몸으로서, 그리스도께서 통치하시는 생명공동체이다. 그러므로 그리스도인은 세상과 달라야한다. 그래서 말씀과 아울러 인간관계 원리에 대한 교육과 훈련이 필요한데 특별히 기독교 상담적인 도움이 필요하다. 성도는 상처 입은 자들이다. 따라서 서로 격려하고 위로할 때 이 상처가 치료되고 서로를 향해 마음의 문을 열 때 진정한 영적인 공동체가 되는 것이다. 세상은 소외시키고 담장을 쌓고 군림하지만, 교회는 섬기고 형제애를 나누고 흉금을 털어놓는 친밀함의 공동체가 될 때 교회가 세상의 빛으로 드러날 것이다.

　상담은 인격적인 신뢰를 바탕으로 이루어지는 관계이다. 상처받은 사람은 자신의 상처를 들어주는 따뜻한 인간애를 가진 상담자의 위로와 공감을 통해 아픔이 치료되는 것을 경험할 수 있게 된다. 그 결과 나에게 상처 준 사람을 받아들이고 용서할 수 있는 소망의 길을 볼 수 있기에 상담은 용서와 축복의 통로인 것이다. 상담 받고 싶어 하는 사람은 다른 사람보다 문제가 많아서가 아니라 상처를 극복하여 현재보다 미래에 더 큰 사랑의 관계를 소원하는 사람, 자신의 약함을 인정하고 인간과 이 세상을 이해해보고 싶은 열망을 가진 사람이다. 그래서 관계를 잘 하고 싶은 사람, 내면에 깊은 애정이 있는 사람, 하나님에 대해 채워지지 않는 그 무엇이 있음을 느끼는 사람이 더 상담을 필요로 하는 것 같다. 이런 사람에게는 상처가 치료되는 그 순간에 자신의 온 존재가 회복되는 놀라운 경험을 하는 축복이 임할 것이다.

학회 발표 논문 〈출처〉 국제신학대학원대학교,「국제신학」제7권(2005.12): 120-163.

3. 건강한 교회 운동에 대한 고찰
한밀교회의 교회 사역을 중심으로

I. 시작하는 글

교회론의 발전 계기는 16세기 종교개혁이었다. 즉 종교개혁의 교회 본질에 관한 논쟁적 태도가 교회론이 독자적으로 발전하는 계기가 된 것이다.[1] 이 말은 교회론이 고대교회 이후 제대로 신학의 연구 대상이 되지 않았다는 뜻이다. 그래서 키프리안의 견해가 서방교회 교회론의 기초가 되었는데 그는 교회가 감독 위에 건설된다고 보고, 교회를 어머니로 갖지 않은 자는 하나님을 아버지로 가질 수 없다고 했다. 따라서 "교회 바깥에는 구원이 없다"고 강조하면서[2] '감독이 곧 교회'

---

[1] Y. Congar, Die Lehre von der Kirche. Vom Abendländischen Schisma bis zur Gegenwart, in M. Schman and A. Grillmeier & L. Scheffczyk, ed., Handbuch der Dogmengeschichte, III, 3, d, Freiburg-Basel-Wien 1971, 45-48. 유해무, 개혁교의학 (서울: 크리스챤다이제스트, 2000), 533 재인용.

라는 입장을 견지한다.3) 이러한 맥락에서 로마교회는 가르치는 교회(성직자)와 듣는 교회(평신도)를 구분하였다.4) 그리고 가르치는 교회를 통해 하나님의 은혜와 각종 신령한 축복들이 듣는 교회에 부어지기 때문에 교회는 가르치는 교회가 참교회라는 입장을 견지해왔다.

종교개혁자인 루터는 설교가 있는 곳에 교회가 있다고 말하며 교회의 유일하고 영원하며 무오한 표지를 항상 말씀으로 두었다.5) 특히 마틴 부서(Martin Bucer)는 성령론의 관점에서 그리스도의 신비적 몸인 교제 공동체로서의 교회를 부각시켰다.6) 루터와 부서를 이어받은 칼빈은 말씀이 순전하게 전파되고 순종되며, 그리스도의 제정을 따라 성례가 집행되는 곳에 교회가 있다고 했다.7)

따라서 우리는 성경이 말하는 교회의 본질과 역사 속의 교회를 철저하게 비교 연구하여 교훈을 삼지 못한다면 교회사에 나타난 실수들을 반복하게 될 뿐 아니라 심지어는 어떤 잘못을 범했는지조차 알 수 없게 되어 버리고 만다.

교회의 본질은 성경에 교시되어 있지만, 교회론은 본질적으로 역사적이다. 그러므로 낡은 과거만을 보존하고 현재의 새로운 요구에 무관심한 보수적 태도나, 살아있는 과거를 무시하고 현재의 일시적 변화에만 몰두하는 급진적 태도는 모두 잘못이라 할 수 있다. 그러므로 교회는 찬양의 대상일 뿐 아니라 비판의 대상이 될 수 있다. 왜냐하면 교회의 본질은 교회의 비본질 속에서 나타나기 때문이다. 이는 교회가 신앙의 대상이 아님을 의미하는 것이다. 교회를 믿는다는 것은 교회를 거룩하게 하는 성령님을 믿는다는 뜻이다. 교회는 하나님이 아니라 우리들이기 때

---

2) Cyprian, On the Unity of the Church, vi, in ANF V, 423; Salus extra ecclesiam non est, The Epistles of Cyprian, LII, 21, in ANF V, 384; J. Beumer, 'Extra Ecclesiam nulla salus', in LTHK III, 1320. 유해무, 535 재인용.
3) 유해무, 535.
4) 유해무, 539.
5) B. Lohse, Martin Luther: Eine Einf?hrung in sein Leben und sein Werk, M?nchen 1981. 180-190. 유해무, 540 재인용.
6) W. van 't Spijker, 'De kerk bij Bucer: het rijk van Christus', in W. van 't Spijker, ed., De kerk, 126-142. 유해무, 540 재인용.
7) 유해무, 540.

문이다. 오직 하나님의 구원행위가 우리의 신앙이나 교회에 앞선다. 현실의 참 교회는 미래가 이미 시작되었으나 현재는 아직 해결되지 않은, 세상에 봉사하면서 현재 안에서 미래를 가지고 있는 교회인 것이다.8)

지상 교회는 자주 그릇된 교회관의 영향으로 말미암아 비성경적인 분파주의와 연합 운동의 와중에서 고통을 당해 왔으며, 또한 교회 안에 팽배한 물량주의적인 경향과 그에 따른 세속화 현상, 직분자 중심의 권위주의, 성직자의 사제주의적인 경향 등 여러 어두운 상황이 전개되어 왔다. 이러한 혼란은 교회에 대한 성경적 이해가 부족하거나 오해로 말미암아 비롯되어진 것이며 자신들의 교리에만 집착하여 자기 절대화에 빠진 고착화된 내향성과 권력화, 독선 등이 그 요인으로 지적되고 있다. 더 나아가 여기에 반발한 사람들이 개혁운동을 일으켜 자신들의 교회운동만을 진정한 성경적 교회운동이라고 외치는 극단적인 주장 등이 복잡하게 얽혀 있다.

최근 이러한 교회 운동 중의 하나로 셀 교회9) 운동이 대두되고 있다. 이 운동을 말하는 사람들은 다음과 같이 이야기한다.

셀 교회의 개념에 대한 성경적 배경은 예수그리스도께서 사용하신 모델을 근간으로 한다. 예수님이 제자들과 맺은 관계는 예수님이 그들을 개인적으로 부르실 때 일대일로 이루어졌다(막3:13-14). 그리고 열두 제자들은 '셀 그룹'이 되었다(행1:13). 그 후 예수님은 그들 모두에게 잃어버린 자들을 찾아 나서라고 명령하셨으며 명령에서 제외된 사람은 아무도 없었다. 이 첫 셀 그룹 멤버가 성령으로 충만해지자 그들은 자신들의 이야기를 전하기 시작했다. 사도행전 2장에서 볼 때 신약교회는 2세기까지 가정교회와 같은 셀 교회였다. 예수님의 목회도 열두 제자에게

---

8) Küng, Kirche, 78. 유해무. 543 재인용.
9) 연구자는 셀 교회라는 용어에 대해서 동의하기 어렵다. 왜냐하면 다른 모든 교회는 소위 소그룹의 셀 사역을 하지 않는 교회라는 오해를 불러일으키기 때문이다. 물론 셀 교회라는 말을 사용함으로 강력한 사역중심, 전도중심의 성장하는 교회체제를 만들려는 생각은 이해하지만 그럼에도 이는 다른 교회를 소외시키는 말이기에 매우 적절치 못하다고 생각한다.

주력한 셀 목회였다. 셀 목회는 그 자체가 성경적이기 때문에 중요하다.[10]

이와 같은 생각을 바탕으로 이들은 초대 교회가 마치 셀 교회라는 단어와 개념에 집착된 것처럼 주장하고 있다. 그러나 이는 매우 위험한 주장이라고 생각한다. 이러한 맥락에서 연구자는 성경적인 교회 회복 운동을 '건강한 교회 운동' 이라는 개념으로 설정하여 건강한 교회회복운동을 모색해보고자 한다.

이를 위해 건강한 교회운동이란 어떤 교회운동인지 성경에 나타난 교회의 본질을 고찰함으로 교회의 개혁과 갱신을 재조명하면서 셀 교회 운동의 부족한 점과 개선점에 대한 대안을 제시해보려 한다.[11] 그리고 건강한 교회 운동의 한 모형으로서 한밀교회를 제시하면서 한밀교회가 어떤 점에서 건강한 교회를 지향하고 있는지 전개하고자 한다.[12] 제도적 교회의 모습은 언제나 시대의 흐름에 따라 변할 수밖에 없기에 하나님의 나라를 바라보면서 겸손히 주 앞에 엎드리며 자기부인의 개혁과 갱신이란 과제가 필요한 것이다. 여기에 주께서 은혜 주시기를 소원하는 마음으로 하나님이 기뻐하시는 건강한 교회를 향해 도전하고자 한다.

---

[10] Ralph Neighbour, Cell Leader Intern Guide Book, 터치코리아 사역팀 역, 「셀인턴 가이드」 (서울: 도서출판NCD, 2004), 23.
[11] 연구자도 교회를 개척하여 목회하고 있는 목회자의 한 사람으로서 그리고 건강한 교회운동을 외치는 학자로서 사랑과 아픔의 마음을 가지고 셀 목회를 주장하는 분들이 보다 더 건강한 목회운동을 하기를 바라는 마음으로 이 글을 전개한다.
[12] 연구자가 한밀교회를 건강한 교회라고 주장하는 것은 NCD가 건강한 교회 모델로 선정한 것이기도 하지만, 연구자와 모든 성도들이 공유된 느낌이기도 하다. 그리고 누구나 말씀중심의 교회로 돌아가려 한다면 건강한 교회를 이룰 수 있다고 확신한다.

II. 교회의 본질

현대 교회를 살펴보면 여러 가지 비 복음적이며 비신학적인 요소들과 복음의 본질보다 비 본질에 더 초점을 두는 모습들이 나타나고 있다. 그러나 역사 속에서 이러한 모습이 끊임없이 나타난다 할지라도 교회는 여전히 소망이 있다. 그 이유는 하나님이 계속 교회를 교회 되도록 하나님의 사람들을 통해 개혁을 일구어내시기 때문이다. 그렇다면 교회의 본질을 구성하는 요소는 무엇이며 본질을 추구하는 교회는 어떤 모습을 가져야 하는지를 살펴보자.

1. 교회 본질의 구성 요소

교회의 본질에 필요한 것이 무엇인가에 대해서는 학자에 따라 다르지만 연구자는 크게 네 가지로 구분하여 하나님의 백성으로서의 교회, 그리스도의 몸으로서의 교회, 하나님의 성전으로서의 교회, 그리고 성도의 교통으로서의 교회로 정리하였다.[13]

1) 하나님의 백성으로서의 교회

하나님의 백성으로서의 교회는 먼저 부르심을 받은 백성이다. 그들은 하나님의 은혜로 부르심을 받은 자들이다(창세기 12:1-3). 하나님은 우리를 '예수 그리스도의 것'(로마서 1:6)으로 부르셨다. 이러한 부르심은 '거룩하신 부름'(디모데후서 1:9)이며 우리를 세상에서 불러 내사 성품과 인격이 '성도들'(고린도전서 1:2)같게 하시는 부름이다. 그러므로 하나님의 백성들은 먼저 하나님에 의해서 부름을 받으면 함께 모여야 한다. 둘째, 하나님의 백성은 계약의 백성이다. 계약의 백성

---

[13] 심수명, 「사랑의 관계 회복을 위하여-지도자용」 (경기: 도서출판 NCD, 2003). 36-45.

이란 살아계신 하나님과 언약을 맺었으며 백성들 역시 서로 하나님의 언약으로 연결되어 있음을 의미하는 것이다. 구약에서는 하나님께로부터 받은 옛 계약으로서 율법이 있으며, 신약에서는 예수님의 죽음과 부활에서 수립된 새 계약이 있다. 이 역사적인 사건들이 성경에 기록되어 있기에 하나님의 백성은 계약의 기록인 말씀 아래 있는 백성이다. 셋째, 하나님의 백성은 선택된 백성이다. 교회는 먼저 하나님의 사랑을 입은 공동체이기에 하나님의 영광을 드러내고 복음을 만백성에게 전파하여 그 나라를 확장하도록 사명을 입은 공동체이다. 하나님에 의해 선택된 공동체는 예수님의 죽으심과 부활로 나타난 사랑의 복음을 축척하기보다 함께 나누어야 한다. 교회가 사랑을 입은 선택된 공동체이기에 하나님의 백성은 사랑의 복음을 세상 사람들과 나누어야 한다(사도행전 1:8, 마태복음 28:19-20).

2) 그리스도의 몸으로서의 교회

'그리스도의 몸' 으로서의 교회는 통치자가 주님이시라는 것이다. 따라서 교회는 하나님의 질서에 의해 움직인다. 즉 그리스도가 교회의 머리가 되시는 수직관계로 말미암아 그리스도인 동료가 하나 되는 수평적인 관계가 세워지는 것이다. 이것은 교회가 지체 상호간의 관계보다는 그리스도와의 관계가 더 중요함을 의미한다.[14] 그러므로 교회가 그리스도의 통치 아래 있으며, 머리이신(에베소서 1:23 참고) 예수님께 순종함으로서만 참 교회가 될 수 있는 것이다. 이렇게 그리스도로 말미암아 그의 말씀에 복종하는 그리스도인은 서로가 지체됨으로 서로에게 필요한 것이다. 따라서 서로 사랑 가운데 세워지고 교화된다. 그러므로 모든 지체가 중요하며 다 각자 고유한 기능을 소유하고 있다. 만약 한 지체가 고통을 당하면 모든 지체가 함께 고통을 당하고 한 지체가 번영하면 모든 지체가 기쁜 것이다.[15] 따라서 각자의 은사는 자기 자신만을 위한 것이 아니라 서로를 위한 것이기에 하

---

[14] Hans Küng, Was it Kirche? 이홍근 역, 「교회란 무엇인가?」 (서울: 분도출판사, 1984), 235.

[15] Bruce Rightmen, The Church its Meaning and Mission, 김득중 역, 「교회의 의미와 사명」 (서울: 컨콜디아사, 1981), 88.

나님의 공동체를 세우고자 사용될 때 참의미를 가지는 것이다(에베소서 4:4-12, 15-16, 5:27).

이러한 그리스도의 몸인 교회는 세 가지 특성이 있다. 첫째는 연합이다. 몸은 하나인데 많은 지체가 있고, 몸의 지체가 많으나 한 몸인 것 같이 우리가 유대인이나 헬라인이나 종이나 자유자나 다 한 성령으로 세례를 받아 한 몸이 되었고 또 다 한 성령을 마셨다(고린도전서 12:12-13). 그래서 부자도, 가난한 사람도, 지식인도, 무식한 사람도, 갈릴리 시골 사람도, 예루살렘 도시인도, 건강한 사람도, 병자도, 자칭 의인도, 죄인도, 굶주리는 사람, 우는 사람, 지치고 짓눌린 사람, 세관원, 창녀, 사마리아 사람, 여자, 어린이 모두가 그리스도의 속죄의 피 안에서 용납되는 것이다.

둘째는 다양성이다(고린도전서 12:4-14). 그리스도의 몸은 하나이지만 그 지체는 다양하다. 연합이 신자의 기초라면 다양성은 신자의 활동의 상징이다. 즉 몸은 하나이지만 팔,손가락, 귀, 눈, 그리고 온갖 다른 여러 가지 지체들이 존재한다. 모든 지체가 그 역할이 다르지만 모든 활동이 다 몸을 위하듯이 그리스도인들은 서로 모습이나 생각이나 살아가는 방법은 달라도 그리스도를 바라보고 주님의 영광을 위해 살려는 분명한 목적이 있기에 피차에 서로 있는 그대로 수용하려는 노력이 중요한 것이다.

셋째, 조화이다(고린도전서 12:15-17). 이것은 상호성을 의미한다. 외적으로 드러나는 은사도 있으나 내적으로 감추어진 은사도 있다. 그러나 그 모두는 생명의 정수이다. 모든 그리스도인들이 각자의 은사를 활용함으로서 목적을 위해서 조화롭게 하나 되어야 한다. 따라서 각 은사가 몸의 생명에 절대적으로 중요하기 때문에 시기나 질투를 위한 자리는 있을 수 없다. 그럼에도, 인간이기에 갖는 연약한 모습이 있으며 형제를 향한 갈등과 정죄와 다툼이 있을 수밖에 없다. 그러므로 하나님의 은혜에 의한 용서와 긍휼, 사랑이 자신과 서로의 관계 위에 풍성히 적용되어야 한다.

3) 하나님의 성전으로서의 교회

하나님의 성전으로서의 교회16)는 성화의 백성이다. 성화란 예수 그리스도의 피로 우리를 구속하여 성령으로 충만하게 하신 하나님의 은혜에 감사하며 하나님의 말씀에 순종하면서 자기를 부인하며 천국을 바라보고 기쁘게 살아가는 순례의 백성을 일컫는다. 구약에서 성전은 하나님이 그의 백성 가운데 거하시려고 임재하시는 성별된 장소였다. 그러나 이제는 말씀이 육신이 되어 우리 가운데 거하신 임마누엘 주님으로 말미암아(요한복음 1:14, 1:17을 비교) 우리가 성령의 전이 된 것이다. 그러므로 신약의 성전은 그리스도와 그의 몸 된 교회들 전체를 의미한다.17) 이러한 교회는 하나님이 거하실 성전으로 지어져 가고 있으며(에베소서 2:22) 아직도 완성되지 않았다. 따라서 이 교회는 순례자의 교회이다. 완성은 주님께서 재림하심으로 이루어질 것이기에 불완전한 상태를 있는 그대로 받아들이면서 계속 지어가야 하고, 완성을 향해 믿음으로 노력해야 하는 것이다.18)

---

16) 중심 메시지는 백성과 함께 거하시는 하나님의 처소이다. 백성의 반역 때문에 하나님이 상징적으로 거하였으나(성막-) 성전 이제는 예수님이 주도하시고 당신의 피값을 지불하시는 한 영원한 계약으로(성경) 직접 교회를 창설, 우리 안에 거하셨다(성육신-교회). 이제는 육적 제사가 폐지되고 영적 제사가 필요하다. 따라서 은사공동체요, 생활 공동체이다.
17) 이 관계는 옛 계약과 새 계약에로의 점진적인 계시의 발전에서 이해하여야 한다. 두 계약이 있다는 것은 하나님께서 인간을 대하시는 데는 두 개의 단계가 있다는 것을 가리키는 것이다. 준비와 약속이라는 좀 더 낮고 기초적인 단계와 성취와 소유라는 더욱 높고 고등한 단계가 그것이다. 옛 계약은 사람의 순종에 의지하는 계약으로서 인간이 파기할 수도 있었고, 또한 실지로 파기했던 계약이었다. 새 계약은 하나님께서 약속하신 것으로서 결코 파기되지 않을 계약이다. 하나님 자신이 그 계약을 지킬 것이며 그 계약을 우리가 지킬 것임을 그가 보장하신다. 그래서 하나님께서는 그 계약을 영원한 계약으로 삼으시는 것이다. 그리스도의 죽으심이 바로 옛 계약의 끝이었다. 그리스도께서 영원한 계약의 보혈을 흘리신 후 죽은 자들로부터 부활하신 사건이 새 계약을 연 사건이었다.
18) 이것은 두 가지 의미가 있다. 첫째는 하나님께 예배하되 오직 하나님만 바라보며 하나님을 드러내기 위해서 성령 충만을 지향하며 사모하는 성령의 임재 공동체로서 성화의 백성이며 두 번째는 자신의 은사로 형제를 섬기려 복종하는 사역 때문에 열매맺어가는 성화의 백성이다. 열매가 없는 신자는 심판 날에 견디지 못할 것이다. 참된 성령의 전이라면 가지가 그 둥치에 붙어 있어 절로 열매가 맺어지기 때문이다.

4) 성도의 교통으로서의 교회

성도의 교통으로서의 교회란 관계의 백성이다. 즉 그리스도를 중심으로 서로 말씀과 진실한 삶을 함께 나누며 관계를 만들어가는 것이 성도의 교통으로서의 교회이다. 이러한 그리스도인들의 교제의 근거는 삼위일체 하나님의 교제인데 이것은 예수 그리스도와 성령 안에서의 사귐이다.[19] 그러므로 교회 안에서 진정한 코이노니아라고 할 만한 영적 교통과 교제는 성령에 의하여 수여된 것이며 우리 인간성의 기능을 뛰어 넘는 것으로 초자연적이다. 이것은 이상이 아니고 하나님께 속한 영적인 현실이다. 우리의 사귐이 참되고 깊어지면 질수록 우리 자신과 관계 속에 있는 다른 이들의 악한 것은 사라지고 그만큼 더 뚜렷하며 순수하게 예수 그리스도만이 드러나져 우리 사이에서 살아 계시고 영광 받으실 것이다.[20] 이러한 만남은 영원한 것이기에 내가 속해 있는 예수 그리스도께서 나를 버리시거나 포기하시지 않는 것같이 나도 그리스도 안에 속해 있는 그 형제를 버리는 것이 불가능하다. 그가 비록 내게 죄를 짓거나, 나를 괴롭히거나, 나의 마음을 아프게 할지라도 그가 영원토록 내게 속해 있으며 나도 영원토록 그에게 속해 있다는 사실은 영원한 진리이기 때문이다. 그래서 그리스도로 말미암아 서로가 서로에게 얽매이는 피할 수 없는 종속성은 성도의 교제의 근본이 되는 것이다.[21]

많은 그리스도인들이 동료 그리스도인과 함께 기도드리고 함께 예배드리고 함께 봉사하고 있음에도 종국적으로 혼자 남는 것은 그들이 더 깊은 하나 됨을 추구하지 못하기 때문이다. 그것은 서로의 죄를 감추는 것이다. 성경은 "이러므로 너희 죄를 서로 고하며…"(야고보서 5:16)라고 형제와의 관계 속에서 고백의 중요성을 강조하고 있다. 하나님 앞에서 우리는 아무것도 숨길 수 없는 죄인이다. 우리는 죄가 없는 것처럼, 자신에게도, 형제에게도 꾸밀 필요가 없다. 더 나아가 우

---

[19] Hendric Kraemer, A Theology of the Laity, 유동식 역, 「평신도 신학」 (서울: 대한기독교서회, 1984), 104.
[20] Dietrich Bonheoffer, Gemeinsames Leben, 문익환 역, 「신도의 공동생활」 (서울: 대한기독교서회, 1988), 28-31.
[21] Anthony A. Hoekema, 정정숙 역, 「크리스챤의 자기성찰」 (서울: 총신대 출판부, 1981), 157.

리는 자신이 죄인이기를 두려워할 필요가 없다. 왜냐하면 인생은 본질상 타락된 존재이기 때문이다. 우리는 오직 그리스도로 말미암아 구원받는 존재인 것이다. 따라서 형제 앞에 자신의 죄를 고백하는 것으로 진정한 사귐에 이르는 길이 뚫리는 것이다. 그리고 더 나아가 그리스도인 형제 앞에서 죄를 고백함으로 자기의 의를 내세우는 마지막 아성을 버리는 것이다. 이러한 성도의 교통으로서의 교회는 주의 식탁에서 몸과 피로 하나가 되듯 영원히 서로 나누이지 않고 함께 있게 될 것이다.

2. 본질을 추구하는 교회

본질을 추구하는 교회는 제도로서의 교회가 한계가 있을 수밖에 없음을 인식하고 끊임없이 개혁을 향해 나아가는 것이다. 제도로서의 교회가 이처럼 불완전하기에 교회는 항상 갱신의 과제를 안고 있다. 갱신은 자신을 새롭게 하기 위함과 세상에서 새롭게 하시는 주님의 역사에 참여하기 위해서 필요하다.[22] 그러므로 개혁된 교회가 항상 개혁되어야 한다는 말은 가시적 교회의 구조와 제도의 변화를 의미하는 것이다.

1) 항상 개혁되는 교회

어떤 진리와 순수한 종교에도 그 내용을 담아내는 형식이 있다. 따라서 종교는 언제나 형식을 통해서 그 자신을 표현한다. 형식은 본질에 속한 것은 아니지만 그럼에도 본질을 나타내는 귀한 도구이기에 형식이 잘못되면 그 내용이 드러날 수 없다. 이러한 맥락에서 제도교회는 그 자신이 주체가 되어서는 안 될 것이다. 항상 개혁되는 교회라고 말할 때 그것은 제도로서의 교회가 끊임없이 유기체교회를

---

[22] 심수명, 「평신도 상담자를 위한 집단상담」 (서울: 서로사랑, 2001), 29.

지향하도록 자기부인을 자극하는 말이다. 그렇다면 제도로서의 교회는 어떤 면을 가지는가? 제도로서의 교회라고 말할 때 이는 부활하신 그리스도의 현존을 세상에 증거하는 신도들의 공동체를 가리키는 것이 아니라 오히려 그 공동체를 조직화한 교회제도, 교리, 전례, 그리고 전통 등을 일컫는다. 이러한 제도적 조직을 통해 공동체는 부분적인 안정과 일치, 복음 전파, 사역의 연계성 등의 필요에 대처하였던 것이다. 즉 어떠한 공동체도 통일과 조화 그리고 일치를 가져다주는 제도화가 없이는 존속할 수 없었다.

그러나 제도는 그 자체로서 존재하는 것이 아니라 신앙 공동체에 봉사하기 위해 존재한다. 이러한 속성을 저버린다면 제도로서의 교회는 위기에 직면하게 된다. 그러므로 제도는 유기체적 신앙 공동체와 하나님을 보다 잘 섬기기 위하여 제도가 자신의 영예를 버리고 내적인 초연함과 청빈의 태도를 가질 것을 전제로 한다.

제도적 교회가 세계의 구원 사업을 할 수 있게 되는 것도 끊임없는 개혁을 통해서만 가능한 것이다. 교회의 개혁은 교회가 지속적으로 본질을 바라보고 전진할 수 있도록 비본질의 요소를 검토하는 것이다. 심지어 유기체적 교회라 할지라도 교회는 하나님의 피조물이요, 하나님의 지배를 받고 있기에 전적으로 하나님께 복종해야 하며, 하나님의 법도를 준행해야 한다. 따라서 교회는 하나님의 율법과 모순되거나 율법을 가감하여 제 나름대로의 법규를 제정할 수 없다. 그러나 형식에 있어서 성경이 명령하지 않은 것, 즉 침묵을 지킨 곳에는 그 특수한 시대와 장소에 따라 성령의 지도 아래 자유롭게 구성할 수도 있는 것이다.[23]

여기에 교회 개혁의 자리가 있다. 즉 본질적인 문제가 아닌 모든 비본질의 문제는 개혁의 대상이 되는 것이다. 그럴 때 교회는 건강하고 깊은 영성의 빛을 비출 수 있을 것이다. 이러한 맥락에서 개혁자들은 만일 교회가 계속 하나님의 교회로 존재하려면, 지속적인 개혁을 단행해야 한다는 각성제로서 '항상 개혁되는 교회'

---

[23] Francis Scheffer, The Church At the End of the Twentieth Century, 김제권 역, 「20세기말의 교회」 (서울: 생명의 말씀사, 1980), 94.

라는 표어를 발전시켰다.[24] 왜 종교개혁자들이 이 표어를 강조했을까? 그것은 제도로서의 교회야말로 이 세상의 제도나 다른 종교적인 제도와 마찬가지로 깨기 어려운 완고함이 있기 때문이다. 즉 제도의 교회는 그 자신을 유지보전하려는 강력한 타락된 욕구가 있기에 연구자는 이것을 신성화[25]된 욕구로 보려하며 이러한 점이 제도로서의 교회가 가지는 문제점이라고 생각한다. 따라서 교회기관이 마치 신성하고 불가침한 것과 같은 역사적인 제도나 형태를 보전하기 위해 존재해서는 안 된다.[26] 교회는 새로운 양식, 새로운 구체화를 계속 채택해야 한다. 그러므로 교회는 자신을 갱신하는 과제를 영원히 직면해야 한다. 교회는 항상 새롭게 새로운 날에 참여해야 하고, 항상 새롭게 역사의 변화와 인간생활의 변모에 적응해야 하며, 항상 새롭게 개혁과 갱신을 위해 자기를 돌아보아야 한다.[27]

2) 생명력 있는 건강한 교회

교회의 생명력은 그리스도께서 주인 되시는 영적인 생명을 의미하며 그리스도인은 길과 진리와 생명 되신 예수 그리스도께서 우리 안에 있을 때 생명이 탄생되어지며 성장하게 되는 것이다. 따라서 예수님의 이끄심과 성령께서 충만하게 내 삶을 이끌어 갈 때 자연스러운 성장이 이루어지는 것이다. 모든 살아있는 것들은

---

[24] 교회가 이 과제를 지니게 된 것은 교회 안에 잘못된 발전과 잘못된 태도가 있다는 이유에서만은 아니다. 가령 그런 것이 없다고 할지라도 항상 존재할 교회는 여전히 갱신이란 막중한 과제를 갖게 될 것이다. 교회는 시간의 흐름 속에 있다. 즉 교회는 새로운 양식, 새로운 구체화를 계속 채택해야 한다. 교회는 역사 안에서 자기 자신에게 새로운 양식, 새로운 형태를 계속 부여해야 한다.

[25] 예수 그리스도의 관심은 교회라기보다는 하나님 나라 자체에 있다. 하나님의 나라는 완전하며 그 백성의 모임은 신성하다. 그러나 그것이 교회(역사 속에 나타난 유형교회)라는 형태로 나타날 때, 그 본질과 관계없이 그것 자체로서 신성할 수 없다. 그러나 역사 속에서 교회는 여러 가지 동기와 이유로 인하여 그 자체를 신성화해왔다. 이 신성화의 작업은 제도와 인물과 심지어 사물과 장소에 이르기까지 여러 가지 형태로 신적 권위를 부여함으로 강화시켜왔다. 이것은 교회 본질적 측면보다는 제도적 측면의 교회에 대한 인위적 신성화 작업이기에 이것이 가져온 문제는 이로 말미암아 예수 공동체의 본질이 왜곡되고 매장되었다는데 그 심각성이 있는 것이다. 즉 껍질이 강화될 때 언제나 그 알맹이는 빛을 보지 못하는 것이다. 그로 말미암아 예수공동체가 그 본질을 소유하고 있는 복음의 알맹이는 역사 속에서 수없이 굴절되고 왜곡되어 왔다. 교회가 세상적 가치관(물질, 권력, 명예)에 의해 강화되고 무장되었다는 의미에서 이 신성화는 곧 세속화를 의미하는 것이다.

[26] Kraemer, 73.

[27] Hans K?ng, The Church (New York: Doubleday & Company, Inc., 1961), 34-35.

성장하기 때문에 교회도 영적 생명력(그리스도로 인한 풍성한 자생력)이 있다면 자연스럽게 성장하게 되어 있다.

따라서 모든 목회자들의 간절한 바람인 교회 성장에 대한 관심은 "무엇이 우리 교회를 성장하게 할 수 있을까?"라고 묻는 것은 핵심을 던지는 질문이 되지 못한다. 진정으로 우리가 물어야 할 것은 "무엇이 우리 교회의 성장을 막고 있는가?"라는 질문이어야 한다.

교회 지도자들의 역할은 교회가 균형과 조화를 잃어 성장하지 못하도록 하는 방해물과 질병을 발견하고 제거하는 일이다. 그래서 자연스럽고 정상적인 성장이 일어나도록 그 흐름을 이끌어 주어야 한다. 이런 점에서 21세기 교회의 핵심 이슈는 교회의 성장이 아닌 교회의 건강이라고 할 수 있다. 성장에만 초점을 맞추는 것은 문제의 초점을 놓치는 것이다. 교인들이 건강하다면 그들은 하나님이 의도하신 대로 자라난다. 건강한 교회는 성장하기 위해 잔재주를 부릴 필요가 없다. 그것은 자연스럽게 일어나는 것이다.

그리고 어떻게 하면 모든 교회가 건강하게 성장할 수 있는가에 대한 전략으로서 NCD의 원리[28]인 8가지 질적인 특성을 참조한다면 도움이 될 수 있다고 생각한다. 여덟 가지의 질적 특성을 요약하여 정리하면 다음과 같다.[29]

① 사역자를 세우는 지도력: 이는 평신도 동역자를 발굴하여 그들에게 사역할 수 있는 권한을 위임하는 지도력을 의미한다. 이때의 지도력은 '군림하는' 지도력이 아니라 '리더를 세우는' 지도력이다. ② 은사 중심적 사역: 이것은 하나님께서 이미 각각의 그리스도인들에게 그들이 해야 할 사역을 이미 정해 놓으셨기에

---

[28] NCD란 자연적 교회 성장원리로서 6대주 32개국 1,000여개 샘플교회의 420만 자료로부터 추출된 자연적 교회 성장 원리이다. 현재 50개국 5,000여개 2,100만 자료로 발전한 전세계 모든 문화와 교회에 적용할 수 있는 실질적인 도구이며 NCD 원리를 적용한 결과 99.4퍼센트 질적 양적 성장이 전세계 50개국에서 검증되었다. NCD KOREA는 이 원리를 한국에서 적용하고 있는 단체이다. Christian A. Schwarz, Natural Church Development, 정진우 외 역,「자연적 교회 성장」(서울: 도서출판 NCD, 1999).

[29] Christian A. Schwarz, Paradigm Shift in the Church, 임원주 역,「자연적 교회 성장 패러다임」(경기: 도서출판 NCD, 2000), 350-351.

교회 지도자들은 성도들의 은사를 발견하여 은사와 연관된 사역을 하도록 도와야 함을 뜻하는 것이다. ③ 열정적 영성: 이는 영성을 표현하는 방법 보다 실제로 헌신하며 사는 믿음과 뜨거운 열심이 어느 정도인가에 의해 표현될 수 있는 것이다. ④ 기능적인 조직: 교회의 형식과 조직에 있어 교회 조직 자체는 절대 궁극적 목적이 될 수 없고, 조직은 단순히 목적을 위한 수단에 지나지 않음을 의미한다. ⑤ 영감 있는 예배: 예배에 참석한 사람들이 예배를 통해 하나님의 임재를 경험할 뿐 아니라 한결 같이 예배가 감동적이며 흥미롭다고 말하며 이것은 결국 예배의 본질을 추구했을 때 나타나는 자연스런 열매이다. ⑥ 전인적 소그룹: 단순히 모여서 성경공부만 하는 모임이 아니라, 다양한 은사를 가진 사람들이 가깝게 교제하며 삶을 나누는 모임을 뜻한다. 전인적인 소그룹이란 영성을 중심으로 지성, 정서, 의지 뿐 아니라 가족 관계, 교회 내의 공동체 등 삶 속에서 이 모든 것이 조화를 이루는 것이다. ⑦ 필요 중심적 전도: '밀어 붙이기' 식의 인위적인 전도 방법이 아니라 불신자들의 의문에 답해주고 그들의 필요를 채워줌으로써 자연스럽게 복음을 전하는 방법을 의미하는 것이다. ⑧ 사랑의 관계: 서로를 식사에 초대하며, 자주 만나 차도 마시고 서로 사랑의 교제를 나누며 격려와 지지 속에서 서로의 문제를 알고 기도해 준다는 의미이다. 그리고 교회 안에 웃음이 많고 서로를 칭찬하는 데 너그럽고, 예배 시간에도 웃음이 많고 소그룹에도 웃음이 많은 특징을 갖는다.

"온 몸이 머리로 말미암아 마디와 힘줄로 공급함을 얻고 연합하여 하나님이 자라게 하심으로 자라느니라."(골로새서 2:19) 그러므로 교회가 성장하지 못하는 모든 요소를 살펴본 다음 그것을 제거하고 난 뒤 하나님의 은혜와 뜻을 기다리면 자연히 성장하게 되는 것이다.

III. 셀 목회 개관과 개선점

셀 교회의 지도자들은 전통교회의 문제점을 해결하기 위하여 신약교회를 모델로 삼으면서 셀 교회의 개념을 제시한다.30) 그렇다면 셀 목회 운동을 하는 사람들이 본 전통교회의 문제점은 무엇이며, 그들이 말하는 셀 교회는 어떤 것인지 개관하고자 한다. 그 후에 셀 목회의 장단점을 살펴보고, 연구 결과를 중심으로 개선점이 있다면 그것이 무엇인지 기술하고자 한다.

1. 셀 목회의 정의

셀이란 생물학적 개념으로 모든 생물의 몸을 구성하는 최소의 기본단위라는 의미를 가지고 있다.31) 모든 생물계는 세포조직에 그 기초를 두고 있고 그 특징은 세포가 생명력 넘치는 상태로 움직인다. 셀의 가장 중요한 특징은 재생산하고 배가할 수 있는 능력을 가지고 있다는 것인데 이러한 세포의 특징을 교회사역 개념에 도입한 것이 셀 목회 패러다임이다.

셀 목회를 쉽게 이해할 수 있도록 간결한 형태로 저술한 David Finnell은 "셀이란 예배, 하나님을 경험하는 일, 구성원 서로 간에 지역 공동체를 섬기며 복음화하는 목적을 위해 소그룹을 이루는 신자들의 유기적 몸이다32)"라고 정의하고 있다. Finnell의 개념에 따르면 우선 셀은 신자들의 유기적 몸으로서의 본질을 지닌다. 그의 셀에 대한 정의를 중심으로 셀 그룹의 다른 측면에서의 특성들을 연결시

---

30) 연구자는 셀 교회 운동을 하시는 분들이 주장하는 셀 교회라는 단어를 셀 목회라는 단어로 수정하여 사용해주길 제안하며 본 고찰에서도 그렇게 사용하려 한다.
31) Ralph W. Neighbour, Where Do We Go From Here?, 정진우 역, 「셀 목회 지침서」 (경기: 도서출판 NCD, 2000), 297. 1970년대 중반부터 세계 각 국에서 셀 목회운동을 하는 교회들이 주목을 받으면서 이러한 목회 운동에 관심을 가지기 시작했다.
32) David Finnell, Life in His Body, 박영철 역, 「셀 교회 평신도 지침서」 (경기: 도서출판 NCD, 2001), 19-23.

켜 다시 재규정한다면 셀은 5-15명의 교인들로 구성된 '교회 속의 교회'로서 예배, 양육, 교제, 선교 등의 기능을 수행하며 교회의 본질인 영적 가족 공동체로서의 경험이 가능하도록 성령을 중심으로 구성원 상호간에 영적 삶을 위한 상호의 존관계를 맺는 소그룹이라고 말할 수 있다.[33] 그러므로 셀 그룹 자체가 작은 교회로서 교회의 사명을 감당하려는 목회운동이다.

2. 셀 목회 운동에서 본 전통교회의 문제점

셀 교회의 주창자들은 전통교회의 문제를 관찰하면서 동시에 신약성경의 교회들을 연구하여 더 나은 교회 모델을 찾아 나섰다. 그들이 주장하는 바로는 전통교회가 문제가 있기 때문에 새로운 신약 교회에 근거한 보편적 교회 모델을 찾아야 한다는 것이다. 그리고 그 교회가 바로 셀 교회라고 주장한다. 셀 교회의 지도자들은 전통교회에 대한 회의를 여러 가지로 비판하고 있는데 연구자는 그 중에서 다음의 3가지 점을 중심으로 살펴보았다.

1) 교회관

셀 교회 지도자들은 전통교회의 문제점을 프로그램 중심에서 찾는다. 전통적인 교회는 프로그램 중심이라는 치명적인 병으로 서서히 죽어가고 있다는 것이다. 프로그램 중심 교회의 비효율적인 면은 다섯 가지로 지적된다. 첫째로 교회의 건물들이 일주일에 몇 시간을 사용되는 것을 제외하면 빈 채로 방치된다는 것이다. 둘째로 전문목사들이 교인을 섬기는 것은 교인들을 위해서가 아니라 자신들의 전문성을 개발하기 위해서라는 것이다. 셋째로 프로그램 중심 교회에서는 봉사하는 교인들이 전교인의 8분의 1에 불과하다는 것이다. 넷째로 소망을 잃은 채 봉사활

---

[33] Neighbour, 298-305.

동에 태만한 교인들이 너무나 많이 존재한다는 것이다. 다섯째로 온 교회가 복음이 전해지지 않은 불신자들과는 사실상 접촉을 하고 있지 않다는 것이다.[34]

셀 교회 지도자들은 전통교회가 프로그램 중심의 목회를 추구하기 때문에 어쩔 수 없이 소위 '교회'라는 특별한 건물 안에 사람들을 가두어 버렸다고 지적한다. 이렇게 함으로써 전통적인 교회는 불신자들과 단절되고 차단된 현상을 일으켜 불신자들에 대한 기독교 고유의 사명을 버리고 말았다는 것이다. 이 때문에 전통주의 교회는 성공의 기준을 인격적으로 주님을 믿게 된 사람들의 수에서 찾는 것보다 단순히 교회를 메운 사람들의 수로 판단한다는 것이다.

2) 목회자와 평신도의 문제

셀 교회 지도자들은 전통교회에서 목회자와 평신도에게 문제가 있다고 생각한다. 첫째로 셀 교회 지도자들은 전통교회가 프로그램 중심으로 목회를 할 때 가장 먼저 필요로 하는 사람들은 교회 안의 다양한 프로그램을 지도할 전문가들이라고 지적한다. 아무리 작은 교회라 할지라도 설교, 교육, 상담 등에 예산 편성과 집행의 관리, 길 잃은 자의 구제 그리고 교회 일정의 효과적 관리를 감당할 수 있는 전문 목사를 구하려 한다는 것이다. 이로부터 파생하는 문제점은 전통교회의 목회자들에게 길 잃은 자들을 제대로 파악할 시간이 없이 한 주일을 바쁘게 보내야 하기 때문에 불신자들을 만나 복음을 전하며 그들을 도울 충분한 시간이 없는 것이다. 이런 목회자들의 영향력 아래 있는 교인들 역시 교회에서 맡은 임무를 수행하느라 바쁜 생활에 여념이 없다. 둘째, 셀 교회의 지도자들은 전통교회에서 교인들에게 나타나는 가장 큰 문제는 수동성이라고 생각한다. 여러 계층의 교인들이 수동적으로 앉아서 설교만 듣는다는 것이다. 이 때문에 프로그램 중심 교회와 교인들의 관계는 단순히 기계적인 관계일 뿐이다. 전통주의 교회의 경우 교회의 신자들 가운데 많아야 10-15 퍼센트만이 교회의 기능에 필요한 임무에 종사하고 만다.

---

[34] 조병수, "셀 목회와 현대 목회전략," 「신학정론」19권 2호 (2001, 11), 305-342.

또한 셀 교회의 지도자들은 전통교회의 교인들에게는 교제의 결핍이라는 문제가 있다고 지적한다. 공동체의 본질은 소속감과 동료의식인데, 전통교회에서는 찬양교회, 부흥교회, 성경공부교회 모든 것이 대규모 집단의 교회라는데 문제가 있다는 것이다.[35]

3) 불신자에 대한 무관심

셀 교회의 지도자들은 전통교회의 문제점은 불신자에 대한 태도에 있다고 생각한다. 생명을 잃은 교회들은 조직을 유지하기에 급급할 뿐이라는 것이다. 성장하고 있는 교회들이 하는 일이란 겨우 처음 교회에 출석한 사람들을 심방하는 것이다. 물론 전도활동으로 불신자에게 다가가는 교회들이 없는 것은 아니다. 셀 교회의 지도자들은 대다수의 전통교회들이 불신자에 무관심하다는 것을 더욱 큰 문제로 삼는다. 전통교회는 불신자들을 외면한 채 자기들끼리만 모여서 평생토록 성경공부를 하는 집단으로 전락하여 우물 안 개구리와 같이 무능하게 되었다는 것이다. 그러므로 셀 교회의 지도자들은 이제 교회가 해야 할 일은 건물 밖으로 나와 불신자들을 향하여 한 걸음 옮기는 것이라고 말한다.[36]

3. 셀 목회의 긍정적 요소

셀 목회는 기본적으로 전통교회에 대한 회의와 신약교회에 대한 회귀라는 도식 위에 서 있기에 그들의 주장에 개선의 여지가 많음에도 불구하고 셀 목회의 이상에는 긍정적인 면들이 다음과 같이 발견된다.

---

[35] 조병수, 307-312.
[36] 조병수, 307-312.

1) 기독교 기초 공동체에 대한 강조

신약성경에 따르면 교회는 공동체에 기초를 두고 있다. 이는 각 구성원들이 서로에게 유익을 주는 하나의 관계 안으로 들어가는 것을 말한다.[37] 즉 셀 목회는 교회가 유기체적인 공동체이기에 그 신앙 공동체를 경험할 수 있도록 해야 한다는 것이다.[38] 따라서 하나님의 가족들이 서로 간에 삶의 책임을 지고 피차간에 가족으로서 돌볼 수 있으려면 그 숫자가 적절한 수준이어야 하는데 이 수준은 소그룹일 수밖에 없다는 것이다. 따라서 전체 교회를 8-12명의 셀로 나누고 그 안에서 서로 사랑하고 용납하며 세워주려 하는 것이다. 이러한 셀 그룹은 성도들이 하나님의 가족 공동체란 소속감을 누리며 그 속에서 위로와 사랑, 소망을 얻는다.

2) 오이코스(가족) 관계 형성에 대한 강조

인간 집단은 공통적 혈족, 공통적 공동체, 공통적 관심 등 세 가지 방식으로 분류할 수 있다.[39] 신약에서는 이러한 집단에 대해서 '오이코스' 혹은 가족이라고 말한다. 사람들로 하여금 그리스도께로 나아오게 하는 가장 자연스러운 방식은 가족 관계에 의해서 이루어진다. 특히 오늘날 더욱 복잡하고 다양화되어 가는 사회 속에서 인간의 비인간화 문제와 소외현상은 심각해지고 있기 때문에 인격적 만남과 사랑의 교제는 더 없이 필요한 일이 될 것이다. 이러한 점에서 셀 그룹 형태는 개인주의를 극복하고 인격적 만남을 이루어 가는데 아주 적합한 구조를 가지고 있다.

3) 전도를 위한 모임의 다양성 및 역동성

셀 목회는 교회가 위치한 곳으로 사람들을 오게 하는 것이 아니라 사람들이 있

---

[37] Finnell, 43.
[38] 김현수, "현대교회갱신을 위한 셀 교회 패러다임" (석사학위 논문: 감리교 신학대학원, 2004), 32.
[39] Finnell, 99.

는 곳으로 가기 위해서 만들어진 것이다. 이와 같이 셀 그룹은 사람들이 함께 모여 있는 곳이라면 어느 곳에서라도 모일 수 있다. 이곳은 일터나 학교, 가정 그리고 식당 등을 포함한다.[40] 그러나 셀 조직이 모일 수 있는 가장 좋은 장소는 사람들의 가정집이다. 가정은 안락하고 편안한 분위기를 제공한다. 이러한 분위기 아래에서 모든 불신 가족들이나 믿는 가족들이 편안히 그 가정으로 올 수 있으며 가정에서는 서로를 좀 더 친밀하게 사귈 수 있게 한다. 셀 조직은 여러 가정을 이동할 수 있으며 함께 시간을 보내면서 진정으로 서로를 알게 할 수 있다. 또한 시간적으로도 크게 제약을 받지 않으며 다양하게 시간과 장소를 조절할 수 있다.

4. 셀 목회 운동의 주장에 대한 비평 및 개선점

앞에서 셀 목회가 전통교회에 대한 비판으로 시작된 새로운 운동이며 그들은 셀 목회 만이 가장 성경적인 운동을 하는 것으로 주장하고 있다는 것을 살펴보았다. 그리고 셀 목회의 장점이 무엇인지도 살펴보았다. 이제 그들의 주장은 무엇이며 그것에 대하여 비평을 하고 어떤 점을 개선하면 좋은지 제안하고자 한다.

1) 셀 목회 운동을 하는 사람들의 주장에 대한 비평

(1) 셀 개념에 대한 비평

셀 교회의 지도자들은 신학적으로는 셀 교회가 신약성경에 근거를 두고 있다고 생각한다. 첫째로 셀 교회의 지도자들은 교회를 묘사하기 위한 용어선택에서 난점을 일으킨다. 그들은 셀 교회의 개념이 신약성경으로부터 나온 것이라고 하지만 신약성경은 교회를 설명하기 위하여 한 번도 셀이라는 용어를 사용하지 않는

---

[40] Finnell, 111.

다. 신약교회의 모습을 셀로 규정하는 것은 단지 셀 교회 지도자들의 해석적인 결과일 뿐이다. 둘째로 셀 교회의 지도자들은 교회를 설명하기 위한 개념설정에서 문제를 일으킨다. 그들은 교회의 개념을 셀로 설명함으로써 매우 미세한 조직으로 이해하려고 한다. "생물학적으로 셀은 '독립적으로 기능할 수 있는 조직체의 최소단위구조' 이다…. 하나하나의 셀이 모여서 한 사람의 몸을 이루는 것처럼 셀 모임들이 모여서 그리스도의 몸인 교회를 만드는 것이다…. 셀은 두 개의 셀로 나누어질 때까지 계속 성장하고 재생산의 과정을 거친다…. 이러한 과정들은 또한 건강한 교회의 셀에서도 일어나는 과정들이다."[41] 하지만 이와 달리 신약성경은 교회를 몸, 건물, 신부, 어머니 등으로 설명함으로써 분명한 형태를 가지고 있는 것으로 제시한다. 이에 비해 셀은 생물학적(biological) 성격을 가지고는 있지만 구체적인 형태는 아니다.

(2) 셀 조직에 대한 비평

셀 교회의 지도자들은 셀 그룹 교회에는 프로그램도 없고 전문목사도 없다고 주장한다. 그러나 셀 교회에도 프로그램과 전문목사가 있는데 단지 전통교회의 것과 성격에 있어서 차이가 있을 뿐이다. 셀 교회에서 최소구조인 셀과 최대구조인 교회를 살펴보면 전통교회 못지않은 면을 가지고 있다는 것을 알게 된다. 첫째로 최소구조인 셀은 일반적으로 G12 구조라고 불린다. 여기에는 셀 리더인 지도자가 있고 그와 함께 3명의 제자들이 있으며 제자들은 미래에 셀을 지도하기 위해 훈련을 받는다. 또한 멤버들이 있는데, 그들은 세례를 받았고 협력하는 멤버로 다양한 부서에서 일하도록 훈련을 받았다. 나아가서 새 신자들은 16주 동안 '양육받기' 과정에서 셀의 제자 중 한 사람에게 교육을 받는다. 마지막으로 손님들이 있다. 리더들은 그들의 집을 방문하여 믿음을 갖도록 인도한다. 둘째로 최대구조인 교회는 부서들의 사역으로 분류된다. 담임목사 아래 사역책임자들은 도움사역

---

[41] 조병수, 320-342 참조.

(치유사역, 가정사역, 교도소사역, 병원사역, 집사 사역, 전통적인 타종교 사역), 중앙사역(셀 부서, 전도, 여자, 어린이, 컨퍼런스, 셀 교회 개척 및 선교), 전문사역(행정, 재정, 미디어, 지역사회, 음악, 교회도우미 사회사업 재정관리) 등으로 분리되어 활동을 한다.[42]

이와 같은 구조로 볼 때 결국 셀 교회는 교회성장 이론에 바탕을 두고 있기 때문에 대형교회가 되면 다단계적인 조직(피라미드 구조)으로 교회를 운영하게 된다. 때때로 이것은 셀 교회가 비판하는 전통적인 대형교회의 운영보다도 훨씬 더 강도 있는 운영을 추구한다. 이렇게 볼 때 셀 교회는 평신도 사역을 목적으로 삼고 있다고 하지만 실제로는 아주 조직화된 전문사역자를 중심으로 운영되고 있다는 인상을 벗어버리기 어렵다.

(3) 성령의 은사와 계시에 대한 비평

셀 목회의 지도자들은 성령의 은사를 대단히 강조한다. 심지어 성령의 은사를 그리스도의 몸속에 흐르는 영적인 피라는 이상한 이론을 피력한다. 셀 교회의 지도자들은 성령의 은사에 대한 강한 주장으로부터 직접계시를 주장하는 듯한 인상을 보이고 있다. 하나님의 궁극적인 계시인 성경을 최종적인 권위로 인정하면서도 개인에게 주어지는 계시를 상당히 중시하는 경향이 나타난다. 그래서 셀 목회의 지도자들은 신자들이 성령께서 교회에 하시는 말씀을 받아들일 준비가 되어 있어야 한다고 말하며, 하나님의 음성을 듣는 법을 배워 하나님의 음성을 경청할 때 계시가 주어진다고 주장한다. 이것은 두 가지 문제점을 가지고 있다. 첫째로 계시와 조명을 구별하지 못하는 것이며, 둘째로 더욱 큰 문제는 사도행전의 개인적인 계시를 우리 시대에서 계속되는 것으로 오해함으로써 성령시대와 우리시대의 차이를 무시하는 것이다.[43]

---

[42] 조병수, 320-342 참조.
[43] 조병수, 320-342 참조

(4) 셀 목회가 최고라는 것에 대한 비평

셀이라는 이름을 사용하지 않더라도 교회의 본질을 회복하려고 개혁과 갱신에 몸부림치는 수많은 하나님의 교회가 있고 건강하게 성장하여 부흥하는 수많은 교회가 있다. 반면 셀이라는 이름을 사용하더라도 그 본질을 잃어버리는 교회는 변화하지 않는 것을 볼 수 있다. "셀이 교회 안에 몇 개가 있고 얼마나 있느냐가 셀 목회인가 아닌가를 나타내는 것이다"라고 주장하는 것이 얼마나 어리석은 주장인가? 초대교회 성도들은 이런 셀이란 용어와 이론에 대해 알지 못했지만 그들은 온전한 소그룹의 모습을 갖고 있었고 그로 인해 엄청난 부흥의 역사를 맛볼 수 있었다.

셀 목회가 공동체 재건이라는 교회사적 사명을 감당할 수 있는 가장 적합한 모델이라는 확신이 있다면, 셀 목회를 교회의 전반에 확대 적용할 필요가 있다. 그러나 우리의 최대 관심은 다른 그 무엇이 아니고 예수그리스도에 대한 복음과 하나님의 나라인 것이다.[44] 그러므로 셀 목회적 전략이야 말로 교회를 새롭게 부흥시킬 유일한 프로그램이라고 주장할 필요는 없다. 그것은 목회의 방법론 중 하나에 불과한 것이다. 그럼에도 불구하고 셀 목회에서 지향하는 근본정신에 대해 우리가 귀를 연다면 교회의 성장과 건강함을 위해 좋은 통찰력을 가질 수는 있을 것이다.

(5) 교회의 본질에 대한 비평

신약성경의 교회가 지향하는 중요한 원리는 앞에서 제시한 교회의 본질, 즉 하나님의 백성으로서의 교회, 그리스도의 몸으로서의 교회, 하나님의 성전으로서의 교회, 그리고 성도의 교통으로서의 교회이다. 또한 교회의 모습을 조직체적 교회와 유기체적 모습으로 나눌 수 있으며 유기체로서의 교회는 성령으로 연합된 신자들의 단체이고 영적 능력을 소유한 교회요, 각종 은사와 재능을 통한 봉사를

---

[44] 문동학, "셀 목회의 한국교회의 적용에 있어 극복과제", 「교회와 신학」54(2003, 9), 45.

목적으로 하며, 조직체로서의 교회는 제도적 형식으로 존재하며 하나님의 정하신 직임과 수단들을 통하여 역할을 하는데 질서를 목적으로 한다. 교회의 본질은 조직체적 이기보다는 유기체적 이지만 교회가 이 세상에 존속하는 한 이 둘의 공존은 피할 수 없다. 곧 조직체로서의 교회는 신자 공동체로서의 교회에서 그 의미를 찾을 때, 즉 유기체적 교회를 지향하는 한에서만 참될 수 있다. 그런데 셀 목회만이 이러한 원리를 지향한다고 주장해서는 안 된다. 역사적으로 많은 교회들이 이 원리를 지향해왔으며 조직체적 교회의 모습만을 바꿔왔을 뿐이다. 만일 셀 교회만이 유기체적 교회라면 다른 모든 교회는 조직체적 교회로서 예수 그리스도의 생명에서 제외되어버린다는 논리가 성립되는데 과연 이런 주장이 합당할 수 있겠는가?

더 나아가 셀 교회가 자신들만이 신약교회를 지향하고 있다고 계속 주장한다면 이것은 교회의 유기체적 특성과 조직체적 특성에 대한 이해가 부족하다는 비판을 면하기 힘들 것이다. 교회가 역사 속에서 그 모습을 드러내면 그것은 성경의 원리를 지향한다 할지라도 조직체적 교회 모습을 가지는 것이며 그 모습은 언제나 역사의 변화와 문화의 흐름에 따라 변화될 수밖에 없다. 그러므로 항상 제도의 교회는 개혁의 대상이 되는 것이다. 왜냐하면 교회가 제도적 모습을 극단적으로 주장할 때 이것이 교회의 세속화를 의미하기 때문이다.

2) 셀 목회의 한국적 토착화에 대한 비평

셀 목회 원리를 한국교회 문화에 적응시키기 위해서는 첫째, '셀 목회'라는 명칭이 서구교회에서 나온 것이라는 현실을 인식할 필요가 있다. 이 인식을 하지 못하면 서구교회와 다른 많은 한국적 특성들 때문에 목회 방법의 변화로 인한 시행착오가 발생할 수밖에 없으며 따라서 혼란으로 큰 충돌이 발생할 것이다.[45] 서구교회는 '교회에서 이루어지는' 주일 예배와 주 중 프로그램이 주축을 이루고 있

---

[45] 김인호, "셀 목회, 그냥 되는 것이 아니다", 「교회와 신학」164 (2003, 2): 117.

다. 이러한 교회의 형태가 최소한 수백 년 계속되어 왔다. 그러다가 공동체를 위한 작은 모임의 중요성을 깨닫고, 실천적으로 발전시킨 목회적 모델이 생물학적 개념의 '세포'(Cell)를 기본단위로 한 '셀 교회'(Cell Church) 개념이다.

그러나 한국교회는 태생부터 공동체성이 비교적 강했다. 한국교회는 초기부터 남녀선교회가 있었고, 집에서 이루어지는 구역 조직이 있었다. 남녀선교회와 구역은 교회의 가장 작은 단위로서 바로 '세포', 즉 '셀'이라 할 수 있다. 이름을 '구역', '속회', '순', '사랑방', '방모임' 등 어떻게 부르든지 그 내용은 '하나의 세포'이다. 이름이 다를 뿐 내용과 기능은 크게 다르지 않다. 그래서 서구교회의 과제는 '프로그램 중심의 교회'에서 '작은 모임 중심의 교회'로 전환하는 것이라면, 한국교회의 과제는 '셀이 있는 교회'에서 셀 정신을 가진 교회로 발전하는 것이 과제가 되어야 할 것이다. 이것을 위해 전통적으로 친교와 선교가 강조된 남녀선교회를 작은 교회로서의 전인적인 공동체로서 발전시켜 나가는 것이며, 또 전통적으로 예배와 교인관리가 강조된 구역조직을 진정한 나눔과 교제가 있는 전인적인 공동체로 발전시켜 나가야 하는 과제가 있는 것이다. 초대교회가 성도의 필요에 따라 재산과 삶을 나누는 유무상통이 있기 위해 성령 충만과 사랑의 마음을 가진 것처럼(사도행전 2:44-47) 이러한 목표를 위해 평신도 지도자들이 훈련되어야 하며 그러려면 담임목사의 철학이 평신도 중심 목회철학과 강력한 믿음, 삶의 모델로 자신을 내어주는 헌신이 필요할 것이다.

두 번째, 한국은 유교의 전통과 성향 때문에 전통적인 고정관념이 강하다. 따라서 셀 목회로 한 번에 모든 방향을 전환하려는 것은 결코 쉬운 일이 아니다. 일반적인 교회의 성도들은 교회는 건물과 예산과 세례교인[46]이 있어야 한다는 고정관념이 오랫동안 한국교회의 성도들의 머릿속에 남아 있다. 이러한 고정관념은 그것이 성경적 교회 개념에 비록 부족한 인식이라도 점진적으로 교육해 나가야 할 문제이다. 그런데 소위 셀 목회 이론을 주장하는 사람들은 그 이론만을 주장하

---

[46] 이것을 3B라고 한다.

고 외치기만 하면 주님이 기뻐하시고 성경적인 교회가 되는 것처럼 아무런 준비나 대안 없이 시도함으로 실제적으로 교회를 교회되게 하는데 가장 큰 장애물이 된다.

세 번째, 위험성은 목회자 자신이다. 목회자들이 셀 목회에 대한 충분한 임상적 개념이나 지식 없이 몇 권의 책을 읽고 몇 번의 세미나에 참석한 후 셀 목회를 이해했다고 생각하든지, 아니면 자신의 교회 환경과 교인들에 대한 사려 깊은 이해 없이 덜컥 기존의 교회 조직을 셀 목회 조직으로 바꾸어버리면 문제가 발생할 수밖에 없다.[47] 그것이 무엇이든 새로운 목회 방법론을 가져오려면 담임목사가 그 방법론에 대한 명확한 인식과 경험을 쌓아야 한다. 그렇지 않고 부교역자나 평신도 지도자가 중심적 축이 되거나 견인 역할을 한다면, 셀 목회는 정착되기 어려운 것이 현실이다.

IV. 건강한 교회의 한 모형으로서의 한밀교회

교회가 개혁되어야 한다고 할 때는 조직체적 교회를 의미하는 것이지 유기체적 교회를 개혁의 대상으로 삼지는 않는다. 따라서 연구자는 새로운 교회운동이란 조직체적 모습을 생명처럼 생각하는 전통적인 교회관을 바꾸어 나가는 것이라고 생각한다. 이러한 생각을 가지고 교회를 섬겨온 한 사람으로서 동일한 믿음과 철학을 가지고 교회를 섬기는 수많은 교회 중 하나의 모델로 연구자가 섬기고 있는 한밀교회를 제시하고자 한다. 한밀교회는 성경적인 교회관에 근거하면서도 시대의 흐름에 맞추어 소그룹 중심의 상담목회를 평신도 중심으로 사역해 왔는데 그

---

[47] 김인호, 116.

과정을 나누고자 한다. 이를 위해 먼저 한밀교회의 목회철학을 소개한 후에 평신도 지도자를 어떤 과정을 통해 세워왔는지 한밀교회의 조직도와 함께 소개함으로서 전통교회라도 조직체적인 모습을 성경적 가치관에 맞게 변형해나간다면 성경적인 교회는 계속 유지될 수 있음을 제시하고자 한다.

1. 한밀교회의 목회철학

사람은 철학적인 존재로서 자기가 알든 모르든 자기의 삶을 사는 자기의 법칙이 있다. 즉 나름대로 자신의 삶의 목적과 방향, 그리고 가치와 의미를 가지고 살아간다. 목회도 목회자의 목적과 신념에 따라 사상과 사고의 틀을 가지게 되며 목회관을 구성해 나가는데, 이것이 목회 철학이다. 목회관의 바른 형성은 성경과 역사와 문화를 바르게 조명하는 데서 얻어지는 것이다. 뿐만 아니라 자신의 무의식 가운데 내재된 가치관을 바라볼 수 있는 성찰능력이 있어야 하며 자신의 내면의 상처를 치유해야 객관적인 하나님의 뜻을 바라보고 성경적 시각을 가지게 된다. 이때에야 비로소 하나님을 절대적으로 의존하면서 그분의 뜻을 이 땅에 실현하기 위하여 진정한 목회적 방향을 가지게 될 것이다. 연구자는 이러한 사역을 위해 몸부림치는 과정이 있었고, 지금도 동일한 심정으로 바라보고 있다. 이러한 맥락에서 연구자는 다음과 같은 목적과 방향을 가지고 사역해 왔다.

교회의 본질은 하나님 나라 그 자체이다. 교회는 하나님의 백성으로서의 교회, 성령의 전으로서의 교회, 그리스도의 몸으로서의 교회, 성령의 교통으로서의 교회의 측면을 가지고 있다. 교회는 그 나라와 이 세계의 주인이신 하나님이 온전히 통치하시는 교회로서 드려지기를 소원해야 한다. 교회의 목적은 오직 하나님 나라의 확장과 성숙에 있기에 성도는 자신을 날마다 부인하고, 교회는 하나님 나라를 알리는 전령으로서 존재하며, 나그네의 교회로서 하나님 뜻이 하늘에서 이룬 것처럼 땅에서도 이루어지기 위해 존재해야 한다. 교회는 지역교회가 이 땅에 영원하기를 바라는 악과 오만을 버리고 날마다 자기를 십자가에 못 박는 교회, 소유를 포기하는 나그네의 교회, 자기를 살찌우지 않고 겸손히 내려놓는 광야의 소리와 같은 교회가 되는 것을 목표로 삼는다. 이를 위해 한밀교회는 인간 전인을 돌아보는 교회, 공동체 건설에 힘쓰는 교회, 평신도 지도자를 세우는 교회, 인류 구원에 열정을 쏟는 교회가 될 것을 목표로 삼는다.

1) 인간 전인을 돌아보는 교회

한밀교회는 성도들이 진정한 믿음을 갖는 그리스도의 제자로서의 삶을 살도록 하기 위해 삶의 내면을 변혁시키는 목적을 가지고 인간 전인을 돌아봄으로써 온전성을 지향하는 교회가 되고자 한다. 인간은 하나님의 형상으로 지음 받았기에 존엄하며, 그 영혼은 우주보다 귀한 존재이다. 인간은 영, 육의 존재이기에 그리스도를 믿어 영혼이 거듭났을 때 새 피조물이 됨으로 인간의 전인(지성, 감정, 의지)이 회복된다. 그럼에도 그리스도인은 '이미와 아직' 사이에서 여전히 구원을 기다리는 존재인 것이다. 이렇게 과도기적인 인간의 영과 육은 지속적으로 치료되어져야 한다. 따라서 그의 약점과 단점이 무엇이든지 있는 그대로 수용하되 겸손히 그의 삶을 일깨워 자기를 돌아보도록 하고, 그의 인격을 아름답게 세워가도록 도와가는 인격치료가 지속적으로 우리에게 필요하다. 이렇게 그리스도를 믿고 있으면서도 영적, 정서적, 관계적 및 성격적인 문제 때문에 하나님의 풍성함을 누리지 못하는 모든 이들을 섬겨 하나님의 참된 평안과 풍성함을 누리게 하려는 것이다.

2) 공동체 건설에 힘쓰는 교회

교회는 죄인들의 교회이기에 연약하며 문제가 있다. 그러나 하나님이 세우신 교회이며 그리스도의 몸이기에 신비하고, 거룩하며 그 자체에 권위가 있다. 뿐만 아니라 성도는 공동체의 지체로서 영원히 예수 그리스도와 함께 속해 있으며 이러한 하나님의 사랑과 긍휼의 축복이 교회의 본질이다. 이러한 하나님의 공동체는 하나님의 말씀이 머무는 곳이며 선포되는 곳이고, 말씀이 삶의 기준과 생명의 통로이다. 이렇게 하나님의 공동체는 말씀을 통해 말씀 중심으로 삶 전체를 진실히 나누는 사랑의 공동체가 되기를 소망한다.

공동체는 가정을 포함하기에 한밀 공동체는 무엇보다도 건강한 가정공동체를 세우기 위한 노력을 아끼지 않을 것이다. 그리고 더 나아가서 청소년, 젊은이, 중년과 노인, 소외계층, 위기 가정, 어린아이들, 병든 사람들, 알코올 중독자, 부랑자 등 주님께서 이 땅에 계실 때 만나시고 도우신 것처럼 하나님의 사랑과 구체적인 도움이 필요한 사회 각 계 각 층의 어려운 이웃을 섬기고 돕고 치유하기 위해 구체적 대안을 지속적으로 준비해 나갈 것이다.

3) 인류구원에 열정을 쏟는 교회

사람의 영혼을 구원하는 것은 교회의 사명이다. 교회의 진정한 목적은 땅 끝까지 하나님의 뜻을 전하는 것이다. 오늘날 철학적 혼합주의와 이데올로기의 패망, 정체성의 혼미 등으로 인해 영적, 정신적 방황과 갈등에 빠진 현대인들에게 하나님의 사랑을 나누려 한다. 특히 맹목적인 가치관을 가지고 있는 오늘의 현대인들에게 하나님의 말씀을 정직하게 가르쳐 신앙과 삶의 조화를 모색하기를 원한다. 뿐만 아니라 오늘의 현대문화와 직업 등 다양한 부분들을 기독교적 시각으로 해석하는 안목을 키워 기독교적 세계관을 가지고 삶을 능력 있게 살아가도록 도우려 한다. 선교는 전도와 양육을 모두 포함하기에 믿지 않는 사람들에게 그리스도를 전파하는 것과 그를 하나님의 사람으로 세워 가는 것이 동일한 선교임을 확신한다. 그래서 양자의 균형 있는 사역을 위해 힘써나가려 한다. 그러나 이 모두는 궁극적으로 인류 구원에 그 목적이 있음을 분명히 밝힌다.

현재 한밀교회가 지원하고 있는 선교국은 러시아, 태국, 몽골, 중국, 괌 뿐 아니라 농촌, 오지 선교, 그리고 병원 선교, 기관 선교, 학교 선교, (사)다세움과 상담센터를 통한 치유선교, 문서 선교 등 다양하고 역동적이며 창조적인 방법을 통해 지금까지 쌓아 온 훈련과 하나님의 축복을 우리를 위해 사용하지 않고 지역 사회뿐 아니라 인류를 구원하는 교회가 되도록 더욱 열정을 쏟으려 한다.

4) 평신도 지도자를 세우는 교회

우리는 헌신된 한 사람이 온 세상을 변화시킬 수 있다고 믿는다. 그래서 그 한 사람의 지도자를 만들고자 전심전력하고자 한다. 예수님의 사역 중 위대한 업적 중의 하나는 12제자를 훈련시켜 당신의 사역에 동참토록 하신 것이었다. 그 분은 수많은 시간을 제자들과 같이 보내면서 그들이 인류를 섬길 지도자들이 될 수 있도록 치료와 훈련을 하셨고 예수 그리스도와 복음의 증인이 될 수 있도록 그들의 생애 속에 하나님 나라의 기초를 건설하려고 노력하셨다. 지금의 교회도 마찬가지이다. 교회는 매우 절실하게 지도자를 필요로 하고 있다.

하나님은 90% 헌신한 100명 보다 100% 헌신한 한 사람을 통하여 더 크게 역사하시므로 하나님의 일꾼을 만드는 일에 집중하려고 한다. 그러나 훌륭한 지도력은 쉽게 이루어지는 것이 아니다. 그것은 시간, 경험, 치료의 과정을 통해 성숙이란 열매가 다가오기 때문이다. 성숙한 사역은 생의 높은 수준에서 형성된 성숙한 인격에서 흘러나온다. 사역은 개인의 달란트만으로도 성공할 수 있지만 인격이 뒷받침되지 못한 지도자의 사역은 결국 와해되고 만다. 그러기에 인격훈련에 중점을 두어 인격적인 지도자가 되도록 힘쓴다. 지도력의 중심 과업은 하나님의 백성에게 하나님께서 목적하시는 방향으로 살도록 영향을 주는 것이다.

2. 은사에 따른 평신도 지도자의 여러 형태

한밀교회의 비전의 주체는 평신도이다. 모든 그리스도인들은 하나님의 청지기이다. 그래서 그들이 세상에 침투해 교회의 대표자로서 세상을 향한 선교의 사명을 자각하며, 역사와 시대 속에서 책임 있는 삶을 살아가야 하는 것이다. 이것이 하나님의 뜻이다. 흔히들 이것을 제2의 종교개혁이라고 표현하였다. 16세기의 종교개혁은 평신도에게 성경을 되돌려 주어 모든 평신도가 직접 하나님을 만나는 제사장적 은혜를 회복하였다면, 20세기의 종교개혁은 교회 본질과 구조 연구를 통해 평신도의 가치를 충분히 인정한 것이었다. 그러므로 가정과 교회, 직장과 사회 등 전 영역에서 평신도의 사역자 직을 회복하는 것이 하나님의 요청임을 발견하게 된다.

한밀교회는 이러한 철학을 가지고 평신도가 자신의 은사에 따라 사역할 수 있도록 다음의 4가지 형태의 평신도 지도자를 양성하여 세우고 있다.

1) 간사

간사제도의 목적은 만인제사장의 원리에 따라 평신도가 사역자로서 자신의 재능과 은사에 따라 직업을 가지고 그리스도를 위해 사역하는 것이다. 연구자는 평신도 신학의 목회 철학에 따라 평신도와 동역하는 차원을 넘어 평신도 지도자를 양성하고 평신도가 중심이 되는 교회를 꿈꾸며 이들이 지도자로서 세상을 변화시킬 비전을 그리고 있다.

한밀교회 평신도 사역의 꽃은 간사제도이다. 한밀교회의 간사는 무급의 평신도 사역자로서 그 역할이 다양하다. 주일학교 담당 간사인 경우 전도사와 마찬가지로 설교, 행정, 교사 관리, 학생 관리 등 실제적인 사역을 책임지고 있다. 간사는 교육 전도사가 일시적으로 부임하여 교육부를 몇 년 담당하고 나그네처럼 떠나는 것과는 달리 장기적이고 일관성 있게 교육부를 이끌어 나갈 수 있으며, 담임목사의 목회 철학에 따라 일관된 신학과 교육철학을 공유하고 사역을 위해 비전을 함께 나눔으로 목회사역의 시너지를 극대화시킬 수 있다. 교육부 이외에는 찬양팀, 상담부, 인터넷 멀티미디어부, 출판부, 행정부, 은사네트워크부, 워십·드라마팀, 선교지원부에서 팀 리더로 사역하고 있다. 거의 대부분의 간사들은 1주일에 최소 3회 이상 자신의 일을 마친 후에 사역을 위해 교회에서 봉사하며, 1주일 내내 자신의 부서를 위해 시간과 물질을 내어 헌신하고 있다.

간사들은 평신도 사역자이기 때문에 사업가, 교사, 대학원생, 주부, 회사원 등 아주 다양한 직업을 가지고 있다. 또한 학력이나 직업에 어떤 특별한 제한을 두지 않으며 하나님에 대한 열정과 신학 및 신앙 훈련에 초점을 둔다. 다만 사역을 감당하기 위한 기본 지식과 영성훈련이 필요하다 보니 최소한 대졸 이상의 학력을 소유한 자가 대부분이고 절반 가량은 전공분야의 대학원을 졸업했거나 재학 중이다.

간사의 선발은 인격과 사역적인 면에서 간사의 자질과 능력, 헌신과 열정이 있는 사람을 선발하여 일정한 훈련을 이수케 하여 예비간사로 세우며 2년의 간사교육과정을 이수하여 정식 간사로 사역을 하게 된다. 또한 교회의 상황에 따라 일정한 연구비를 간사에게 지급하며 계속 연구하고자 할 때 기꺼이 그 비용을 지원함으로 자신의 삶을 훈련하여 다시금 이 시대를 섬기는 자로 살도록 돕고 있다.

2) 목자

목자는 영적지도자이며 목장의 책임자로서 매사에 자진하며 모범을 보이는 평신도 지도자이다. 목자의 임무는 목원들의 영적 성장과 가정 교회의 전반적 운영을 책임지며, 매주 정기훈련과 필요에 따라 특별 모임에 참석한다. 새 신자가 자신의 목장에 할당되면 그 주일에 심방하고 가정 교회에 정규적으로 참석하고 교인으로 등록할 때까지 특별한 관심을 쏟는다. 일주일에 닷새 이상 매일 20분 이상씩 기도하고 매일 성경을 3장 이상씩 읽으며 일주일에 두 번 이상 목원들의 이름을 하나하나 불러가며 기도하기 위해 애쓴다. 십일조와 각종 헌금을 통해서 교회 재정을 함께 담당하며 경제생활에 대해 청지기로서의 본을 보인다.

목자의 사역 목표는 목원들이 사역하도록 돕는 것이다. 목자는 목원들이 자신의 은사를 발견하도록 도우며, 남을 섬기는 본을 보인다. 또한 예비 목자를 훈련시켜서 동역자로 만드는데, 모임을 같이 계획하고 같이 평가하며 심방에 동행시킨다. 그래서 가능한 한 점진적으로 많은 일을 맡기고 한 달에 한 번 목장 모임을 인도하도록 시키면서 예비목자들의 약점과 강점을 발견하고 보강해 준다. 예비목자를 향한 사역의 목표는 예비목자가 목자가 되어 목장을 분가해 나가는데 1년에 한 번 정도의 분가를 목표로 한다.

3) 상담자

상담자란 평신도 중에서 상담의 은사가 있고 그에 따라 상담사역에 헌신하고 싶어하는 사람을 훈련시켜 상담가로 사역하도록 세운 사람이다. 훈련과정[48]은 치료를 위한 것이 아니므로 심리적으로 많은 문제를 가지고 있는 사람보다는 영적, 정서적으로 안정되고 성숙된 사람들을 대상으로 훈련한다. 상담자는 구원의 확신이 있으며, 제자 훈련 과정을 이수하고 상담의 은사 및 열정이 있는 사람으로서 자원자를 중심으로 훈련을 하고 있다. 은사 및 열정 확인을 위해서 은사네트워크 과정을 1학기 훈련 전이나 후에 받아야 한다. 그뿐만 아니라 인격적인 신앙훈련 및 전도폭발훈련을 이수하도록 권유한다. 왜냐하면 상담의 궁극적인 목적은 영혼 구원에 있음을 잊지 않기 위해서이다. 그리고 실제 훈련이나 사역을 시작했어도 자신의 은사가 다른 분야에 있음을 발견했을 때는 다른 분야의 일을 하도록 권고하고 있다.[49]

상담은 내담자의 문제 성격과 대상에 따라 담임목사 뿐 아니라 (사)다세움[50]의 인적 자원을 탄력적으로 활용하고 있다. 그리고 교회에 등록한 경우 목자나 원투원 리더를 통해 상담이 이루어지고 있다. 상담자 훈련은 원장인 연구자와 부원장이 주로 인도하며 집단상담 프로그램은 초기에는 연구자가 전 교인 및 지역 주민

---

[48] 훈련과정과 치료과정을 나누어 일반 평신도는 치료과정에 두고, 지도자의 수준에 있는 사람들을 사역자로 만들기 위해 훈련과정을 둔다. 훈련 내용으로는 사랑의 관계 클리닉, 이마고 부부치료, 부모교육, 인격치료 등을 통해 자신과 가정을 세우고 더 나아가 이런 일을 감당할 기독교 상담 및 기독교 교육 전문가를 양성하고 있다.
[49] 심수명, "평신도 상담자 훈련 모형에 관한 일 연구" (박사학위 논문, 풀러신학대학원, 2001).

(불신자 포함)을 대상으로 실시하였는데 점차 부원장과 상담 실장이 함께 나누어 실시하고 있다. 가정사역은 전 교인과 지역 주민의 가정을 세우기 위해 가장 많이 적용되는 것으로서 실제적으로도 불신자들에게 가장 인기가 높은 훈련 프로그램이다. 따라서 수시로 내용을 바꾸어 원장 뿐 아니라 부원장과 상담 실장이 실시하고 있다.[51]

4) 전도자

전도자는 자신이 만난 예수 그리스도를 또 다른 사람에게 전하는 능력과 인격적 삶이 준비된 사람이다. 우리는 모든 평신도가 자신의 삶의 영역에서 전문사역자일 뿐만 아니라 전도자로서의 삶을 살아야 한다고 믿는다. 한밀교회는 많은 성도가 전도자로서의 삶을 살도록 성숙한 인격을 갖추기 위해 훈련하고 있다. 또한 정기적인 전도 집회와 태신자 전도, 단기선교 및 낙도사역을 통해 실제 전도현장에서 경험을 통해 진정한 전도자로서 설 수 있도록 돕고 있다. 특히 각 목장에서는 빈 방석의 철학을 가지고 항상 새롭게 들어와야 할 전도대상자를 생각하고 기도하도록 하고 있으며, 우리 모두의 사역의 열매는 전도로 맺어야 됨에 동의, 순종하고 있다.

---

[50] 현재 연구자는 (사)다세움 대표로 사역하고 있으며 (사)다세움은 상담과 교육을 통해 지도자를 양성하여 그들이 삶을 세우고 나아가 건강한 사회와 국가를 만들며 궁극적으로는 이 땅에 하나님의 뜻이 이루어지도록 하는 것을 목적으로 한다. 또한 폭력 없는 사회를 만들기 위해 가정폭력, 성폭력 피해자를 위한 무료상담 및 지원 프로그램을 실시하여 각종 폭력으로부터 보호하고 다시 건강한 자신을 세울 수 있도록 돕고 있다. (사)다세움의 산하기관으로는 상담센터, 성폭력·가정폭력 통합상담소, 코칭 및 리더쉽 센터, 아카데미, 도서출판 다세움이 있으며 협력 기관으로는 국제신대 부설 국제상담연구소가 있다.

[51] 한밀교회의 상담사역은 크게 상담 및 심리치료, 지도자 세미나, 상담자훈련, 집단상담 프로그램, 가정 사역의 다섯 가지로 나눌 수 있으며 그 세부 프로그램 내용은 아래와 같다.
① 상담 : 개인상담, 부부상담, 심리검사(성인 및 아동) ② 지도자 세미나 : 사랑의 관계 클리닉, 부부이마고치료, 인격치료, 부모교육 지도자 세미나 ③ 상담자 훈련 : 고급감수성 훈련, 집단 심리치료, 인턴 및 레지던트 과정 ④ 집단상담프로그램 : 사랑의 관계 집단상담, 감수성 초·중급, 건강한 나를 찾아서, 이마고 치료, 참 만남 집단 ⑤ 가정사역 : 이마고 부부치료, 결혼예비학교, 아버지·어머니 학교, 부모교육, 부부성장학교

3. 평신도 지도자 훈련 과정 및 조직도[52]

1) 평신도 지도자 훈련 과정

한밀교회의 궁극적 목적은 평신도 지도자를 세워 그들이 인류를 섬기도록 하는 것이다. 그래서 다음과 같이 지도자 훈련 과정을 준비해 놓고 있다. 훈련의 방향은 말씀과 전도, 상담, 신학적 훈련을 받도록 하고 있으며, 리더십 훈련을 정점으로 하여 자신의 삶을 기독교적 가치관 위에 스스로 세울 수 있도록 돕는다. 그리하여 연구자는 주님이 허락하신다면 모든 성도가 지도자가 되기를 꿈꾼다. 말씀 훈련으로는 일대일 제자훈련, 인격적인 신앙 훈련, 성경 본문연구가 있으며, 전도 훈련으로는 전도 폭발과 국내외 비전 트립을 통한 선교 여행이 있다. 상담 훈련은 앞의 상담자 훈련에 나온 과정을 평신도 지도자들에게 기본적으로 훈련하고 있으며 상담자는 이러한 훈련을 전문적으로 훈련하고 있다는 점에서 차이가 있을 뿐이다. 또한 평신도 지도자는 결국 기독교 지도자이기에 신학적 기초가 필수라는 생각하에 기초적인 신학 훈련을 하고 있다. 리더십 훈련으로는 감수성 훈련과 자기 평가서 및 사명선언서 작성 및 비전과 리더십이라는 연구자가 직접 개발한 내용을 가지고 훈련하고 있다.

2) 비전 중심의 조직도

조직은 목적이 될 수 없으며 목회를 위한 수단에 지나지 않기에 연구자는 생명력 있는 조직이 되도록 조직의 갱신을 위해 끊임없이 노력하였다. 그래서 기존의 조직에 사역을 기획하고 실행하는 조직인 발전 위원회를 추가하였던 것을 사역자 위주의 비전 위원회로 바꾸었다. 조직도를 보면 우선 일을 진행해 나가는 과정이

---

[52] 연구자가 시행하고 있는 사역이나 조직이 조금이라도 도움이 되기를 바라는 마음으로 뒤의 부록에 (사)다세움에 대한 안내, 그리고 조직도를 첨부하였다. 그리고 좀 더 자세한 내용을 알고 싶으면 홈페이지를 참조하기를 바란다.(한밀교회는 www.hanmil.or.kr http://한밀교회, (사)다세움은 www.daseum.org http://다세움)

매우 단순하다. 담임 목사를 돕는 목회 지원, 교역자, 사무 행정팀이 있고 건축, 감사, 재정 위원회가 있다. 그리고 교회 결정 기관인 당회와 공동의회가 있다.

연구자는 비전 위원회와 사역하기 위해 여러 팀과 위원회의 협력을 받고 어떤 사안을 추진하기 위해서는 당회와 공동의회의 동의를 얻는다. 그래서 비전을 꿈꾸는 일을 이루어 나가기 위해 12개의 각 위원회(전도, 선교, 새신자, 셀, 예배, 영성, 음영, 봉사 사회복지, 상담, 초등교육, 중등교육 위원회)를 두었다. 특별히 지역사회를 위해 신설된 것이 사회 복지 위원회와 상담 위원회이다. 사회 복지 위원회는 지역 사회를 위한 봉사에 힘쓴다. 사역의 목적은 지역 관공서와의 연계를 통하여 지역 사회에 필요한 다양한 형태의 봉사를 제공하고 지역 사회에 한밀교회 홍보 및 좋은 이미지 형성을 돕고 지역 사회 선교를 용이하게 할 수 있는 다양한 형태의 접촉점을 마련하는 것이다. 구체적으로 장애인, 소년 소녀 가장, 모자 가정 및 결손 가정, 독거 노인, 외국인 근로자 등을 중심으로 사역하기 위해 계획 중에 있다.

또한 상담 위원회는 점점 더 파괴되어 가고 있는 가정의 문제 및 높은 이혼율에 대한 예방 및 상담, 역기능 가정 속에서 자란 자녀들의 문제, 소외되고 돌봄을 받지 못하는 노인들의 문제 등을 돕고자 한다. 이를 위해 실제적으로 개인 상담, 전화 상담, 사이버 상담 외에도 교육 및 훈련 프로그램을 시행 중에 있다. 각 위원회를 구성할 때에는 특정한 분야를 전공했거나 은사와 열정이 있어 사역에 헌신하는 사람들을 중심으로 위원회를 구성하여 활발한 사역을 감당하고 있으며, 2개월마다 모임을 열어 사역평가에 대한 시간을 갖고 자신이 맡은 분야에 최선을 다하는 분들에게 격려와 축복을 나누고 있다.

V. 나가는 글

셀 목회를 주장하는 사람들은 이 운동이 최근에 뜨다가 곧 가라앉을 소위 유행목회가 아닌 사도행전적 교회 형태라고 강조하고 있다. 그러므로 모든 목회자가 이 셀 목회 방법론을 반드시 배워야 한다고 강조하고 있다. 이는 매우 안타까운 주장이 아닐 수 없다. 어찌 지역교회 목회 방법론이 영원할 수 있겠는가? 소위 셀 목회라는 방법론 없이도 하나님의 교회는 하나님 때문에, 하나님을 향해 헌신하는 사람들에 의해서 아름다운 목회는 이루어질 것이다. 그렇기에 셀 목회가 건강한 교회회복을 위한 하나의 목회 방법이 될 수 있다는 것과 전통적인 목회 방법론 위에 셀 목회 방법론 중 어떤 것들을 수용하는 것은 동의할 수 있어도 셀 목회만이 성경적 교회 형태라는 주장에는 이의를 제기한다.

셀 교회 이론의 아버지라 불리는 Ralph Neighbour(TOUCH의 창립자)도 "셀 이론을 부흥을 위한 하나의 프로그램으로 전락시키는 것은 매우 위험한 것이며 이를 돌이키지 않을 경우 하나님은 촛대를 다른 곳으로 옮길 수도 있다"며 한국교회에 엄중한 경고의 메시지를 전하기도 하였다. 따라서 우리의 목회는 어느 특정한 지역이나 시대의 요청에 의하여 결정되어서는 안 되고, 현실을 무시하는 목회가 되어서도 안 되며, 근본적으로 성경이 제시하는 본질을 따라서 이루어질 것이다. 이 때 교회가 건강하게 성장하게 될 것이다.

연구자는 건강한 교회가 이 땅에 많아지길 소망하면서 셀 목회의 주장과 문제를 살펴보았고 건강한 교회로 나아가기 위한 대안으로 한밀교회를 한 모형으로 제시하였다. 이를 위해 연구자의 목회철학과 그동안의 사역 과정을 있는 그대로 기술하였다. 물론 기술하는 과정에서 연구자의 주관적 생각이 개입되었을 것이며 그렇기에 비평의 소지 또한 여전히 있을 수밖에 없음을 인정한다. 그럼에도 불구하고 연구자는 한밀교회가 성경적 교회관을 중심으로 종말론적 시대 속에서 미래적 교회로 준비되기 위하여 다양한 노력을 힘껏 경주해 왔으며 앞으로도 계속 달려갈 것이라고 생각한다. 그뿐만 아니라 이러한 연구자의 마음처럼 모든 교회의 목회자와 성도들도 동일할 것이라 믿는다. 따라서 성경적 교회를 향한 노력과 몸부림은 과거의 신약교회에서부터 지금까지 계속되고 있으며 앞으로도 계속될 것이다.

학회 발표 논문 〈출처〉 한국복음주의 기독교상담학회 「복음과 상담」제8권(2007.5): 199-226.

4. 교회성장을 돕는 상담목회 프로그램에 대한 연구

한밀교회를 중심으로

시작하는 글

기독교가 이 땅에 들어온 지 120년이 지나면서 한국 교회는 짧은 역사에도 불구하고 양적으로 엄청난 성장을 해왔다. 1970년대에 이르러서는 경제성장과 도시화에 편승하여 한국 교회는 선교사상 그 유래를 찾아볼 수 없을 만큼 세계적인 성장을 거듭해 왔다. 이제 한국 교회는 양적인 성장과 아울러 질적인 성장을 돌아보고 평가해 보는 시간을 가져야 할 것이다. 교회의 성장 목적이 하나님의 나라를 확장하는데 있다면 교회는 사회와 구성원에 대해 양적으로, 질적으로 다른 접근법을 찾아야 하기 때문이다.

이러한 필요성에 근거하여 연구자는 하나의 대안으로서 상담목회를 통한 교회성장을 제안하고자 한다. 현대는 점차적으로 상담의 필요성이 높아지고 있다. 상담목회는 단순히 교회의 프로그램이 아니라 한 개인과 가정과 공동체를 건강하게 하여 하나님께서 의도하신 본래의 모습과 기능대로 살아가도록 하는 목회사역으로서, 미래에 가장 필요한 하나의 대안으로서의 목회사역이라고 할 수 있을 것이다. 따라서 상담목회는 교회가 건강해지고 이를 통해 교회가 양적, 질적으로 성장하는 것이다.

본 연구는 교회가 건강하게 성장하기 위한 하나의 방법으로서 상담목회를 통하여 교회성장을 돕도록 하는 데 그 목적이 있다. 이러한 목적을 달성하기 위하여 현재 상담목회사역을 실시하고 있는 한밀교회 상담목회 프로그램을 소개하고자 한다. 상담목회사역이 활성화됨으로 인해 앞으로 한국 교회가 더욱더 성숙해 지기를 기대한다.

I. 서론

1. 연구의 필요성 및 목적

기독교가 이 땅에 들어온 지도 120년이 다가온다. 그 동안 한국 교회는 짧은 선교역사에도 불구하고 양적으로 엄청난 성장을 거듭해왔다. 1970년대에 이르러서는 경제성장과 도시화에 편승하여 한국 교회는 선교사상 그 유래를 찾아볼 수 없을 만큼 급성장을 하였고, 2000년에는 전국적으로 47,000여 교회, 1,200만 명의 그리스도인의 수를 자랑하게 되었다. 불과 120년 전만 해도 피선교지였던 나라가 2004년 말 통계에 의하면, 세계 160개국에 약 12,874명 이상의 선교사를 파

송했다.[1]

　이제 우리는 이러한 양적인 성장과 아울러 더 한층 교회를 교회되게 하는 질적인 성장을 점검해야 할 것이다. 교회는 반드시 성장해야 하지만 양적 성장이 교회의 최종 목표가 되어서는 결코 안 될 것이다. 교회가 외형적인 교세 확장에만 치중한다면 교회는 더는 사회의 지도적 위치를 차지할 수 없고 도태될 수밖에 없을 것이다. 교회의 성장 목적이 하나님의 나라를 확장하는 것이며 그 뜻을 이 땅에 이루는 것이라면 더는 외적인 화려함과 대형화를 추구할 것이 아니라 병들어 가고 있는 성도들을 치유하고 회복함으로서 그들이 이 땅의 빛과 소금으로 살아가도록 도와야 할 것이다. 건강한 성도 없이는 건강한 교회를 기대할 수 없기 때문이다. 따라서 성도들을 치유하고 회복시키는데 교회는 우선순위를 두어야 한다. 이것을 위한 실천적 목회방법론으로서 연구자는 상담목회를 제안하고자 한다.

　이를 위해 건강한 교회성장이 무엇인지 신학적 이해를 바탕으로 살펴보고, 상담목회란 무엇이며 왜 상담목회가 건강한 교회를 세우기 위한 하나의 대안이 될 수 있는지 설명하고자 한다. 그리고 현재 상담목회로 건강한 교회를 세워나가고 있는 한밀 교회의 상담목회 사역을 소개함으로, 미래적으로 건강한 교회성장을 위해 성경적이면서도 체계적인 상담목회사역이 가장 적절한 방법 중의 하나임을 제시하고자 한다.

---

[1] 크리스천투데이, 2006. 1. 3. 선교면.

II. 이론적 배경

1. 교회성장

1) 교회성장의 신학적 이해

교회성장은 하나님과 인간의 공동적 역사이다. 교회는 이러한 성경적인 원리 위에 기초를 두고 성장을 이루어 왔다(고전 3:6-7). 바울은 심었고 아볼로는 물을 주었으되 오직 하나님께서는 자라게 하셨다(고전 3:6). 즉 교회성장은 하나님의 주권적인 역사에 속하지만 인간의 적극적인 반응과 노력이 있어야 한다.[2] 그리스도의 몸인 교회는 성장해야 하고, 자라나야 하는 것은 하나님의 계획이다. 이를 위해 교회는 내적으로 성도들이 하나님의 사랑을 누리며 그 사랑으로 다른 이를 섬기게 해야 하고, 더 나아가 외적으로 자라나는 것은 복음 설교를 근거로 해서 새로운 지체들이 탄생하도록 하는 것이다. 그뿐만 아니라 예수 그리스도는 교회의 머리이며 근원이고 목표이기에 교회는 그리스도에게 순종함으로써만 그 성장이 이루어지는 것이다. 스가랴 4장 6절에서도 인간의 힘과 능력으로 되지 아니하고 오직 여호와의 신으로 된다고 하였다. 이렇듯 교회성장학은 하나님이 교회의 창조자이며 주권자이시기에 하나님이 키우시고 다스리신다는 분명한 성경적 근거에 기초하고 있다.

그럼에도 교회는 복음을 통하여 사람들을 그리스도의 제자로 삼으려는 노력에 다채로운 방법론을 적용시켜야 한다. 그 이유는 주님께서 하나님의 자녀들을 찾아 그리스도의 제자로 만드실 때 비둘기처럼 순결하고 뱀처럼 지혜롭게 사역하도록 명령하시기 때문이다(마10:16).

---

[2] Donald A. McGavran, Church Growth: Strategies that work, 고원용 역, 『교회성장학』(서울: 보이스사, 1974), 22.

2) 바람직한 교회성장

하나님은 이 땅에서 교회가 성장하기를 간절히 원하신다. 그러나 하나님이 원하시는 교회의 성장은 어느 한쪽으로 치우친 것이 아니라 포괄적이면서도(양적) 수준 높은(질적) 성장이다. 그렇다면 교회성장에는 어떤 측면이 고려되어야 하는지 다음의 네 가지로 고찰해 보고자 한다.

첫째, 교회는 질적 성장이 있어야 한다. 질적 성장이란 이미 그리스도의 몸의 지체가 된 성도들이 그리스도를 더 깊이 알아가는 것이다. 이것은 인격의 변화와 아울러 성품과 삶을 움직이는 내면적 동기의 변화까지를 포함한다. 즉 회중의 신앙적인 면에서 깊이와 질적인 성숙을 뜻하는 것이다. 깊이 있는 성장을 위해 성도들이 기독교 신앙의 가치관에 기초한 삶을 살아가도록 도우며, 그들의 아픔과 상처가 치유될 뿐만 아니라 비인격적 삶을 말씀을 통해 바로잡아 온전한 생활을 하도록 이끌어주어야 한다. 즉 그리스도의 삶과 교훈들, 그의 성육신, 죽음, 부활, 승천과 약속된 재림의 의미를 삶 속에서 영적이며 실제적으로 적용하도록 하는 것이다. 그래서 기독교 신앙에 대한 이해를 넓혀 장성한 그리스도의 분량에 이르는 삶을 살아가도록 돕는 것을 의미한다.

둘째, 교회는 양적 성장이 있어야 한다. 양적 성장이란 외적으로 나타나는 개체교회의 교인수의 성장을 말하는 것이다. 바람직한 양적 성장을 하고자 개 교회마다 전도를 통하여 회심의 역사가 강력하게 일어나야 하며, 영혼을 구원하는 사역이 교회의 모든 사역에서 최우선 순위가 되도록 노력해야 한다.

셋째, 지역 사회를 섬겨 빛과 소금이 되는 확장 성장이 있어야 한다. 이는 기독교적 영향력이 지역사회에 확대되는 것을 말한다. 기독교인들은 주위에 어두움이 있을 때 자연스럽게 빛을 발할 수 있어야 하는데, 이 빛은 예수님을 보여주는 것이며 진리와 정의, 사랑과 평화를 삶으로 나타내는 것이다. 그리고 이런 삶의 영향력이 질적으로 양적으로 점점 더 많아야 할 것이다. 기독교는 개인적인 부르심을 우선으로 하고 있다. 그러나 개인은 항상 타인과 관련되어 있기 때문에 다른 사람에게 봉사하는 섬김을 통하여 복음이 사회와 국가에 영향력을 나타내도록 다각적인 노력이 필요하다. 그리고 이 땅의 문화를 기독교화 시키는 가치관의 변화를 목표에 두고 접근해야 하는 것이다.

넷째, 선교적 성장이 있어야 한다. 이는 다른 언어와 문화를 가진 사람들에게 직접 갈 뿐 아니라 그 나라의 지도자를 초청하여 교육한 후 다시 파송함으로 그 문화권에 전도하여 교회를 세우는 것을 가리킨다. 이것은 지리적인 확장인데 이는 예루살렘에서 시작하여 온 유대와 사마리아와 땅 끝까지 복음을 전파하라고 하신 주님의 명령에 순종하는 것이다(행1:8).

초대교회는 양적 증가에 따라 질적 성장에 힘씀으로써 핍박과 고난 가운데서 서로 사랑과 섬김을 통해 봉사하는 성숙한 교회가 되었다. 무엇보다도 신도의 수가 크게 증가하면서도 견고한 믿음을 가지고 흔들리지 않는 교회로 성장하여 이방세계를 향하여 복음을 전하는 교회가 되었다. 그리스도의 교회가 생명이 있다면 성장할 수밖에 없다. 목회자는 구원받은 양 무리를 잘 돌보아 제자의 사명을 다 하도록 성실히 훈련하여 온전한 복음의 증인이 되게 함으로 이 땅에 치유와 회복이 일어나도록 인도해야 할 것이다.

2. 상담목회(Counseling Ministry)

지난 시대에 폭발적인 성장을 거듭해 온 한국교회는 다양화되고 개인화된 교인 개개인의 개성과 요구들을 능동적으로 고려한 새로운 목회방향을 모색해야 할 필요가 있다. 이러한 요구에 가장 적절한 대안은 바로 상담목회이다. 상담목회란 목회상담을 통한 목회이며, 목회상담이 다양한 형태로 실현되고 있는 목회의 형태이다. 여기에서는 먼저 상담목회의 필요성을 살펴보고, 상담목회가 목회돌봄이나 목회상담과 어떤 차이가 있는지 살펴보고자 한다.

1) 상담목회의 필요성

목회신학자인 시워드 힐트너(Seward Hiltner)는 전통적인 목회에서 목사의 역할과 기능을 세 가지 관점에서 분류했다. 첫 번째는 목양적 관점으로 치유, 지탱, 인도의 기능인데 심방, 상담, 위로 등이 여기에 속한다. 두 번째는 대화적 관점으로 교육, 예배, 전도 등이 여기에 속한다. 세 번째는 조직의 관점으로 교회를 보호, 육성, 관계시키는 기능으로 교회의 조직적이고 집단적인 행위의 분야가 여기에 속한다.[3] 이러한 목회는 목회자가 수행하는 하나의 직무로 이해되기보다는 목양이라는 비유에 나타난 이미지처럼 깊은 배려와 관심과 사랑이 깃든 태도로 이해되어야 한다.

그런데 한국적 현실에서는 목회자들은 목회의 효과성을 위해 심방, 선교, 교육, 설교, 기도, 신유 등 어느 한 가지 분야에 치우치는 경우가 많다. 그렇다면 어떤 방향이 가장 바람직한 목회인가? 그것은 "하나님의 사람으로 온전케 하며 모든 선한 일을 행하기에 온전케 하는"(딤후 3:17) 목회가 되어야 할 것이다. 따라서 목회자는 성도들이 신앙과 삶, 앎과 행동이 일치하는 전인적으로 성숙한 신자가 되도록 훈련하는 일에 매진해야 한다. 그러면 그 방법은 어떠해야 할까? 그것은 성령님을 의지하면서 인격의 변화에 초점을 두는 것이어야 한다. 왜냐하면 인격의 변화 없이는 전인적인 성장을 기대할 수 없기 때문이다.[4] 이것에 대하여 연구자는 '전인성숙을 위한 제자훈련'에서 다음과 같이 강조했다.

> 저는 성도들의 인격 변화를 위해 무릎을 꿇는 기도와 신학과 목회학, 그리고 심리학과 상담학적인 방법을 동원하여 목회 현장에서 임상 실험을 계속 해왔습니다.

---

[3] Seward Hiltner, Preface to Pastoral Theology 민경배 역,『목회신학원론』(서울: 대한기독교서회, 1979), 13. 치유는 결함, 침해, 왜곡으로부터 온전하게 만든다는 말이다. 지탱은 '함께 서서 도와준다.'는 의미로 치유와 달리 상황을 변경시킬 수 없는 완전한 치유와 회복이 힘든 상태에서 용기와 격려를 주는 것이다. 인도는 개개인 안에 잠재된 적용 가능한 것들을 '끌어내는 것'으로 스스로 적합한 결단을 내리도록 돕는 것이다. 화해는 인간 자신이 파괴해버린 하나님과 인간의 교통, 사귐의 관계를 회복하는 것이다.
[4] 심수명,『전인성숙을 위한 제자훈련시리즈 지도자지침서』(서울: 도서출판 다세움, 2006), 8.

이 과정은 험난하고 힘든 과정이었습니다. 왜냐하면 인격의 변화는 성격과 삶을 재구성해야 하므로 오랜 기간의 수고와 인내가 요구되며5) 인간의 심리내적인 이해와 더불어 내면의 문제를 해결해 줄 수 있는 상담적 기술도 필요하기 때문입니다. 그러나 아무리 힘들어도 이러한 수고를 통해 한 사람의 인격이 성숙한 인격으로 변화되어 '하나님의 사람'6)으로 살아갈 수만 있다면 그 길을 가야한다고 믿습니다. 성화의 과정은 구원 이후 천국에 들어가는 날까지 계속되어야 하는 것처럼 말입니다."

따라서 이제는 기존의 방법이 아닌 내적인 변화를 가져오는 진정한 종교적 각성이 필요한 때이다. 즉 의식적 차원의 기독교 교육에 머무는 것이 아니라 말씀이 내면 깊숙이 침투되어 그 성품과 내면(무의식)의 변화까지도 이끌어 낼 수 있는 그런 교육이 필요하다. 이를 위해서 처음에는 자신의 내면에 관심을 두는 것으로 시작하여 궁극에 가서는 하나님의 뜻과 하나님의 구원 사역에 자발적인 헌신이 일어나도록 하는 교육 방법을 적용해야 한다.7) 연구자는 이를 위한 가장 효과적인 방법이 바로 상담목회사역이라고 생각한다.

바람직한 목회를 위한 방향에서뿐 아니라 시대적 흐름에 있어서도 상담목회는 시대적 요청이 아닐 수 없다. 그동안 한국 문화는 집단주의적 문화가 그 주류를 이루었다. 그러나 21세기 한국인의 주도적인 자기상은 '집단중심의 모습(collective self 또는 group-centered self)' 에서 '개인 중심의 모습 (individual self)' 으로 변화되고 있다. 미래의 주역이 될 청년 세대와 신세대들은 이제 전통적인 가치관을

---

5) 혹자는 오랜 시간이 걸려야만 인격이 변한다는 말에 대해 그렇다면 다른 더 좋은 방법이 있지 않겠냐고 반문하지만 성경의 역사는 인간이 결코 하루아침에 변하지 않음을 이야기하고 있다. 따라서 오랜 시간이 걸리는 것은 당연한 것이라고 생각하며 오히려 단기간에 성숙한 성도를 바란다는 것 자체가 오류이며 모순이라고 생각한다.
6) 여기서 말하는 '하나님의 사람' 은 하나님이 창조 시에 만드셨던 온전한 인격의 모습으로서 우리의 죄성으로 인해 온전한 하나님의 형상회복은 불가능하지만 어느 정도 삼위하나님의 인격적인 모습으로 회복되는 사람을 의미한다. 성경의 인물로는 스데반이나 말년의 사도요한이나 바울에게서 그런 모습을 엿볼 수 있다.
7) 심수명,『전인성숙을 위한 제자훈련시리즈 지도자지침서』, 13.

넘어뜨리고 개체중심, 개인중심, 개성중심의 삶의 스타일을 선호하며 그렇게 살아가고 있다. 이처럼 개개인의 삶이 존중되고 중요시될 때 지금까지는 숨겨오거나 소홀히 여겨져 왔던 분야나 문제들이 목회와 상담의 중요한 요소로 등장할 것이다. 예를 들면 그동안 교회에서는 감추려고만 했던 성(性)의 문제나 가정폭력문제, 나아가 약물중독 등의 문제들이 공개적으로 논의되기 시작하고 지금까지는 그저 타고난 것이려니 여겨졌던 개개인의 성격문제나 생활스타일 문제 등도 주요한 상담거리로 등장할 것이다. 이러한 때에 목회자는 상담에 대한 전문적인 지식과 경험이 요청되고 있다.[8]

이러한 현실이 눈앞에 다가오고 있는데도 목회적인 준비를 하지 않는다는 것은 목회자로 부름 받은 자로서 직무유기라고 할 수 있을 것이다. 따라서 목회상담적 접근이나 상담목회 사역은 이제 목회자에게는 거의 필연이 되어가고 있다고 해도 과언이 아닐 것이다. 그렇다고 상담목회만이 목회에 나타나는 모든 문제의 해결책이 될 수 있다거나 목회가 온전히 수행될 수 있다는 것을 의미하는 것은 아니다. 다원화된 목회 현장에서 어느 한 영역만을 강조한다고 해서 건강한 목회가 될 수는 없기 때문이다. 다만 목회의 본래적 목적과 시대적 흐름을 고려할 때 현재, 그리고 다가 올 미래에 가장 바람직한 목회사역의 하나가 상담목회임을 강조하고자 하는 것이다.

2) 목회돌봄과 목회상담, 그리고 상담목회

목회돌봄에 대한 학자들의 견해를 살펴보면, Hiltner는 "목회돌봄은 목양의 관점에서 교회나 목사가 신학적인 지식과 연구를 통해 접근하는 모든 활동과 기능[9]"이라고 하였다. Thomas C. Oden은 목회돌봄을 예수 그리스도의 사역인 교육, 선포, 치유로 보았으며 더불어 설교, 교육, 행정, 상담, 사회봉사 등을 총괄적으로

---

[8] 안석모, "21세기의 상담목회를 전망한다", 「목회와 신학」통권 67호(1995, 1): 94-95.
[9] Hiltner, 21.

표현하는 교역론으로서 목회돌봄을 강조하였다.10)

이러한 의미에서 볼 때 목회돌봄은 모든 영혼을 구원하려는 예수님의 활동과 사역이며, 이제는 하나님의 말씀에 순종하는 모든 교회의 사역이 된 것이다. 그래서 모든 영혼들이 그리스도를 만나도록 돕는 격려와 위로의 사역이 돌봄인 것이다.

다음으로 목회상담에 대해 살펴보자. 목회상담은 교회 안에서나 혹은 교회에는 다니지 않지만 위기에 처했을 때 목사를 찾아오는 수많은 사람들의 요청에 대한 응답11)이며, 또한 목사에 의해 일대일, 또는 그룹에 의해 사람들이 그들의 문제를 해결하도록 돕고 그들의 잠재능력을 개발할 수 있도록 돕는 사역인 것이다.12) 더 나아가 목회상담은 교회의 맥락에서 목회자가 중심이 되어 교회의 자원을 활용하여 고난당하는 교인들의 신앙과 삶에서 당면하는 여러 문제나 갈등, 상처, 혹은 위기 등을 효과적으로 해결하는 것이다. 즉, 교인들의 문제들을 치유하고 극복하여 바람직한 회복과 변화를 추구할 뿐 아니라 전인적인 성장이 이루어지도록 적절한 도움을 주는 목회사역인 것이다.13)

그렇다면 상담목회란 무엇인가? 먼저 오성춘은 목회상담(pastoral counseling)과 상담목회(pastoral care)를 구별하면서 다음과 같이 설명하였다.

> 목양적인 관점에서 목회하는 방법들 가운데서 좀 더 상담적인 기법을 사용하여 도움을 베푸는 목회를 'pastoral counseling'이라고 한다면 단순히 목양적인 관점에서 상담의 기법을 활용하여 목회하는 것을 'pastoral care'라고 할 수 있을 것이다. 전자는 목양적인 관점의 목회 가운데서도 정신적인 문제와 장애 및 위기 등에 초점을 맞추어 상담하는 것이라면 후자는 좀 더 넓은 의미에서 인간이 경험하는 다양한 문제들을 상담적인 기법들을 활용하여 돕는 목회라고 할 수 있을 것이

---

10) 이기춘, 『돌봄의 신학』(서울: 도서출판 감신, 2001), 46.
11) Howard Clinebell, Basic Types of Pastoral Counseling, 박근원 역, 『현대목회상담』(서울: 대한기독교서회, 1979), 44.
12) Clinebell, 23.
13) 김만풍, "전인치유에 있어서 목회상담의 역할", 「목회와 신학」, 통권 65호(1993, 4): 94.

다. …그래서 필자는 'pastoral care'를 '상담목회'라고 번역하여 사용하고자 한다.14)

그는 상담목회란 단순히 목회상담을 목회현장에 활용하는 목회라기보다는 모든 목회 분야 즉, 목회적 관심으로서의 측면과 목회 기능적인 측면의 양편을 다 함께 포용하는 목회상담적 차원의 목회형태를 의미하는 것15)이라고 하였다. 이처럼 오성춘은 상담목회를 'pastoral care'로 보았는데 'pastoral care'는 목회적 돌봄이라는 말로 이미 번역되어 사용되고 있으므로 오성춘이 말한 상담목회는 목회돌봄과 같은 의미라고 할 수 있으며 그가 말한 상담목회 개념은 목회돌봄의 의미를 좀 더 확장한 것이라고 할 수 있다.

연구자는 '상담목회'를 목회돌봄의 차원과 더 나아가 목회현장의 실천적 방법에 있어 상담적 관점으로 예배하고 설교하고 교육하고 심방하며, 또 직접 치료하고 안내하고 지탱하면서 기능적이 되게 하는 모든 목회사역으로 정의하고자 한다. 따라서 상담목회란 상담적 방법을 모든 목회에 적용하는 사역 전반이라고 할 수 있을 것이다. 이때 그 상담이 성경에서 의미하고 있는 인간이해와 치유의 방법에서 벗어나지 않는다면 목회상담이든, 일반상담이든 또는 기독교 상담이든 구분하지 않고 사용될 수 있다고 생각한다. 따라서 상담목회란 상담이 도구가 되어 목회 현장에서 여러 가지 모습으로 실천되는 목회형태라고 할 수 있을 것이다. 이러한 의미에서 연구자는 'counseling ministry'라는 용어를 상담목회로 사용하고자 한다.

3) 성경에 나타난 상담목회의 모습

예수님과 사도들은 사역 현장에서 상담목회의 모습을 많이 보여주었다. 예수님은 상담과 대화를 통해 사람들의 문제를 해결해주셨고 하나님의 뜻으로 인도하셨

---

14) 오성춘, 『목회상담과 상담목회』(서울: 쿰란, 2003), 서문
15) 오성춘, 7.

다. 제자들을 부르실 때 권위 있는 대화를 통해 그들을 향한 하나님의 뜻으로 인도하셨고, 영생의 문제로 고민하여 밤중에 찾아온 니고데모에게 대화를 통해 영생의 진리를 가르쳐주셨다. 세리장으로 동족에게 손가락질을 받으며 외롭고 쓸쓸하게 살아가는 삭개오를 만났을 때 친히 그의 집으로 찾아가 상담을 하면서 새로운 삶을 살아가도록 격려해 주셨다. 수가성 우물가에서 만난 여인에게는 영적인 통찰력으로 그 여인이 안고 있는 근본 문제를 대화를 통해 깨닫게 하고 사람에 대한 의존보다 그리스도를 만나도록 인도하셨다. 예수님은 사람들을 만날 때마다 대화를 통한 탁월한 상담자의 모습을 보여 주셨다.

사도 바울 역시 탁월한 상담목회자의 삶을 살았다. 사도바울은 이방인들에게 복음을 전하기 위해 이곳 저곳으로 옮겨다니는 순회 전도자의 삶을 살았지만 그러면서도 서신서들을 통해 편지로 상담목회를 했다. 바울 서신서에 나타난 내용들을 보면 영적지도를 포함한 영성에 관한 교훈으로부터 삶에 직면한 실질적이고 구체적인 문제들을 다루고 있음을 보게 된다. 특히 고린도전서를 보면 고린도교인들이 사도바울에게 보냈던 질문에 대한 답변형식으로 기록된 내용들을 포함해서 성도와 성도들 사이에서 일어나는 분파문제와 결혼, 헌금, 성생활, 가정생활, 법적소송문제, 우상의 제물 문제 등 고린도교인들이 신앙생활을 하면서 부딪칠 수 있는 부분들을 상담하듯 교훈해 주고 있다.[16]

결국 예수님과 사도들의 사역을 볼 때 사람을 변화시키고, 실질적인 도움을 줄 수 있는 가장 효과적인 방법은 만남을 통해 접근하는 것임을 확인하게 된다. 그리고 그 만남으로 이루어지는 상담적 대화를 통해 그들의 필요를 채워주고, 영적으로 인도해 주는 것이다.

---

[16] 손의석, "영적 지도를 통한 상담목회" (석사학위논문: 장로회신학대학교 목회전문대학원, 2004), 23-24.

3. 한밀교회의 상담목회 프로그램

여기에서는 개척 초기부터 상담목회적 방법으로 목회를 해 온 한밀교회의 상담목회 사역 실제를 프로그램 중심으로 소개함으로서 앞으로 상담목회사역에 관심이 있는 많은 목회자들에게 하나의 대안이 되기를 바란다.

1) 상담목회 철학

한밀교회의 상담목회는 연구자의 목회철학과 상담 사역에 대한 철학으로 인해 전인적 성장을 위한 상담 사역이라는 점이 특징이다. 기독교 교육의 목표는 앎과 행함이 일치하고, 하나님의 뜻대로 사는 것을 기뻐하여 하나님의 말씀에 자신을 굴복시키며, 더 나아가 이 세상의 변화를 위해 소망을 품으며 책임지는 신앙인으로 자라도록 하는 것이어야 한다.[17] 그래서 연구자는 성도들의 전인적인 성장을 목표로 하여 효과적인 상담목회 사역을 하고자 다음의 세 가지 영역에 초점을 두고 사역을 실행하였다. 첫째, 인격을 치료하여 건강한 개인을 세우는 상담목회, 둘째, 건강한 가정을 이루도록 돕는 상담목회, 셋째, 건강한 교회 공동체 형성을 위한 상담목회이다.

상담목회 사역은 교회를 중심으로 이루어져야 한다. 즉 건강한 교회가 상담목회 사역의 중심센터가 되어야 하기 때문에 교회가 성도들이 안식하고 성장할 수 있는 토양이 되어야 하는 것이다. 그 토양은 자신이 있는 그대로 수용되며 하나님의 사랑 안에서 진리를 향해 변화하는 삶의 몸부림이 있고, 이를 위해 서로 격려하고 위로하며 가르치는 분위기인 것이다.

2) 상담목회의 주체

상담목회 사역을 교회에서 실시할 때 목회자가 책임지고 인도하는 것이 일반적

---

[17] 심수명, 『전인성숙을 위한 제자훈련 인도자 지침서』, 13.

이다. 그래서 한밀교회의 사역 초기에는 목회자가 직접 교인들을 훈련하였다. 그 후 훈련된 평신도 지도자가 세워지면서 목회자(연구자)가 주도적으로 사역하던 것을 평신도 지도자와 함께 협력하여 사역하였다. 이로 인하여 사역의 효과가 극대화 되었다. 평신도 지도자의 자격은 구원의 확신이 있고 교회에 헌신할 준비가 되어 있으며 상담에 은사가 있는 자 중에서 자원자로 하였다. 그래서 현재는 목회자(연구자)를 주축으로 하고 훈련받은 평신도 지도자들이 협력하는 방식으로 진행하고 있다. 따라서 목회자가 단독으로 인도할 때 생길 수 있는 목회와 사역의 균형 유지의 어려움이나 에너지의 고갈 등의 단점을 보완할 수 있었다. 또한 연구자가 목사이면서 전문상담자로서 평신도 상담자를 직접 훈련하고 가르쳤기에 지도자인 목회자의 목회철학과 사역의 방향이 그대로 전수됨으로 평신도 상담자가 책임지고 인도할 때 생길 수 있는 한계점도 보완할 수 있었다.

3) 상담목회 프로그램

한밀교회에서는 상담목회 프로그램으로 다양한 프로그램을 실시하고 있다. 여기에서는 그 내용을 건강한 개인, 건강한 가정, 건강한 공동체를 위한 프로그램으로 나누어 소개하고자 한다. 상담목회 사역으로는 여기에 소개된 프로그램 외에도 개인 상담, 전화 상담, 사이버 상담 등 각종 교육 및 훈련을 실시하고 있다.

(1) 건강한 개인을 세우는 상담목회 프로그램

① 전인성숙을 위한 제자 훈련[18]

전인성숙을 위한 제자훈련 성경공부를 통해 첫째, 객관적인 진리인 하나님의 말씀을 지식적으로 배우는데 그치지 않고, 인간의 전인을 함께 고려하여 신앙과 인격의 성숙을 세우도록 한다. 둘째, 말씀을 통해 예수님과 인격적으로 만나 자신의 모습을 객관적으로 볼 수 있고, 타인과 만남을 통해 인격적인 부딪침과 도전이

---

[18] 심수명, 『전인성숙을 위한 제자훈련 인도자 지침서』, 22-24.

<표 1> 전인성숙을 위한 제자훈련시리즈 주제 및 내용

권 주제	과 주제	내용
1권 제자로의 발돋움	말씀의 위력	말씀의 능력을 알고, 말씀을 신뢰하며 적극적으로 순종하게 한다.
	경건의 시간	제자로서의 발돋움을 위한 기본을 훈련하여 영적 능력을 세운다.
	기도	기도가 하나님과의 관계에 근거함을 배우고 실제로 기도를 실천하게 한다.
	기도응답	기도 응답의 축복을 경험하여 기도에 헌신된 자가 되도록 한다.
	교제	믿는 사람들 사이의 교제가 어떤 모습이어야 하는지 이해하도록 한다.
	교회공동체	교회의 본질과 존재 목적을 이해하여 교회 공동체를 섬기도록 한다.
2권 믿음의 기초	하나님과 나	하나님의 아가페 사랑을 깨달아 하나님과 나와의 관계를 점검한다.
	하나님의 은혜	하나님의 크신 은혜를 느끼고 어떻게 살아야 할지 배우게 된다.
	예수 그리스도와 나	예수님을 실제적이고 인격적으로 알게 하여 살아있는 관계가 되게 한다.
	십자가와 부활	십자가를 통한 화해로 부활의 소망을 확신하게 한다.
	성령님과 나	성령 하나님은 누구신지 알게 하고, 그분 안에서 충만함을 누리게 한다.
	증거-복음전도	믿음의 삶의 마지막인 전도를 배우고 그 축복을 누리게 한다.
3권 그리스도와의 동행	믿음의 삶	믿음의 본질과 기능을 올바로 이해하며 믿음의 삶을 살게 한다.
	종으로서의 삶	그리스도의 종답게 사는 것이 무엇인지 배우고 그리스도와 동행하게 한다.
	승리의 삶	성도가 겪게 되는 싸움을 알고 보장된 승리를 위한 전략을 배운다.
	예배의 삶	삶의 핵심인 예배를 배우고 예배자로서의 자신을 세운다.
	봉사의 삶	봉사의 삶을 배우고 섬기는 자로 살아가기 위한 기초를 닦는다.
	경제생활	물질에 대한 성경적 원리를 배우며 청지기로 살아가도록 돕는다.
4권 인격적인 제자로의 성장	인격적인 제자	인격적인 제자로 살기 위해 인격적인 삶을 배운다.
	영적 성장	영적 성장이란 무엇인지 배우고 실제적인 방법으로 적용한다.
	말의 훈련	혀를 다스려 긍정적인 말의 습관을 가지도록 한다.
	사랑의 삶	사랑의 참된 의미를 알고, 사랑을 실천하는 삶을 배운다.
	고난의 축복	고난에 대한 하나님의 목적을 깨닫고, 고난을 수용하고 극복하게 한다.
	비전의 삶	주님의 지상명령인 '모든 족속으로 제자를 삼는 것'이 제자로서의 삶이다.

있도록 하였다. 셋째, 예수님의 인격적인 삶을 체질화함으로 현재의 자신의 모습에서 악함을 인정하고 실제 적용할 수 있도록 하였다.

더 나아가 단순한 성경 공부가 아니라 인격변화를 위한 신학과 심리학의 통합적 접근이기 때문에 영성을 중심으로 전인의 조화로운 성숙을 도모하고 있다. 특히 말씀의 핵심적인 이해를 통한 하나님 나라의 가치를 습득하여 건강한 성경적 사고를 배움으로 건강한 삶을 세우게 한다. 이 성경공부를 통해 멤버와 지도자는 진실하게 만나고 자신의 악과 연약함에 대해 진솔하게 고백함으로 치유와 회복을 경험하게 된다. 제자훈련 교재는 〈표1〉과 같이 구성되었다.

② 인격치료 및 성숙[19]

전체 주제와 내용은 〈표2〉와 같다.

〈표 2〉 인격치료 프로그램의 주제와 내용

회	주 제	내 용
1회	기독교 상담과 인지 치료	기독교 상담과 인지 치료에 대한 전반적인 이해와 인격 치료의 실제 방법 제시
2회	부정적 자아상 치료	부정적 자아상의 정의, 증상 및 원인과 결과, 치료 방법 제시
3회	열등감 치료	열등감 이해, 유형, 증상 및 원인, 열등감 치료 방법 제시
4회	분노 치료	분노 이해, 분노의 원인과 표현 방식에 따른 분노 치료법 제시
5회	불안 치료	불안의 정의, 불안의 종류, 불안 심리 특징, 불안 치료 방안 제시
6회	죄책감 치료	죄책감의 정의, 원인과 성경적 관점 이해, 죄책감 치료 방안 제시
7회	거절감 치료	거절감 정의, 원인 및 증상, 거절감으로 인한 성격유형과 치료
8회	우울증 치료	우울증의 정의, 우울증의 증상과 원인, 우울증 치료 방안 제시
9회	완벽주의 치료	완벽주의 정의, 증상과 원인, 완벽주의 치료 방안 제시
10회	중독 치료	중독의 정의, 중독의 각종 유형, 중독의 치료 방안 제시

---

[19] 이 프로그램이 실제적으로 어떤 면에서 인격 변화에 도움을 주었는지 살펴본 결과 자기 효능감과 의사 결정 능력 향상, 그리고 역기능적 태도의 감소라는 결과를 보여주어 기독교인들의 인격 치료와 성숙에 유용하게 활용될 수 있는 프로그램임이 입증되었다. 이 프로그램은 연구자의 "기독교 상담과 인지 치료의 통합에 의한 인격치료 프로그램의 효과성 연구 -자기 효능감, 대인 관계, 의사 결정 유형, 역기능적 태도의 변화를 중심으로 -" (박사학위 논문: 국제신학대학원대학교, 2004)이며 이후 학지사에서 「인격치료」(2005)라는 제목으로 수정하여 출판하였다. 후속연구로 연구자의 "기독교 상담과 인지치료를 통합한 열등감 치료 프로그램의 효과 검증"(「복음과 상담」제3권, 2004)이 있으며, 이후 제자들이 인격의 제 요소를 다음과 같이 검증하였다. 김윤수, "열등감 치료 프로그램의 효과성 연구" (석사학위논문: 국제신학대학원대학교, 2006), 김수경, "우울증 치료 프로그램의 효과성 검증" (석사학위논문: 국제신학대학원대학교, 2006), 나태준, "분노 치료 프로그램의 효과성 연구" (석사학위논문: 국제신학대학원대학교, 2006), 임그린, "거절감 치료 프로그램의 효과성연구" (석사학위논문: 국제신학대학원대학교, 2006).

이 프로그램은 하나님의 형상으로 온전히 회복되기 위한 하나의 방안으로서 기독교 상담과 인지 치료를 통합하여 개발한 인격 치료 프로그램으로 교회 현장에서 유용하게 활용될 때 기독교인들의 전인 치료에 도움을 줄 수 있다. 강의 중심보다는 나눔 중심으로 소그룹으로 진행할 때 더 효과적이다.

(2) 건강한 가정을 세우는 상담목회 프로그램

① 결혼예비학교[20]

결혼예비학교는 성경적 결혼관에 대해 배우고 돕는 배필로 살아갈 결심을 하도록 한다. 그리고 원가정에 대한 이해 및 부모상을 통하여 서로의 심리내면을 발견하고 이해함으로 부부간 심리를 파악하고 결혼 시에 일어날 수 있는 갈등을 미리 예상하여 갈등해결을 위한 방법들을 배우도록 하는 프로그램이다. 다른 기관과 차별화된 점은 예비 부부 한 쌍을 대상으로 심도 있게 진행한다는 점이다.

〈표 3〉 결혼예비학교 프로그램의 주제와 내용

회	주 제	내 용
1회	심리 검사, 결혼에 대한 기대 나누기	자신과 파트너에 대한 이해와 결혼을 향한 기대를 나눈다.
2회	결혼의 원리	성경적 결혼관 이해, 가정에 대한 하나님의 뜻을 알게 한다.
3회	남성과 여성의 차이	남성과 여성의 차이를 앎으로 파트너에 대한 이해를 넓힌다.
4회	이마고 이해	이마고 원리와 배우자의 선택역동을 탐색하여 결혼 후 예상되는 갈등을 알도록 돕는다.
5회	인격적인 의사소통방법	심정대화법을 익혀 인격적인 의사소통기술을 배우고 실습한다.
6회	갈등해결방법	부부간에 일어날 수 있는 갈등을 예상하고 해결 방법을 제안한다.
7회	성숙하고 행복한 부부관계	결혼의 과정을 익혀 결혼에서 발생할 수 있는 문제점들을 점검하여 행복하고 성숙한 결혼을 준비하게 한다.

---

20) 심수명 외, 『결혼예비학교』(서울: 도서출판 다세움, 2005).

② 부부 성장학교[21]

이 프로그램은 다음과 같은 목표를 가지고 훈련을 진행한다. 첫째, 성경적이며 인격적인 부부생활을 하도록 한다. 둘째, 부부간에 의사소통이 원활하게 이루어져 부부관계가 성숙해진다. 셋째, 부부간에 서로에 대해 깊이 이해하며 만나게 된다. 넷째, 부부간의 갈등을 해결하는 방법을 배우게 된다. 다섯째, 자신의 상처를 치유할 뿐 아니라 배우자의 상처를 치유하도록 도울 수 있게 된다. 여섯째, 사랑의 능력을 향상시킨다. 일곱째, 부부의 심리를 배우고 이해함으로 극복할 수 있는 능력을 키운다.

〈표 4〉 부부성장학교 프로그램의 주제와 내용

회	주 제	내 용
1회	배우자 선택	이마고 찾기를 통해 자신과 배우자를 이해한다.
2회	결혼의 과정	결혼의 과정과 부부관계가 어떻게 발전하는지 살펴본다.
3회	치유로서의 결혼	상처를 치유하여 배우자를 새롭게 만날 준비를 한다.
4회	이마고에 대한 이해	배우자 선택과정에서의 이마고 작용을 알아본다.
5회	이마고 치료	자신의 내적 상처와 배우자의 이마고를 탐색해 본다.
6회	부부 이마고 치유	이마고 치유 실습을 통하여 부부의 치유를 경험한다.
7회	남녀의 차이	문화에 따른 남녀의 차이를 이해한다.
8회	부부의 역할 이해	부부 역할에 대한 이해를 높인다.
9회	부부의 갈등 해결	건강한 갈등 해결 방법을 익힌다.
10회	부부와 성	성의 축복과 성생활의 기쁨을 누리도록 한다.
11회	성숙한 결혼 생활	성숙한 결혼 생활에 대한 갈망을 갖고 이를 위해 연습하도록 한다.

---

21) 심수명, 『한국적 이마고 부부치료』(서울: 도서출판 다세움, 2006).
22) 이 프로그램은 연구자의 "한국적 이마고 부부치료"(서울: 도서출판 다세움, 2006)이며 후속연구로 연구자의 제자들이 다음과 같은 요소를 검증하였다. 김보겸, "심수명의 이마고 부부치료 프로그램이 부부갈등 대처방식에 미치는 효과"(석사학위논문: 국제신학대학원대학교, 2005), 이재기, "결혼 만족도 향상을 위한 이마고 부부치료 프로그램 적용연구"(석사학위논문: 국제신학대학원대학교, 2005).

③ 이마고 부부치료[22)]

이 프로그램은 이마고 부부치료에 있는 것 중에서 특별히 부부의 내면에 깊숙이 자리 잡고 있는 이마고를 찾아 치유하도록 하는 실습모임이다. 이 프로그램에서 기대하는 것은 '내면화된 부모의 상 발견, 자신과 배우자의 이마고 발견, 이마고를 배우자에게 투사함으로 인한 갈등에 대한 통찰, 부모의 상과 자신을 분리함으로 인해 자신을 새롭게 재구성하는 것' 등 이다. 내용은 주로 사례 분석 형식으로 이루어지기 때문에 상담전문가가 모임을 인도하며 일정한 훈련을 거친 평신도 상담자가 보조 인도자로 참석하여 돕는다.

④ 아버지, 어머니 학교[23)]

아버지, 어머니 학교의 주제와 내용은 다음과 같다.

〈표 5〉 아버지학교 프로그램의 주제와 내용

회	주 제	내 용
1회	아버지가 주는 삶의 의미	아버지는 자녀의 삶의 원천이 되고, 안내자가 되며, 하나님을 소개해 주어야 한다.
2회	아버지의 역할	아버지는 양육자, 보호자, 규율제공자, 멘토가 되어야 한다.
3회	아버지의 영적 권세	아버지가 자녀에게 영적으로 가지는 권세를 나눈다.
4회	자녀의 필요를 채워주는 부모	부모가 자녀의 안전한 울타리가 되고, 자녀의 모습 그대로를 수용하며, 자녀의 존재를 중요하게 여기도록 도와준다.
5회	부모와의 관계 회복	부모와의 관계에서 회복되지 않은 내면의 상처를 치유한다.
6회	돕는 배필	부부관계를 '바라는 배필'에서 '돕는 배필'로 전환한다.
7회	남성과 여성	남성과 여성의 차이를 앎으로 서로 이해를 넓힌다.
8회	비전의 부모	미래를 긍정적으로 바라보며 나아가므로 사명과 비전을 확고히 하는 부모가 되어간다.

---

23) 심수명 외, 『아버지, 어머니 학교』(서울: 도서출판 다세움, 2005)

<표 6> 어머니학교 프로그램의 주제와 내용

회	주 제	내 용
1회	어머니가 주는 삶의 의미	어머니는 자녀에게 사랑으로 하나님을 보여주는 존재이고, 인생의 안내자가 되어주는 사람이다.
2회	어머니의 역할	어머니는 자녀를 보호하고 양육하고, 위로하고 교훈을 주며 또한 자녀를 위해 기도한다.
3회	자녀의 필요를 채워주는 부모	부모는 자녀의 든든하고 안전한 울타리가 되고, 자녀의 모습 그대로를 수용해 주어야 한다.
4회	부모와의 관계 회복	내면의 상처의 원인을 찾고 치유하여 회복해 나간다.
5회	남성과 여성	성 차이를 통해 서로를 이해한다.
6회	돕는 배필	서로가 서로를 '바라는 배필'에서 '돕는 배필'로 전환해 나간다.
7회	남성과 여성의 차이	부부관계에서의 갈등과 오해가 남녀의 차이에서 기인하는 것이 많으므로 남성과 여성의 차이를 알아간다.
8회	비전의 부모	비전을 가지고 방향성을 잃지 않으며 사명과 비전을 확고히 하는 부모가 되어간다.

아버지학교와 어머니학교의 기대효과를 정리하면 다음과 같다. 첫째, 남성과 여성의 차이를 이해하게 된다. 둘째, 배우자를 이해하게 되고 돕는 배필의 역할을 인식하게 된다. 셋째, 남성(여성)으로서의 사명이 무엇인지 깨닫게 된다. 넷째, 비전을 찾고 확인하게 된다. 다섯째, 행복하고 건강한 가정을 회복하게 한다. 여섯째, 부모 됨의 의미를 이해하게 된다. 아버지학교는 어머니학교와 그 내용이 비슷하지만 다른 점도 있다. 아버지와 어머니가 함께 숙박으로 교육받기도 하며 각각 따로 교육받기도 한다.

⑤ 부모교육[24]

부모교육 프로그램으로는 건강한 인격형성을 위해 좋은 부모를 만들기 위한 '인격적 부모 교육, 건강한 어머니 교실'을 실시하고 있다. 이 교육은 자신의 원 가정을 되돌아보고 새로운 부모상을 확립할 수 있도록 하여 인격적인 자녀 양육

---

[24] 이 프로그램은 연구자의 『탁월한 자녀를 만드는 특별한 교육법』이며, 후속연구로 연구자의 제자가 본 프로그램으로 다음의 요소를 검증하였다. 박미선, "부모중심 부모 교육이 자기개념, 자아 존중감 및 부모 자녀간 의사소통 향상에 미치는 영향" (석사학위논문: 국제신학대학원대학교, 2006).

<표 7> 인격적인 부모교육 프로그램의 주제와 내용

회	주 제	내 용
1회	신적 자존감	부모와 자녀 모두 신적 자존감을 가진 자임을 안다.
2회	원칙의 삶	원칙을 잘 지키는 부모는 어떻게 해야 할지 배운다.
3회	인격적인 부모	인격적인 부모가 되려면 부모가 먼저 하나님과 인격적인 만남이 있어야 한다.
4회	긍정적 자아상	자녀에게 긍정적 자아상을 갖도록 돕는 부모가 된다.
5회	열등감 극복	부모에게 있는 열등감을 인정하고 극복할 수 있도록 하고, 자녀의 열등감을 인정하고 극복하도록 돕는다.
6회	아가페 사랑	자녀를 있는 그대로 사랑하는 아가페 사랑이 무엇인지 배운다.
7회	모범이 되는 부모	부모가 스스로 본이 되려면 무엇을 해야 되는지 배운다.
8회	존경받는 부모	자녀에게 진정으로 존경받는 부모의 모습을 안다.
9회	대화하는 부모	마음을 나누는 자녀중심의 대화를 하도록 한다.
10회	비전 보여주기	자녀에게 비전을 보여주는 부모가 된다.

이 되도록 하는 것에 주안점을 두었다. 또한 발달심리에 따른 이해를 바탕으로 자녀를 교육하도록 하기 위해 '영아기 부모 교육, 유초등 부모 교육, 청소년기 부모 교육' 등 발달 단계별 교육을 실시하였으며 지금도 계속적으로 실시하고 있다.

그중에서도 인격적 부모교육 프로그램의 주제와 내용을 정리하면 <표7>과 같다.

(3) 건강한 교회 공동체 형성을 위한 상담목회 프로그램

① 사랑의 관계[25]

이 프로그램의 특징은 인간관계를 훈련받아 성도 간에 사랑이 넘치며 관계전도 능력도 향상되며, 리더십이 개발되므로 평신도 지도자 발굴에 아주 효과적이라는

---

[25] 이 프로그램은 연구자의 풀러신대 박사학위논문인 "A Model of Lay Counselor Training Program" (2001)에 기초하였다. 그 이후 『평신도 상담자를 위한 집단상담』(도서출판 서로사랑, 2001), 『사랑의 관계 회복을 위하여-일반용, 지도자용』(도서출판 NCD, 2003)으로 출판되었다. 또한 이 프로그램의 효과성에 대해 "기독교상담의 목회현장 적용점"(『복음과 상담』제2권, 2004)에서 검증하였고, 후속연구로 김대환, "교회 소그룹에서 인간관계 증진을 위한 의사소통훈련 프로그램"(석사학위논문: 총신대학교대학원, 2005), 이혜정, "자기심리학의 목회상담적 적용에 관한 연구"(석사학위논문: 숭실대학교 기독교학대학원, 2004), 마용천, "'사랑의 관계' 집단상담 프로그램이 청소년의 자아존중감, 대인관계, 열등감에 미치는 효과"(석사학위논문: 국제신학대학원대학교, 2006)가 있다.

것이다. 또한 이 훈련을 받으면 평신도일지라도 기초적인 상담기술이 향상되어 고통 받고 있는 성도를 도울 수 있다. 그리고 성도들의 전인적 성장이 일어나며 교회가 질적, 양적으로 성장 부흥할 수 있게 되며, 셀 교회의 기초 교재로 사용하면 전인적 소그룹 형성에 도움이 된다.

〈표 8〉 사랑의 관계 프로그램의 주제와 내용

회	주 제	내 용
1회	자기 이해	자기 자신을 새롭게 발견하고 만남을 통해 서로에 대한 이해를 넓힌다.
2회	경청 훈련	경청에 대해 전반적으로 이해하고 실제로 경청훈련을 한다.
3회	심정대화 훈련	한국인의 정서에 맞는 대화의 기술을 터득함으로써 풍성한 인간관계를 경험하도록 한다.
4회	감정표현 훈련	자신의 감정을 느끼고 표현함으로 시원함과 관계의 자유를 경험한다.
5회	공감 훈련	수준 높은 공감을 몸에 익히도록 한다.
6회	자기개방 훈련	자기개방을 통해 자유와 참 만남을 경험하도록 한다.
7회	주도성 훈련	상대방을 배려하면서 책임 있게 말하고 진실하게 표현하며 최선이라고 생각하는 바를 실행하게 한다.
8회	자각 훈련	자각을 통해 자신, 타인, 하나님과 만나고 삶의 깨달음을 얻어서 주도적인 삶을 살게 한다.
9회	직면 훈련	직면훈련을 통해 자신감과 문제해결 능력을 키우며 두려움을 극복하도록 한다.
10회	사랑의 관계 회복을 위하여	자신의 장점을 발견하고 자신감을 갖도록 하여 사랑의 관계 회복을 향해 나아가도록 한다.

② 각종 집단상담 프로그램

한밀교회는 연구자가 원장으로 있는 (사)다세움과 연계하여 다양한 집단상담 프로그램을 실시하고 있다. 주요 프로그램으로는 다음과 같다.

〈표 9〉 집단상담 프로그램의 주제와 내용

주 제	내 용
감수성 초급, 중급	그리스도인으로서의 새로운 인격 창조를 목표로 민감성과 투명성을 위해 피드백하는 훈련을 한다.
감수성 고급	자신의 내면에 숨겨진 연약함이나 부족을 직면하여 성숙한 삶을 살도록 한다.
심리치료	내면에 치료받고 싶은 주제를 내어놓고 상담자와 일대일 상담을 통해 자신의 문제를 깊이 인식하고 치료를 받는다.
이마고를 찾아서	부모로부터 영향 받은 내 안에 숨겨진 이마고를 찾고 치료하여 행복하고 성숙한 삶을 살도록 한다.
자기 치유	서로의 문제와 아픔을 함께 나누고 공유하면서, 자기내면의 상처를 찾고 치유한다.
참만남 집단	집단의 역동을 통해 나를 발견하고, 다른 사람을 이해하며, 숨겨진 내 모습을 발견하여 참된 나를 찾는다.
건강한 나를 찾아서	핵심감정을 찾아 어린 시절의 나와 현재의 나를 돌아보고, 건강한 나로 살기 위해 내면을 새롭게 한다.
사춘기 자녀 부모교육	청소년기 자녀를 둔 부모를 위한 교육 및 상담 프로그램으로 자녀들과 인격적으로 관계하며 비전의 삶을 살도록 한다.
분노 치료	내 안의 억압된 분노를 만나고, 건강하게 표현하는 법을 배우며, 분노 속에 내재한 상처를 치유한다.
열등감 치료	하나님의 시각에서 자신을 새롭게 바라봄으로 열등감을 치료한다.
거절감 치료	중요한 타인과 관계에서 형성된 거절감을 치료하기 위해 핵심신념을 찾아 성경적인 사고로 바꾼다.

4. 한밀교회의 상담목회 평가

여기서는 한밀교회 상담목회 사역이 교회성장에 어떤 실제적인 유익을 주었는지 살펴보고자 한다.

1) 상담목회사역이 교회성장에 미친 영향

(1) 상담과 교육을 통해 건강한 개인과 가정이 되었다.

현대 사회가 직면하고 있는 다른 어떤 문제보다도 심각한 것이 가정문제이다. 기독교인 중에도 가정 내에서 문제가 발생했을 때 해결 방법에 무지하거나 가정보다는 교회를 우선시하는 등 생활과 분리된 신앙을 지도받아 왔기 때문에 교회 내에서는 훌륭한 신앙인이지만 삶의 현장에서는 적응에 실패하여 갈등하거나 위선적인 행위를 계속하는 사례를 보게 된다. 한밀교회 상담목회 사역은 건강한 개인을 만들고 건강한 가정을 형성하도록 하는 것에 주안점을 두고 교육한 결과, 인격 변화와 성숙이 눈에 띄게 드러나는 효과를 보여주었다.[26]

(2) 상담목회 사역을 통하여 건강한 공동체가 형성되었다.

한밀교회 상담목회 사역은 가정의 성장, 강화를 도울 수 있는 많은 기회를 제공함으로써 결과적으로는 교회 공동체까지 건강해지는 결과를 낳았다. 이에 대한 증거는 교회성장 평가 전문기관인 NCD[27](Natural Church Development) Korea에 의한 한밀교회 평가를 통해 드러났다. 그 평가에 의하면 사역자를 세우는 지도력, 은사 중심적 사역, 열정적 영성, 기능적 조직, 영감 있는 예배, 전인적 소그룹, 필요 중심적 전도, 사랑의 관계의 8개 척도에 의한 1차(2000년 3월)와 2차(2001년 1월)의 결과 최소치였던 필요 중심적 전도의 점수가 41점에서 60점으로 19점이나 향상되었으며, 사랑의 관계는 70점에서 97점으로 27점 향상되는 결과를 보여주었다. 이러한 평가 결과는 한밀교회가 다른 모든 훈련과 함께 기독교

---

[26] 앞의 통계검증에서 그 결과를 보여주었다.
[27] NCD란 자연적 교회성장원리로서 6대주 32개국 1,000여개 샘플교회의 420만 자료로부터 추출된 자연적 교회성장 원리이다. 현재 50개국 5,000여개 2,100만 자료로 발전한 전세계 모든 문화와 교회에 적용할 수 있는 실질적인 도구이며 NCD 원리를 적용한 결과 99.4퍼센트 질적 양적 성장이 전세계 50개국에서 검증되었다. NCD KOREA는 이 원리를 한국에서 적용하고 있는 단체이다. Christian A. Schwarz, Natural Church Development, 정진우 외 역, 『자연적 교회성장』(서울: 도서출판 NCD, 1999).

상담사역을 꾸준히 지속했기 때문이라고 연구자는 자평한다.[28] 현재는 '사랑의 관계 클리닉' 이라는 공식 명칭으로 한국 NCD와 함께 한국의 목회자와 평신도 지도자들을 대상으로 사역을 계속하고 있다.

(3) 상담목회 사역을 통해 현실 문제를 극복할 수 있게 되었다.

한밀교회 상담목회 사역은 실질적인 도움을 줄 수 있는 방법으로 상담과 교육을 통합하여 실시하고 있다. 상담을 통해서 고통당한 사람들의 마음을 치유하여 진정한 변화를 도모하며, 다양한 교육을 통해 문제 해결 능력 뿐 아니라 다양한 문제 상황에 공통적으로 적용할 수 있는 해결 방식 및 과정 이해를 훈련하게 한다. 상담사역에서는 개인 상담 및 부부 상담, 자녀 상담 등을 주축으로 하는 상담 사역과 각종 집단 치료 모임(부부 이마고 치료, 건강한 나를 찾아서, 감수성 및 심리 치료 등)이 있으며, 예방적 차원에서는 교육을 중심으로 프로그램(결혼예비 학교, 부부 성장학교, 아버지/어머니 학교, 부모교육 세미나 등)을 운영하고 있다. 이러한 상담목회 사역은 개인을 치료하여 결국 개인이 속한 가정에 도움을 주기 위한 것으로 나아갈 수 있을 것이다.

(4) 상담목회 사역을 통해 전도가 활성화되었다.

건강한 교회는 하나님을 경험하며 가족들을 하나님께로 이끄는 통로역할을 할 수 있다는 믿음을 가지고 꾸준히 상담목회 사역을 실시한 결과, 프로그램을 통해 교회에 전도된 사례와 변화된 가정을 통하여 실제로 교회로 전도되는 사례가 점점 많아지고 있다. 지금까지 전도 프로그램으로 가장 빈번하게 사용된 상담목회 사역 프로그램은 부모교육 세미나이다. 한국의 부모들이 자녀 교육에 관심이 많기 때문에 부모교육 세미나를 전도에 적극적으로 활용하고 있다. 한밀교회에서는 부모교육의 대상을 세분화하여 영아 부모를 대상으로 한 부모교육, 사춘기 자녀

---

[28] NCD진단 점수의 의미는 8개척도 점수가 각각 65점 이상이어야 하며 점수간의 편차가 적을수록 교회가 건강하다는 것이다. 그리고 건강한 교회는 자연히 질적, 양적인 부흥이 따라오는 것이다.

를 위한 부모교육 등을 실시하여 주변 및 관심 있는 불신자를 교회에 초대하였다. 또 결혼 시기에 있는 청년들을 대상으로 한 이성 교제 세미나 및 결혼예비학교 역시 전도에 효과적인 것으로 나타나고 있다.

(5) 한국교회와 타 기관을 도와줄 수 있는 능력을 갖추게 되었다.

한밀교회내의 '상담실'로 사역하던 것이 2005년 9월에 '다세움교육원 & 상담센터'로 개칭하면서 이제는 더 많은 사람과 기관들을 도울 수 있는 시스템을 갖추게 되었다. 다세움은 가정 사역 외에도 코칭이나 목회자들을 위한 아카데미 등 다양하고 폭넓게 사역을 확장하여 가고 있다. 또한 한기총 내에 다세움상담목회대학원을 두어 미자립교회의 목회자, 사모, 교역자들을 대상으로 상담목회사역을 할 수 있도록 돕고 있다.

2) 상담목회 프로그램 중 보완점

한밀교회 상담목회 프로그램 중 보완해야 할 내용으로는 다음과 같은 점을 제시하고자 한다. 다양한 대상을 중심(다양한 주제/대상/소그룹 크기 감안)으로 좀 더 다양한 교육이 필요하다고 생각한다. 즉 부모-자녀 갈등 회복, 청소년 자녀-부모 집단상담, 한 부모 자녀 및 부모 교육, 중년 부부의 위기 상담, 노인을 위한 교육 등의 프로그램을 연구하고 개발하는 것이 필요하다고 생각한다. 특히 노년기 준비 및 활동을 위한 프로그램은 초고령화 사회로 나아가는 현실 속에서 반드시 필요한 부분으로 보고, 부부 및 싱글 대상으로 지속적으로 프로그램을 개발하고 발전시켜 나가야 할 것이다.

Ⅲ. 결론

현재 한국교회의 문제점을 직시하고 21세기의 바람직한 교회성장을 위하여 연구자는 무엇보다 전인적 관점에서의 상담목회 사역이 필요하다는 생각을 가지고 연구를 전개하였다. 교회가 질적, 양적으로 성장하도록 하는데 큰 효과를 보여준 한밀교회의 상담목회사역은 실로 17년이라는 기간을 들여서 얻게 된 결실이었다. 연구자는 미래의 바람직한 교회 사역에 대하여 다음의 사항을 제안하면서 연구를 마무리하고자 한다.

첫째, 교회의 양적 성장과 더불어 질적인 성장도 함께 추구하는 교회가 되어야 한다. 수단과 방법을 가리지 않는 '교인 끌어 모으기'로 교인들의 숫자는 많아졌지만 성숙한 신자로의 양육이 이루어지지 않음으로 인해 한국교회의 성장은 그 한계를 드러내었고 결국 감소 추세로 돌아서게 되었다. 뿐만 아니라 교회가 세상의 빛과 소금의 역할을 감당해야 함에도 불구하고 오히려 세상의 온갖 부정부패에 교인이 들어 있지 않은 곳이 없을 만큼 교회는 사회의 걸림돌이 되고 말았다. 한국교회의 지도자와 목회자, 모든 성도들은 뼈아픈 반성을 통해 물량적 교회성장을 지양하고 교회를 교회되게 하는 질적 성장과 양적 성장의 균형을 이루는 목회를 추구해야 할 것이다.

둘째, 평신도 상담 사역을 실시할 수 있는 교회가 되어야 한다.[29] 그동안의 목회는 목회자 중심의 목회 형태가 지배적이었으나 평신도의 은사를 개발하고 그들과 함께 사역함으로서 복음이 더욱 효과적으로 증거 되도록 하여야 한다. 이를 위해 교회에서는 상담 사역의 활성화를 도모하기 위해 다각적으로 노력해야 할 것이다. 그리하여 성도 개인의 성장 뿐 아니라 이들을 통하여 사회 구석구석에 도움의 손길이 필요한 곳에 도움을 제공함으로서 복음이 전파되고 소외되었던 장소에

---

[29] 이순복, "평신도 상담 훈련프로그램에 관한 연구"(석사학위논문, 아세아 연합 신학대학원, 2004), 이재실, "교회에서 상담역할과 활용방안 연구"(석사학위논문, 국제신학대학원, 2002).

영적 갈급함을 채워 주어야 할 것이다.

　상담사역에 대한 필요성은 알지만 실제로 상담사역에 대한 실제적인 방안을 어떻게 마련할지 고민하는 목회자들은 실제로 상담사역을 실시하고 있는 교회들의 실태를 파악한 후에 자신의 교회 여건에 가장 적합한 모델을 선정하여 응용하는 방안이 가장 효과적일 것이다. 이런 의미에서 한밀교회의 상담목회사역에 대한 현장보고가 실제로 기독교 상담을 목회현장에 적용하려는 목회자들에게 하나의 대안이 될 수 있을 것이다.

　더 나아가 상담목회를 활성화하기 위해서 가장 중요한 것은 담임 목회자의 상담에 대한 인식이라고 생각한다. 따라서 상담목회를 시작하려는 목회자들은 상담이 성도를 성숙케 하며 그리스도의 제자로 살아가게 하는 강력한 수단이 되므로 상담에 대한 부정적 인식을 긍정적인 사고로 전환하는 것이 필요하다.

　이제 목회는 더 이상 '찾아가는 목회' 만이 아니라 '찾아오는 목회' 의 측면도 만들어가야 한다. 찾아가는 목회는 한 개인이나 그 가정만이 대상일 수 있으나, '찾아오는 목회' 는 한정된 시간 내에 여러 사람을 만날 수 있고 언제든지 목회자와 연락이 가능하다는 장점이 있다. '찾아오게 하는 목회' 의 가장 이상적인 형태는 '상담중심의 목회' 이며 이러한 관점에서 미래목회의 성공여부는 '목회적 전문성' 에 있다고 할 수 있다. 이럴 경우, 목회자 한 사람이 목회의 모든 분야를 감당해야 하는 목회 형태를 지양하고 목회자들간, 교회간의 상호 협력을 통해 목회사역 과중으로 인한 탈진을 피하도록 해야 한다. 그리고 평신도 상담자들을 개발하고 그들과 함께 비전을 나누어감으로 보다 효과적인 사역이 이루어지도록 해야 할 것이다.

칼 럼 〈출처〉 월간 교회성장(2005. 8)

5. 목회자들을 위한 상담 프로그램

교회성장 7월호의 '피로에 지친 목회자를 위한 여름휴가 가이드'의 기획 의도를 읽어보고 필자는 고통과 함께 감동이 밀려옴을 느꼈다. 고통은 여름 행사 준비로 인해 간단한 휴식조차 엄두를 못내는 목회자들에 대한 연민의 감정이었으며, 감동이라 함은 성도들에 대한 염려와 사랑으로 쉴 생각 보다는 목회를 위해 더 연구하시는 신실한 분들을 생각하는 감동이었다. 그럼에도 휴식과 아울러 연구해 주시기를 바라는 마음을 가슴 한 켠에 간직한 채 인간관계가 위기인 이 시대를 함께 걱정하는 마음으로 목회자를 위한 상담 프로그램을 소개하려 한다.

모두가 알고 있듯이 2000년대를 들어서면서 한국의 가정은 위기를 맞고 있다.

이혼율의 급격한 증가로 인해 가정이 해체되고 그에 따른 부작용이 사회 곳곳에서 나타나고 있다. 더욱 심각한 것은 표면적으로 드러나는 이혼율의 증가뿐만 아니라 이혼하지 않은 부부 가운데서도 여러 가지 많은 갈등으로 잠재적 이혼 부부가 적지 않은 것이다. 이혼 문제뿐 아니라 최근의 젊은이들 사이에서 결혼 기피 현상이나 출산율 감소, 그리고 세계 최고의 노인 인구 증가 등은 조국의 내일에 염려를 던져주고 있다. 이러한 현상은 가정이나 교회, 사회, 국가 전체의 위기로 확대되면서 결국 인간 존재의 위기로 귀착되는 것이다. 여기에 개인은 더욱더 고독과 소외감에 젖어들고 있다.

또한 사람을 수단으로 보고, 돈, 쾌락, 권력을 추구하는 세속주의가 만연하고 있으며, 절대적 빈곤보다 상대적 빈곤감 때문에 많은 사람들이 열등감 및 심리적 고통을 겪고 있다. 현재 한국 사회는 점점 더 상처를 받기 쉬운 구조로 변해가고 있다. 그 결과 정신적 어려움을 호소하고 자기 존재가치나 정체성을 찾지 못해서 고민하는 사람이 점점 더 많아지고 있다. 여기에 그리스도인이라고 예외일 수 없다.

이러한 현실을 그 누구보다 잘 알고 있는 목회자들은 상한 영혼을 돕고 치유하려면 어떻게 해야 할지 고민하며 그들을 위해 여러 모로 애쓰고 있다. 그러나 현실적으로 가정이 깨어지기 전에 교육을 통하여 미리 문제를 예방하는 예방 상담이나, 이혼으로 인한 깨어진 가정과 부부를 위한 치료적 대안을 제시하고 싶어도 실제적인 방법을 몰라 고통스러워하고 있다. 그뿐만 아니라 영적인 것과 심리적인 것 사이에서의 선택이나 통합의 문제에 대해서 여전히 많은 고민이 있는 것이 사실이다. 그래서 부부 관계에 문제가 있어 목회자를 찾아 온 경우, 실제로 '기도하면서 하나님의 도우심을 바라봅시다.' 라고 말은 했지만 어린 시절의 상처, 낮은 자존감, 열등감, 우울증, 중독 등의 다른 문제가 그 핵심인 경우 어떻게 도와줄 수 있단 말인가? 단순히 기도로 해결될 수 있는 것이라면 얼마나 좋겠는가? 그런데 기도를 하고 나서도 이혼을 하거나 교회를 떠난다면 상심이 클 수밖에 없다. 그래서 많은 목회자들이 기독교적 관점에서 심리적인 문제에 대한 해결책을 제시해 줄 수 있는 그런 곳을 찾아 헤매게 되는 것이다.

부산의 운화 교회가 이런 경우에 해당한다. 운화교회의 담임 목사인 이현국 목사님께서는 목회와 선교에 대한 열정이 크고 실제로 부산에서 목회를 잘 하고 계시는 분이다. 그분은 목회에 있어 자신에게 부족한 부분이 있으면 국내외를 초월하여 훌륭하고 좋은 목사님은 거의 다 초빙하여 자신의 목회에 적용하셨다. 다른 분의 장점을 자신의 것으로 소화해내는 데 탁월한 능력이 있으셨던 그분은 성도들의 심리적 상처와 인격적 문제에 대해서도 목회상담이 필요함을 절감하였다. 하지만 본인이 이 문제의 부족을 인식하시고 목회상담전문가의 도움을 받는 것이 효과적이겠다는 판단을 하였다. 그래서 필자를 초빙하여 '사랑의 관계 클리닉'을 실시하였다. 그리고 많은 고민과 연구를 한 후에 한밀 상담연구소의 프로그램들을 본인 교회에 접목하여 성도들의 인간관계 문제나 인격의 성숙에 대한 접목을 결심을 하였다. 그래서 운화교회는 1년에 2-3회씩 2년에 걸쳐 상담 관련 주요 프로그램을 전 교인을 대상으로 실시하였다.[1] 하지만 담임 목사가 상담 사역으로 성도를 도우려면 임상훈련까지 해야 함을 알고는 2년여 동안 본인과 사모님께서 직접 국제 신학대학원의 상담학 과정을 마쳤다. 이렇게 배운 것이 현재는 셀교회 정착에 많은 도움이 있어 기쁘다고 고백하셨다.

사실 많은 목회자들이 일반 상담의 원리와 기법을 목회에 적용하기를 꺼려하는 이유는 세계관이 근본적으로 다르기 때문이다. 그래서 일반상담을 목회에 적용하려면 신학자이면서 심리학과 임상을 전공한 사람이 모든 프로그램을 목회적 차원

---

[1] 운화교회에서는 대부분의 프로그램을 오전 10시부터 6시까지 낮 반, 오후 7시 30분부터 11시까지는 밤 반으로 나누어 무박 4일로 실시했다. 실시한 프로그램은 사랑의 관계 2회, 부모교육, 부부치료, 인격치료를 각각 1회 실시하였고 청년들을 대상으로 결혼예비학교 2회, 비전찾기 1회, 청소년 대상으로 비전 찾기 1회를 실시하였다.

에서 소화해내야 하는 과정이 필요하다. 이런 필요성을 절감한 필자는 모든 상담 프로그램을 성경적인 원리 하에 일반적인 요소와 영적인 요소를 통합하고 한국적인 문화도 고려한 프로그램을 만드는 데에 거의 6년 가까이를 소요하였다. 그 내용은 사랑의 관계, 부모교육, 부부치료, 결혼예비학교, 인격치료 등이다. 필자가 지금 언급한 내용은 신학과 심리학, 그리고 한국적 현실에 맞는 방법을 연구하고 실험하고 검증하여 각 프로그램마다 이론적 배경을 전반에 싣고 후반부에는 실제로 적용할 수 있도록 10회 프로그램으로 구성하여 실시하고 있다. 이러한 일을 국제신대 부설 다세움상담연구소 소장인 필자와 대학원 이상의 전문 교육과 임상을 소화해 낸 직원들이 실시하고 있다.

다세움상담연구소는 개인과 가족의 상담 및 심리치료, 교회와 민족의 지도자 양성을 위한 교육 및 훈련사역을 위해 다음과 같은 목적으로 세워졌다. 그리고 주 사역 내용은 다음과 같다.

* 그리스도인의 새 인격 만들기를 위한 상담 및 심리치료
* 전문 상담자 훈련기관(한국목회상담협회, 한국복음주의 상담학회 수련 인정기관)
* 건강한 교회 세우기를 위한 교육 및 컨설팅
* 목회자 및 기독교 지도자를 위한 수퍼비전 및 코칭
* 출판사역을 통한 문서선교

여러 프로그램 중에서 목회자나 평신도 지도자들을 위한 지도자 양성 프로그램의 내용을 간단하게 소개하면 다음과 같다.

<표 1> 목회자·평신도 지도자들을 위한 지도자 양성 프로그램

프로그램	프로그램 내용
사랑의 클리닉	NCD의 8가지 질적 특성 중 하나인 '사랑의 관계'를 한국 교회의 상황에 맞게 적용할 수 있도록 성경과 신학 그리고 심리학의 이론과 임상을 거쳐 검증된 사랑의 관계 프로그램입니다. 이 프로그램은 교회의 질적인 성장을 통하여 양적인 성장까지 이끌어 주는 성경적이면서도 자연적인 방법입니다. 이 프로그램을 교회에 적용하면 이전보다 더욱 더 사랑과 기쁨과 웃음이 넘치는 건강한 교회로 성장하게 될 것입니다
인격치료 지도자 세미나	기독교와 상담을 통합한 인지치료적 접근을 하고 있으며 기독교 상담과 인지치료, 부정적 자아상, 열등감, 분노, 불안, 죄책감, 거절감, 우울증, 완벽주의, 중독에 대한 치료로 구성되어 있습니다.
부부 이마고치료 지도자 세미나	부모로부터 영향 받은 내안에 숨겨진 이마고를 찾고 치료하여 행복하고 성숙한 부부관계를 하도록 도와줍니다. 그 내용은 결혼의 원리, 이마고 이해 및 찾기, 결혼의 과정, 자기상처 치유, 부부 이마고 치유, 남녀의 차이, 역할 이해, 갈등 해결, 성 입니다.
부모교육 지도자 세미나	부모교육을 통해 자녀를 인격적으로 양육하여 비전의 사람으로 설 수 있는 방법을 제시하며 그 내용은 가치관 교육, 긍정적 자아상, 대화법, 올바른 훈육방법, 자녀와의 갈등해결, 감성지능 높이기, 비전교육 입니다.
결혼예비 학교 지도자 과정	행복한 부부관계를 할 수 있도록 돕는 교육으로 커플별로 깊이 있는 나눔을 통해 어린시절 상처를 치료하고 부부간의 갈등을 미리 점검하여 예방하여 건강한 가정을 세우도록 돕습니다.

이외에도 여러 다양한 프로그램을 통해 기독교적인 시각을 가지고 개인 및 부부, 가족과 지역 등의 상담 및 심리치료, 그리고 교회와 민족의 지도자 양성을 위한 교육 및 훈련사역을 실시하고 있으며 그 대략적인 내용은 다음과 같다.

〈표 2〉 지도자 양성을 위한 교육 및 훈련사역

상담 및 심리치료	개인상담	상담 및 심리치료, 개인분석
	부부상담	부부이마고 분석 및 치료
	가족상담	가족관계 치료 및 재구성하기
	아동 및 청소년 상담	발달 장애 및 성격 장애 치료
	집단상담	사랑의 관계를 위한 집단상담
		건강한 나를 찾아서, 집단상담 실습
		청소년 진로탐색집단
세미나과정	결혼준비교육	데이트 학교, 결혼예비학교
	가정사역	부부성장학교, 부부이마고 치료
		자녀교육 세미나
	인격치료	인격장애 치료 및 인격성숙훈련
심리검사	성인 심리검사	MMPI, MBTI, EGOGRAM
	아동 심리검사	K-WISC III(지능검사), KFD(동적 가족화 검사)
		KPIC (한국아동인성검사), SCT (문장완성검사)
		HTP (집-나무-사람 그림검사)
		KCBCL (아동,청소년 행동평가척도)
상담자양성을 위한 임상훈련	감수성훈련	전문상담자의 자각과 민감성 훈련
	집단심리치료	상담자의 심리치료
	수퍼비젼	상담 사례 분석 및 상담자 분석
	인턴훈련	인턴, 레지던트 프로그램
	코칭훈련	전문리더십 훈련, 개인코칭 및 집단 컨설팅
목회자 훈련 과정	상담목회를 위한 지도자 워크샵	결혼예비학교 지도자과정, 인격치료 지도자 과정
		부부 이마고 치료지도자 과정, 자녀교육 지도자 과정
		사랑의 관계 크리닉(NCD)

이러한 프로그램을 통해 교회 지도자들과 성도들에게 도움을 주고 한국 교회를 섬기기 위한 것이 다세움교육원의 목적이다. 따라서 도움이 필요한 분에게는 언제나 문이 열려있으므로 관심이 있으신 분은 (사)다세움(02-2601-7423~4//홈페이지(www.daseum.org http://다세움)으로 문의하면 도움 받을 수 있다. 모든 프로그램은 낮 반과 밤 반으로 운영하여 각자의 필요에 맞게 선택할 수 있도록 배려하였다.

교회는 그리스도의 몸으로서, 그리스도께서 통치하시는 생명공동체이다. 그러므로 그리스도인은 세상과 달라야한다. 그러나 다르기 위해서는 말씀과 아울러 인간관계 원리에 대한 교육과 훈련이 필요하다. 이런 이유에서 우리는 기독교 상담적인 도움이 필요한 것이다. 그럴 때 교회가 더욱더 하나님의 가족으로서의 공동체적 교회가 되리라 생각한다. 성도는 상처입은 자들이다. 따라서 서로 격려할 때 이 상처가 치유되고 서로를 향해 마음의 문을 열 때 최상의 공동체가 되는 것이다. 세상은 소외시키고 담장을 쌓고 군림하지만 교회는 섬기고 형제애를 나누고 흉금을 털어놓는 친밀함의 공동체가 될 때 교회가 세상의 빛으로 드러날 것이다.

아무쪼록 이 여름에 성도들을 자기 목숨만큼 사랑하기에 휴가도 다 잊은 채 상담 프로그램을 배우고 싶어하는 목회자들에게, 다세움교육원의 프로그램이 하나의 도움이 되기를 바란다.

학회 발표 논문 〈출처〉 국제신학대학원대학교, 「국제칼럼」(2004. 12)

6. 개혁주의 신학과 상담
사랑의 목회를 위한 방법론으로서의 상담

1. 시작하는 말

개혁주의 신학은 가장 탁월한 신학적 체계를 가지고 있다. 그럼에도 개혁주의 교회는 여전히 인간의 문제로 고전하고 있다. 따라서 사랑과 변화의 목회를 위해 사람을 돌보고 교육하며 치료하는 탁월한 기술과 방법론을 제공하는 상담을 기독교 세계관적 가치 위에 개혁주의 교회에 도입한다면 풍성한 목회를 경험하게 될 것이다.

2. 개혁주의 신학

1) 정의

개혁주의가 무엇이냐고 물어 볼 때, 가장 간단한 대답은 '칼빈주의' 라고 말할 수 있다. 칼빈의 신학은 "하나님 중심의 사고 체계"라 부를 수 있을 것이며 신본주의 또는 하나님 중심의 "은총의 신학"이다.[1] 인간의 구원을 볼때 전적으로 하나님의 은혜일 뿐 인간의 노력에 의한 것이 아니며 성경의 절대권위[2]와 오직 성령님의 인도하심에 의존하고 순종하려는 신학이다.

2) 방향

첫째, 개혁은 하나님의 형상을 이루기까지 계속되어야 한다. 하나님의 자녀는 하나님의 형상을 이루기 위해 변화와 혁신을 이루어야 한다. 이를 위해서는 먼저 자신을 아는 것으로부터 시작한다. 이는 자기를 객관화하는 과정이라 할 수 있다.

둘째, 개혁은 거룩함을 회복하는 것이다. 개혁은 인간은 죄인이라는 기초 위에서 이루어져야 한다. 아담으로 비롯된 범죄는 하나님을 향하던 눈을 세상으로 향하게 하였다. 가장 대표적인 세속화의 길은 자연중심 세계관[3]과 인본주의적 세계관[4]이다.

기독교인에게 있어 개혁이란 하나님으로부터 멀어진 세계관을 다시 하나님께로 돌리는 것, 즉 하나님 중심 세계관을 만들어가는 것이다. 이렇게 함으로써 역사와 문화가 구속되는 개혁이 가능해진다.

셋째, 개혁은 각자의 소명에 따라 이루어져야 한다. 일반적 소명이란 한 인간이

---

[1] Gordon J. Spykman, Reformational Theology, 류호준, 심재승 역, 「개혁주의 신학」(서울: 기독교문서선교회, 2002), 28.
[2] 장동민, "개혁주의란 무엇인가?", 「기독신학저널」 제6권 (2004년 5월), 40.
[3] 자연중심 세계관은 자연을 신격화하고 의인화하여 외경과 숭배의 대상으로 삼는 이데올로기이다.
[4] 인본주의적 세계관이란 인간 이성의 절대주의로 이성에 의해 창조의 질서와 자연법을 완전히 이해할 수 있다는 이념이다.

사회의 구성원으로서 공동의 선, 다시 말해 공의를 실현하는 것을 말한다. 특별한 소명이란 자신의 직업이나 전문지식을 통해 사회의 각 분야에서 하나님의 뜻을 실현하는 것을 말한다. 하나님은 각자에게 직업과 일을 주셨다. 따라서 직업은 단순히 생계수단이 아니라 하나님의 의를 구현하는 장이다. 바로 여기에 기독교인의 개혁적 사고가 작용할 공간이 있는 것이다.

3. 목회현장의 문제

초대 교회 이후로 신학은 나날이 눈부신 발전을 거듭하는데 비해 사람들은 점점 더 힘들어하고 있다. 이것은 신학의 문제가 아니라 인간의 문제이다. 인간은 누구나 현실의 문제를 안고 있다. 인간이 안고 있는 현실의 문제는 어떤 것들이 있는가?[5]

1) 개인의 문제

(1) 하나님과의 관계를 상실한 인간

인간은 영적인 존재이므로 하나님과의 만남이 없이는 정신적인 평안을 얻을 수 없다. 즉, 인간의 기본적인 죄책감과 불안 및 비존재(죽음)에 대한 공포에서 결코 벗어날 수 없는 것이다. 또한 인간이 하나님과 평화를 누리고 진정으로 행복하려면 하나님께서 삶의 전 영역에서 절대적인 주인되심을 인정해야 한다.

---

[5] 인간에게 있어서 최대의 문제는 인간관계의 문제이다. 하버드 의대의 알만드 니콜리(Armand Nicholi)박사는 현대사회의 가족 내에서 의미있는 돌봄의 관계가 파괴되는 현상이 급속도로 확산되고 있기 때문에, 머지않아 병원 병상의 95퍼센트까지 정신 질환 환자가 차지하게 될 것이라고 예언하였다. 그는 더 나아가 미래에는 자제력의 부족이 정신적 또는 정서적 장애의 주된 특징이 될 것이라고 내다보았다. 이것은 그리스도인들도 함께 겪는 문제이다. A. M. Nichole, Jr., "The Fractured Family : Following It Into the Future", Christianity Today (May 25, 1979), 10-15.

(2) 사랑의 관계를 상실한 인간

인간은 사랑의 관계를 통해서 성장해 가는 존재이다. 어린 시절에는 부모와 가족들과의 관계 속에서 사랑으로 자라고, 성장해서는 다른 사람들과의 끊임없는 사랑의 관계 속에서 생존하는 것이다. 이렇게 인간은 타고난 사랑의 관계에 대한 의지(Will-to-Relate)를 지니고 있기 때문에 이것이 탄력을 잃게 되면 병이 들게 된다.[6] 오늘날 인간의 모든 아픔은 여기에 있다.

(3) 병든 사회구조

인간을 평가하는 데 있어서도 인간의 가능성과 그의 인격을 보고 평가하기 보다는 그의 외모나 재물, 능력, 사회적 위치 등을 보고 평가하려는 것이 오늘날 도시 산업사회의 특징이다. 이와 같은 문제들로 인하여 현대인들은 진실한 만남을 잃어버리고 낮은 자존감, 부정적 자아상, 열등감, 상대적 빈곤감 때문에 깊은 고독과 소외감에 시달리고 있는 것이다.[7]

2) 가정의 문제

(1) 심각한 가정해체

한국의 이혼 증가율은 세계 최고 수준이며[8] 이러한 이혼율은 경제협력 개발기구(OECD) 국가 중 미국에 이어 두 번째이지만 지금처럼 계속된다면 2008년경엔 미국을 제치고 세계 최고의 '이혼 국가' 가 될 수도 있다는 것이 전문가들의 진단이다.[9] 더욱더 심각한 것은 표면적으로 드러나는 이혼율의 증가뿐만 아니라 이혼하

---

[6] 심수명, 「사랑을 위해 태어난 사람」 (서울: 교회성장연구소, 2004), 28-41.
[7] 심수명, 「인격치료」 (서울: 학지사, 2004), 143-146.
[8] 통계청이 발표한 '2003년 혼인 이혼 통계'에 따르면 혼인인구는 30만 4천 9백 쌍으로 2002년의 30만 6천 6백건보다 0.6% 감소했으나 이혼인구는 16만 7천1백 쌍으로 15.0% 증가했다. 지난해 하루 평균 835쌍이 결혼하고 458쌍이 이혼한 것으로 나타났다.
[9] 미국은 1980년 조이혼율이 5.3건으로 절정을 이룬 뒤 점차 감소추세인 반면, 한국의 이혼은 1993년 1.3건이었다가 2002년 3.0명 2003년 3.5건으로 계속 증가 추세이다(동아일보, 2003. 3. 29. 26면).

지 않은 부부 가운데서도 여러 가지 많은 갈등으로 인하여 잠재적 이혼 부부가 적지 않은 것이다. 이것은 시대적, 사회적 환경 변화와 더불어 결혼관계가 종전의 제도적 관계에서 우애적 관계로 바뀜에 따라 결혼관계에서 부부간의 친밀감과 만족도를 추구하는 경향이 높아지고 있지만, 또 한편 이런 기대가 충족되지 않아 결혼관계가 깨어지는 현상으로 이어진다고 볼 수 있는 것이다.

(2) 청소년의 정신건강 문제

현대 사회의 청소년 범죄는 증가일로에 있을 뿐 아니라 질적으로도 조직화, 흉포화, 폭력화되고 있으며 점차 연소화 되고 있다. 그뿐만 아니라 흡연, 음주, 약물 복용, 성범죄 등의 비행 문제가 청소년 사이에 더욱 확산되고 있고, 가정문제와 입시경쟁으로 인한 여러 가지 정신건강의 문제는 심각한 상황에 이르고 있다.

서울 시내 고등학생을 대상으로 조사한 연구결과에 의하면 31퍼센트가 치료를 필요로 하는 비정상 상태이고, 치료를 필요로 하지 않으나 경계선상에 있는 위험한 학생이 23퍼센트나 되는 것으로 나타났다. 많은 청소년 비행은 그들의 정신건강과 밀접한 관련이 있다. 이러한 의미에서 청소년들의 정신건강 문제는 비행문제보다도 더 심각한 문제라고 할 수 있다.[10]

3) 현대 교회의 문제

(1) 교회제도의 신성화

교회제도의 신성화란 제도와 인물, 심지어 사물과 장소 등에 여러 형태로 신적 권위를 부여함으로 그 대상을 강화시키는 것이다. 이것은 교회의 본질적 측면보다는 비본질적인 외형적 측면에 대한 인위적인 신성화 작업이며, 이로 말미암아 예수 공동체의 본질이 왜곡되고 매장되는 데 그 심각성이 있다.

---

[10] 김광일 외, "고등학교 재학생의 정신건강 실태 조사",「정신건강 연구집」1집 (서울: 한양대학교 정신건강 연구소, 1983), 동아일보(1992.1.30).

교회는 하나의 제도로서 이 세상에 들어온 것이 아니라 하나님의 나라를 대망하는 신앙공동체로서 들어온 것이다. 그런데 이것이 하나의 제도가 되었다. 그러므로 제도는 교회의 본 목적에 봉사할 때에만 그 정당성이 입증된다.[11] 따라서 기구로서의 교회가 일차적인 것이 아니라 그리스도가 일차적이다. 하지만 분명한 것은 이 불완전한 제도인 교회도 그리스도의 재림시까지만 존속할 기구라는 것이다.

제도로서의 교회가 이처럼 불완전하기에 교회는 항상 갱신의 과제를 안고 있다. 그러므로 개혁된 교회가 항상 개혁되어야 한다는 말은 타락된 인간의 본성에서 나오는 악이 권력에의 집착을 불러일으키므로 끊임없이 교회의 구조와 제도의 변화를 도모해야 하는 것이다.

(2) 목회자의 권위주의

목회자들의 권위주의[12]로 말미암아 교회의 계급화라는 비성서적 모습이 나타나게 되었고, 공동체성이 상실되어가고 있다. 권위주의가 없어져야 한다는 것은 목회자의 참된 권위를 거부하는 것이 아니다.[13]

---

[11] Handric Kraemer, 유동식 역, 「평신도 신학」(서울 : 대한기독교서회, 1982), 179.
[12] 신성종, "21세기를 향한 현대교회의 지도자상", 「목회와 신학」(1993년 6월호), 310.
[13] 권위와 권위주의

	권위	권위주의
힘의 원천	어떤 일을 잘해내고 그 결과로 자신을 평가 받고자 함.(내 노력과 능력으로 평가받음)	자신의 노력과 관계없이 주어진 지위, 신분 (부모, 목사)에서 힘이 나온다고 생각함.
신분에 대한 태도	자기 신분을 과시할 필요가 없다.	지위, 신분에서 힘이 나온다고 믿으며 그것을 과시함. (경찰, 군인의 계급표시)
사람들의 인정	능력이 내부에서 나오기 때문에 자연히 인정받게 됨.	능력이 외부에서 온다고 믿기에 복종을 요구함.
지위의 상실에 대한 두려움	내가 좋아서 그 일을 했고, 일이 없어져도 자기 능력이 사라진 것이 아니므로 큰 타격이 없다.(내 힘을 나누어주며 더불어 일해가기 위해 노력)	지위를 잃으면 상실감이 크며 따라서 그것을 지키기 위해 몸부림 침. 남들을 경계하고 비판함. 남을 짓밟음.(기술이나 일들을 나누어주지 않음)
사람, 일과의 관계	사람들과 관계가 좋아지고 자신의 능력이 향상되어 탁월한 전문가가 됨.	사람들과의 관계가 점점 멀어지면서 고립되고 사역의 전문성을 가지지 못해 무능력자가 됨.

계급적 권위주의는 다음과 같은 부작용을 낳는다.

첫째, 모든 권위주의가 다른 사람들의 비판을 인정하지 않기 때문에 결국은 권위를 가진 한 사람의 의견만이 교회를 지배하게 되므로 교회는 매우 경직된다.

둘째, 권위주의가 교회를 지배하면 일체의 비판을 허락지 않으므로 창조적인 사람은 교회를 떠나게 되거나, 교회 안에 남게 되더라도 창조력을 발휘하지 못하므로 교회는 자연히 비창조적 구조를 벗어날 수 없게 된다.

셋째, 자꾸 시키는 대로만 맹종하도록 요구하기에 자발적인 참여가 거의 일어나지 않게 된다.[14]

이렇게 목회자의 권위주의는 하나님의 백성들을 무기력하게 만들 뿐 아니라 자신을 타락시키며 급기야는 성도들을 위선적인 종교인이 되게 한다.

그러나 성직의 철폐는 성직주의에 대한 치료는 되지 못한다. 공동체에서는 조만간에 다시 목회자들이 출현하여 동일한 전통적 역할을 인수해 온 것이다.[15] 이런 관점에서 "교회갱신의 필수적인 요소는 목회자의 갱신이다."라고 말할 수 있다.[16]

4. 대안을 찾아서

1) 기독교 상담의 필요성

현대의 성도들은 이전과는 비교할 수 없을 정도로 많은 개인적인 어려움과 가정의 문제로 갈수록 상담을 필요로 하고 있다. 그러나 교회가 죄인들을 위한 병원이라기 보다는 오히려 성자들의 박물관에 더 가깝기 때문에 도움이 필요한 그리스도인들은 어디로 또는 누구에게 가야 할지 모르는 것이다.[17] 그뿐만 아니라 그리

---

14) Greg Ogden, The Reformation, 송광택 역, 「새로운 교회개혁 이야기」(서울 : 미션월드 라이브러리, 1998), 115-126, 139-141. 참조.
15) C. Williams, The Church, 이계준 역, 「교회」(서울 : 대한기독교서회, 1982), 119.
16) Greg Ogden, The Reformation, 115-126. 참조.

스도인들은 도움을 받을 수 있는 것도 모르고, 혹은 도움을 줄 수 있는 기관이 있어도 어떻게 도움을 청해야 할지도 모른다. 또 도움을 원하는 내담자 중 목회자의 가족과 성도들이 적지 않다.

김광일은 그의 대학병원 정신과에서 2년간 치료한 70명의 '매맞는 아내' 환자들에 관한 연구에서, 환자 남편의 11퍼센트가 목사이며 환자의 과반수에 가까운 수(개신교 42퍼센트, 카톨릭 1 퍼센트 ; 무종교 26퍼센트, 불교 1 퍼센트)가 기독교 신도였음을 보고하고 있다.[18] 특히 많은 피해 환자들이 교육수준이 비교적 높은 중산층이며 가해측 배우자들 중에는 비교적 많은 지도층 기독교인이 포함되어 있다는 사실이 주목된다.[19]

2) 기독교 상담의 특징

기독교 상담의 특징은 다음과 같다.

첫째, 성령께서 상담의 주체가 되신다. 상담 관계에 제3자로 임재하신 주님께서 인간의 기대보다 더 풍성하게 치유하신다.[20] 나약한 자아 때문에 고통당하는 내담자를 상담하는 관계 속에 성령이 제3자로 임재하여 풍성하게 치유가 일어나도록 돕는다. 상담자가 여러 상담 기술을 사용하여 건강한 인격을 형성하도록 돕기도 하지만 기독교 상담자는 자기가 도운 만큼의 결과가 나타나는 것이 아니라, 성령께서 상담의 주체가 되시므로 그 이상의 결과가 나타나리라고 기대한다.

둘째, 내담자가 가지고 온 문제를 도와주면서 그가 하나님 중심의 삶을 회복하도록 돕는 과정이다. 이를 위해 자신의 자아를 그리스도 앞에 굴복하며 하나님께 순종하고 하나님으로부터 생명과 능력과 사랑과 정의를 공급받아 사는 삶을 회복

---

[17] Tan Siang-Yang, Lay Counseling, 편집부 편, 「평신도 상담자」(서울 : 미션월드 라이브러리, 1997), 21.
[18] 김광일, "Seventy Battreed Wives : Clinical Manifestations and Problems in Korea", International Journal of Family Psychiatry, 8, 4, (1994), 387-416.
[19] 이장호, "한국 기독교인의 정신건강에 대한 심리학적 과제", 개원 2주년 기념 기독교인의 정신건강 심포지움, 한국기독교 상담문화연구원 편, (1995), 29.
[20] 오성춘, 「목회 상담학」(서울: 한국 장로교 출판사, 1993), 375.

하도록 한다.

그러므로 기독교 상담은 인간이 가지고 있는 문제가 몸, 마음, 자연, 사회, 가정 등의 여러 가지 측면에 모두 관계되고 서로 영향을 주고받음을 인식하여 전인적으로 이를 치유하도록 궁극적 관심인 하나님과의 관계, 하나님과의 만남으로 나아가도록 돕는 상담 과정인 것이다.[21]

셋째, 영성을 중심으로 한 전인 건강을 추구한다. 전인 건강에 대해 하워드 클라인벨(Howard Clinebell)은 "기독교 상담은 통전적이어야 한다. 즉 인간이 생활하는 삶의 모든 영역에서 치유 받고 성장할 수 있게 노력해야 한다"[22]고 강조하면서 다음과 같이 제시하였다.

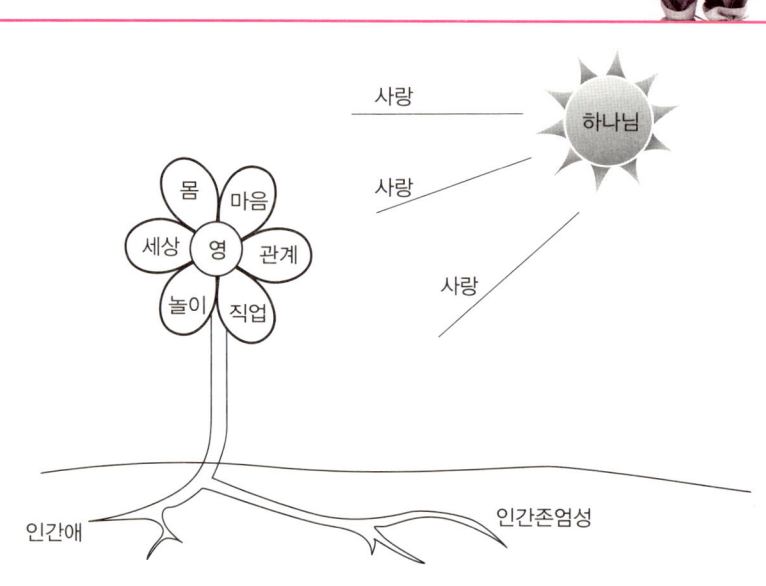

〈그림 1〉 전인적 성장[23]

---

21) 김예식, 「말씀 안의 상담과 치유 이야기」 (서울: 한국 장로교 출판사, 2000), 84.
22) Howard Clinebell, Basic Types of Pastoral Care and Counseling: Resources for the Ministry of Healing and Growth (Nashville: Abingdon, 1984), 26.
23) Howard Clinebell, Well Being, 이종헌, 오성춘 역, 「전인 건강」 (서울: 성장상담연구소, 1996), 23.

넷째, 성경에서는 인간의 죄악된 감정과 행동이 근본적으로 죄의 본성과 관련되어 있다고 말한다. 따라서 죄의 심각성을 간과하면 후에 더욱 더 심각한 문제를 초래할 수 있다고 보고 있다. 로마서 12장 1절에서는 "마음을 새롭게 함으로 변화를 받으라"고 하였는데 이 말은 근본적인 것(마음)에 대한 해결 없이 행동을 바꾸는 것은 진정한 의미의 변화라 할 수 없다는 것이다. 바울은 변화(transformation)란 감정이나 환경을 일신함으로 얻어지는 것이 아니라 마음을 새롭게 함으로 이루어지는 것이라고 했다(롬 12:2). 즉, 마음을 새롭게 한다는 것은 인간의 사상과 이해의 자리인 생각을 예수 그리스도의 생명으로 새롭게 함을 뜻한다. 더 나아가 타락된 생각이 예수 그리스도의 거룩한 생각으로 끊임없이 변화되어야 함을 의미한다. 따라서 생각의 변화가 삶 전체를 좌우하는 것이다. 생각의 중요성을 강조하는 성경의 증거는 많다. 그 중에서도 "대저 그 마음의 생각이 어떠하면 그 위인도 그러한즉"(잠 23:7)이라는 말씀이 가장 대표적 증거이다. 인간의 모든 문제는 잘못된 행동과 감정을 유발하는 잘못된 신념에서 비롯된다. 따라서 기독교인 상담자는 무엇보다도 내담자의 구원과 풍성한 삶을 위하여 인간이 가지고 있는 죄악된 행동과 감정을 유발하는 그릇된 생각을 바꾸도록 하는 것을 상담의 목표로 삼는다.

3) 기독교 상담의 전제

기독교 상담에서의 전제는 다음의 내용들이 있다.

첫째, 인간을 치료하기 위해서는 사랑이 근본이 되어야만 한다.[24] 이 사랑은 하나님의 고결하고 순수한 아가페를 기반으로 한다.[25] 그럼에도 인간은 타락이라는 근본적인 악의 영향으로 하나님의 사랑을 선택하는 것이 아니라 죄와 불순종

---

[24] 심수명, 「사랑의 관계 회복을 위하여-지도자용」(서울: 도서출판 NCD, 2000), 91-125 참조.
[25] 이 사랑은 너무나 중요하고 근본적인 것이어서 이 사랑이 없으면 인간의 인간됨이 방해를 받는다. 인간이 '하나님의 사랑의 위대함에 사로잡힌바 되기까지' 버림받은 기분과 불안정감을 떨쳐버릴 수 없다. Gary R. Collins, The Christian Psychology of Paul Tournier, 정동섭 역, 「폴 투르니에의 기독교 심리학」(서울: IVP, 1998), 63.

을 향해 달려간다. 여기에 예수 그리스도의 구속적 은혜가 있다.

둘째, 인간이라면 누구나 필연적으로 고통을 당하게 되어있다.[26] 누구든지 태어나서부터 근원적인 죄와 선천적인 약점에 눌려 지내게 마련이며 어린 시절에는 심한 감성적 충격으로 고통을 당하고 늘 방해와 피해, 실망 따위로 고통을 당할 수밖에 없는 것이 인간의 실존이다.[27]

셋째, 인간은 동일시를 통해 성장하고 변화되는 존재이다. 동일시는 자신이 존경하는 인물의 특성을 마치 자신의 것인 양 답습하려고 하는 성향이다. 어린아이는 자기를 부모와 동일시하고, 십대는 친구들 간에 동일시가 일어나며, 젊은이들은 인기 있는 대중 가수와 동일시하는 등 인간은 때때로 존경하고 숭배하는 인물과 자신을 동일시한다. 이와 같은 동일시가 인간을 성숙하도록 돕는다.[28]

마지막으로 인간 발달의 과정을 이해해야 한다. 모든 인간에게는 인생 여정에서 만나는 각 단계별 발달의 과정을 잘 소화해야 하는 과제가 있다. 아이에게는 부모와의 관계 맺음이 제일 중요하고 사춘기에는 자신의 독립성을 세우고자 지금까지 배워 온 가치관과 전통, 도덕적 기준 그리고 종교적 신념을 벗어 버리려고 도전하는 반항 의식을 잘 조절해내야 한다. 또한 청년기에는 선택을 잘 배워야 한다. 즉, 가치관을 선택하고, 친구를 선택하고, 삶의 반려자를 선택하며, 직업을 선택한다. 성인기의 대표적 특성은 활동성이다. 이 활동성은 '스스로를 통제하는 활동성' (self-directing activity)으로서 이는 정기적인 계획과 묵상에 의해 가장 큰 효

---

[26] 사람은 매우 약한 정도의 고통이라도 그것을 느낄 때 그 괴로움을 떨쳐 버리고 싶은 충동이 있다. 그럼에도 불구하고 인간의 삶 속에서 고통은 피할 수 없는 것이다. 이러한 고통은 실존의 개체성을 철저히 인식케 한다. 그것은 고통 그 자체가 옮길 수도 나누어 줄 수도 없고 나 혼자 이 아픔을 통과해야만 하기에 깊은 고독과 홀로 남은 소외감을 느낄 수밖에 없다. 손봉호, 「고통받는 인간」 (서울: 서울대학교 출판부, 1995), 97.
[27] 이 과정을 통해 인간은 자신을 반성하며 돌아보게 되고 자신과 하나님의 섭리를 바라보게 된다. 이렇게 역사에 대한 고난은 사람을 도와 훌륭하게 성숙하도록 도울 수도 있지만, 정상적인 발달을 방해하는 장애물이 될 수도 있다. Roger Hurding, Roots and Shoots: A Guide to Counseling and Psychotherapy, 김예식 역, 「치유 나무」 (서울: 한국 장로교 출판사, 2000), 154.
[28] Collins, The Christian Psychology of Paul Tournier, 60. 그러나 그릇된 모방은 파괴적으로 인도하기도 한다.

과를 발휘한다. 노년기의 적응은 40대 중년기부터 준비하는 것이다. 노년기는 자신의 늙음을 수용하며, 자신의 존재됨을 새롭게 확인해야 하는 시기이다. 이를 위해 하나님과 자신의 관계를 새롭게 점검해야 하며 죽음 후에 대면하게 될 그분에 대한 순종으로 죽음을 준비해야 한다.[29]

5. 평신도 상담가를 양성하는 한밀교회

1) 만인제사장으로서의 평신도 상담자[30]

평신도 상담의 근거는 병리적인 문제가 아닌 일반 영역의 상담에 있어서 전문 상담자나 동료 상담자(훈련받은 평신도 상담자)의 상담 결과에 큰 차이가 없다는 일반적으로 증명된 이론[31]에 따라 이들에게 상담자의 역할을 기대하는 것이다. 즉 평신도 상담자란 '상담에 대한 최소한의 훈련을 받은 사람으로서 급료를 받지 않고 시간과 노력을 자발적으로 제공하는 지체'를 말한다. 이들은 비전문가[32]이지만 전문가 수준의 자질을 훈련받아 고통 당한 사람들을 위로하고 공감하며 삶의 대답을 제시함으로 궁극적으로 예수 그리스도를 만나도록 돕는 자인 것이다.

평신도 상담자의 효율성은 다음과 같다. 첫째, 평신도 상담자를 활용하게 되면 전문 상담자만을 활용하는 것에 비해 상담자의 업무와 상담 시간을 경감시키고 많은 사람들을 상담하게 되므로 효율적이다. 둘째, 평신도 상담자는 내담자와 같은 평신도의 입장에서 생각이나 느낌, 욕구, 좌절, 불안, 고민들을 공유할 수 있으

---

[29] Collins, The Christian Psychology of Paul Tournier, 60.
[30] "오직 너희는 택하신 족속이요 왕 같은 제사장들이요 거룩한 나라요 그의 소유된 백성이니 이는 너희를 어두운 데서 불러 내어 그의 기이한 빛에 들어가게 하신 자의 아름다운 덕을 선전하게 하려 하심이라"(벧전 2:9)
[31] 김광은, "동료 상담자 훈련에 관한 일 연구-사관 생도를 위한 프로그램 개발 및 평가를 중심으로", (박사학위논문 : 이화여대대학원, 1992)참조.
[32] Gary R. Collins, Innovative Approach to Counseling, 정동섭 역, 「창의적 상담 접근법」(서울: 두란노, 1995), 82.

므로 내담자와 상담자간에는 보다 쉽게 일체감과 친밀감을 갖게 되고, 이에 따라 상담의 효과가 증진된다. 셋째, 평신도 상담은 내담자의 정서 장애 해소, 자기 존중성 향상, 자신감 배양 및 대인 관계의 형성과 발달을 증진하는데 효과적이다. 그리고 마지막으로 평신도 상담의 경우, 내담자를 상담하는 경험을 통해 상담자 자신이 성장하는 데 도움을 받게 된다.[33]

2) 한밀교회의 모습

하나님의 사랑 안에 공의를 담아 사랑의 관점으로 성도를 감싸 안고 치료하고 비전의 길을 가도록 돕는 상담목회를 지향해온 결과 대다수의 성도들은 이제 과거의 상처에서 치유되어 성숙한 삶을 살아갈 뿐 아니라 소명과 비전을 향해 나아가고 있다.

따라서 가정에서 사랑을 많이 받은 자녀는 높은 자존감을 가지고 자신의 삶과 비전을 세워가듯이 성도들은 대체적으로 영적, 심리적으로 건강하게 관계하고 있다. 그래서 서로 사랑하고 교회를 위해 헌신하고 목회자와의 관계에서 사랑으로 하나되는 아름다운 모습을 많이 보여주고 있으며 평신도들이 많이 헌신해서 특별히 목자 40여명, 간사 20여명이 함께 교회를 섬기고 있다. 이들은 자신의 가정과 직장을 섬기면서 교회에 강하게 헌신하고 있다.

한밀교회 시스템의 중심은 목장 제도이며, 목장이 잘 운영되고 목장안의 사람들이 치료되어서 가정과 목장, 직장을 잘 섬길 수 있도록 상담연구소가 옆에서 계속적으로 돕고 있다. 또 6개월 정도의 일대일 제자훈련, 2년 정도의 인격적인 신앙훈련을 통해 말씀훈련과 신학훈련을 철저히 시키고 있다.

다음은 교회성장 평가 전문기관인 NCD[34](Natural Church Development) KOREA에 의한 한밀교회 평가이다. 현재 한밀교회는 건강한 교회로 NCD의 모델

---

[33] 이형득, 김정희, "Peer Counseling의 효과에 관한 연구", 「계명대 학생 생활 연구소 지도 상담」, 1983.

교회이다. 이러한 평가 결과는 한밀교회가 다른 모든 훈련과 함께 기독교 상담사역을 꾸준히 지속했기 때문이라고 연구자는 자평한다.35) 현재는 '사랑의 관계 클리닉'이라는 공식 명칭으로 한국 NCD와 함께 한국의 목회자와 평신도 지도자들을 대상으로 교육하고 있으며 2004년 현재 30차에 이르고 있다.

다음은 한밀교회의 NCD진단 결과이다.

〈표 1〉 한밀교회의 NCD진단 결과

내 용	2000년	2001년	2002년
사역자를 세우는 지도력	58	71	72
은사 중심적 사역	59	83	66
열정적 영성	45	70	69
기능적 조직	61	72	76
영감 있는 예배	49	60	73
전인적 소그룹	60	79	86
필요 중심적 전도	41	60	73
사랑의 관계	70	97	94
평균	55	74	76

34) NCD란 자연적 교회성장원리로서 6대주 32개국 1,000여개 샘플교회의 420만 자료로부터 추출된 자연적 교회 성장 원리이다. 현재 50개국 5,000여개 2,100만 자료로 발전한 전세계 모든 문화와 교회에 적용할 수 있는 실질적인 도구이며 NCD 원리를 적용한 결과 99.4퍼센트 질적 양적 성장이 전세계 50개국에서 검증되었다. NCD KOREA는 이 원리를 한국에서 적용하고 있는 단체이다. Christian A. Schwarz, Natural Church Development, 정진우 외 역, 「자연적 교회성장」(서울: 도서출판 NCD, 1999).

35) NCD진단 점수의 의미는 8개척도 점수가 각각 65점 이상이어야 하며 점수간의 편차가 적을수록 교회가 건강하다는 것이다. 그리고 건강한 교회는 자연히 질적, 양적인 부흥이 따라오는 것이다.

6. 결론

고통 받는 사람에게 가장 힘든 것은 무관심이다. 도움을 절실히 필요로 하는 사람은 자신의 얘기에 귀기울여주고, 격려의 말을 해주며, 용서하며, 안아주며, 자신의 손을 꼭 잡아주며, 부드러운 미소를 지어 주거나 더 이상 도울 능력이 없다는 말이라도 듣고 싶어 한다. 크리스천 리더십의 핵심은 남을 위해 자신의 생명을 내어주는 것이다. 고통의 상황에 들어가지 않고서는 고통을 없애버릴 수 없다.[36]

모든 경험에서 새로운 약속을 발견하고, 모든 만남에서 새로운 깨달음을 얻으며 모든 일에서 새로운 메시지를 얻을 수 있어야 한다. 그러나 이런 것은 저절로 나타나는 것이 아니라 발견해야 하고 눈에 보이게 만들어져야 한다.

크리스천 리더십은 삶에 대한 낙관주의가 아니라 그리스도의 십자가와 부활에 바탕을 두고 있다. 그것은 인간의 시험과 범죄의 사슬을 끊는 결정적 사건이며, 어둠의 반대편에 희망의 빛이 있음을 극적으로 확인시켜 준 사건이다. 소망으로 말미암아 현재 소유하지 않은 것에 집착을 버릴 수 있으면, 안전한 장소를 떠나 알려지지 않은 두려운 땅으로 갈 수 있다. 오직 순수한 소망만을 가지고 죽음으로 들어가셨던 그리스도의 고난의 길을 따라 제자의 도를 행하는 것이다.

---

[36] Henri J. Nouwen, The Wounded Healer, 최원준 역, 「상처입은 치유자」 (서울: 두란노, 1999), 98-108 참조.

5장
기독교 인격교육

⟨칼럼⟩
1. 신앙성숙을 도모하는 기독교 교육의 방향성 _ 218
2. 하나님 이미지에 대한 소고 _ 223
3. 인간관계의 문제, 심정대화로 풀어라 _ 229
4. 소그룹리더의 경청 _ 236

⟨학회 발표 논문⟩
5. 전인성숙을 위한 제자 훈련 교재 개발에 관한 연구 _ 245

칼 럼 〈출처〉 (사)다세움 계간지 나누리 2006년 7, 8월호

1. 신앙성숙을 도모하는
기독교 교육의 방향성

매우 열심히 기도 생활을 하던 어떤 사람이 있었다. 이 사람은 시간만 나면 산기도와 기도원에 가서 철야하고 회사에 출근하곤 했는데 철야 기도를 마치고 새벽 기도까지 하고 회사에 출근하다가 졸음운전으로 교통사고가 나서 죽음을 맞게 되었다. 그 부인 집사님은 이런 현실을 보고 더 이상 하나님을 믿지 않겠다고 하면서 신앙생활과 담을 쌓아버렸다. 그 부인은 기도하는 자기 남편도 지켜주지 못한 하나님은 필요 없다고 생각하게 된 것이다.

우리 주변에는 이처럼 극단적인 경우가 아니라 하더라도 남편이 실직을 해서, 자녀가 시험에 떨어져서, 부모님이 병에 걸려서, 남편이 바람을 피워서 등의 각종 힘든 일이 일어나는 경우, 신앙으로 이것을 극복하지 못하고 오히려 하나님과 교

회를 원망하며 신앙을 버리는 경우를 접하게 되곤 한다. 심정적으로는 그들의 속상함을 이해할 수 있지만 안타까운 것은 힘들고 자신의 원함대로 이루어지지 않는다고 자신의 신앙을 저버리고서야 어찌 한국 기독교가 빛과 소금으로서의 역할을 감당할 수 있을지 사뭇 걱정이 된다.

성숙한 신앙을 가진 자는 하나님께서 각자에게 허락하신 목표를 마음속에 간직하고 그 목표에 초점을 맞추기 위해 살며 과거의 경험보다 미래에 강조점을 두는 사람이다. 그렇다면 기독교에서 지향해야 하는 교육은 어떤 교육이어야 하는지를 동기이론을 가지고 제시해 보고자 한다.

사람들이 어떤 행동을 할 때 그 행동의 동기는 다양하게 나타난다. 그 동기를 간단하게 두 가지로 나누면 '내재적인 동기'와 '외재적인 동기'로 나눌 수 있다. 외재적인 동기'는 행동을 하게 된 동기가 행동의 결과로 보상을 받거나 처벌을 피하기 위한 목적으로 행동하게 되는 것이며, '내재적인 동기'는 행동을 하는 동기가 결과(보상이나 처벌)때문에 하는 것이 아니라 행동 자체가 목적이 되는 것이다. 다시 말해서 행동에서 기쁨이나 보람이나 의미를 발견하기 때문에 행동하는 것이 바로 내재적 동기로 행동하는 것이다.

그런데 안타까운 사실은 종교인들에 대한 조사 결과, 외재적인 동기를 가지고 믿는 사람은 90% 이상이고 내재 동기로 신앙 생활하는 사람은 10%도 안 된다고 한다. 이처럼 외재적 동기를 가진 신앙인이 훨씬 많기 때문에 기독교인들이 편견도 많고 더 이기적으로 보일 수밖에 없다. 그런데 이러한 동기 수준은 잘 바뀌지 않는다고 한다. 즉 기독교인이 되어도 그 사람의 동기와 성향은 바뀌지 않더라는 것이다. 그 외에도 신앙 성숙은 신앙의 연륜이나 직분과도 무관하다고 한다. 이러한 연구 결과가 시사하는 바는 외재 동기를 가지고 있는 사람은 신앙생활이나 신앙교육을 통해 삶이 변하지 않는다는 사실이다.

동기에 대한 유명한 '원숭이와 바나나' 실험을 소개함으로 동기가 얼마나 중요한지 다시 한 번 더 강조하고 싶다. 원숭이는 호기심이 많아서 간단한 퍼즐을 주면 재미있게 풀곤 한다. 그런데 얼마 후 퍼즐과 함께 바나나를 주었더니 이전보다 더 퍼즐을 잘 풀었다. 하지만 나중에는 바나나를 주지 않고 퍼즐만 주었더니 더는 퍼즐을 풀지 않았다. 그 이유는 처음에는 퍼즐 푸는 것 자체가 내재적인 동기에서 출발했는데 퍼즐과 바나나를 함께 주자 외재적인 동기 때문에 퍼즐을 풀게 된 것이다. 원래 내재적인 행동이었던 것도 외부적인 보상과 처벌을 연결시켜 주면 외재적인 동기로 바뀌게 되는 것을 보여주는 아주 중요한 실험이다.

동기 이론과 비슷한 연구로서 종교성향에 대한 연구가 있다. 종교성향이란 그가 가지고 있는 종교적 신념과 일치되는 사고와 가치관대로 사는 것으로서 여기에는 내재적 종교성향과 외재적 종교성향이 있다. 내재적 종교성향은 종교적 신념과 가치관대로 살아가는 사람이고 외재적 종교성향은 종교적 행동과 신념이 불일치하는 것이다. 고든 올포트(Godon W. Allport)에 따르면 내재적 종교성향을 가진 사람은 종교 안에서 가장 중요한 동기를 발견하고 신조를 받아들이며 그것을 내면화하고 그것에 일치되도록 노력하는 사람이다. 한편, 외재적 종교성향을 가진 사람들은 자기의 목적이나 이익 때문에 종교를 이용하려고 한다. 이들은 종교를 안정과 위안, 사교성과 기분전환, 지위와 자기 정당화를 부여해주는 것으로서 받아들이며 종교적 신념은 가볍게 취급하거나, 자신의 요구에 더 적합하도록 변형시킨다.

내재적 종교성향을 가진 사람에게 있어 종교란 도구로서 유용한 성질의 것은 아니다. 그것은 순응의 한 형태도 아니고 위안이나 정신 안정제, 또는 지위를 얻기 위한 수단도 아니다. 반대로 외재적 종교성향을 가진 사람에게 있어 종교란 안전, 안락, 지위 또는 사회적 지지를 주는 수단이며, 종교 그 자체가 중요한 가치가 되지 않는다.

기독교 교육의 목표는 외재적 종교성향을 가진 사람이 아니라 내재적인 종교성향인으로 자라도록 하는데 있다. 그런데 일반적 신앙 교육이나 신앙생활만으로는 내재적 신앙인으로 변하지 않는다고 한다. 이제 기독교 교육은 진정한 삶, 진정한 신앙 회복으로의 사명을 가지고 공부나 예술이나 종교가 본래 내재적인 동기에 의한 것이 되도록 회복해야 한다. 내재적인 동기를 가질 때에 창조력이 생긴다. 어떤 사람이 신앙을 통해서 보상이나 처벌을 피하려는 동기로 신앙생활을 하면 이들의 삶은 성숙으로 나아갈 수 없다. 이들은 교회 생활을 자신의 사회생활에 필요한 어떤 것을 채우거나 보상을 받으려고 '종교를 이용하는 사람들'이다. 반면에 신앙생활은 삶의 의미, 기쁨, 보람을 주는 것이라고 생각하는 내재적인 동기의 사람은 '종교를 삶으로 사는 사람들'이다.

기독교 교육에 의해서 변화를 가져오려면 신앙을 가진 이후에 내재적인 동기 성향으로 바뀌도록 해야 교육적으로 의미가 있는 교육이라고 할 수 있다. 성경은 내재적인 동기로 믿음을 갖고 삶을 살라고 하지만 믿지 않는 사람이 신앙을 가지면 외재적인 동기 그대로 신앙생활을 하므로 내재적인 동기로 바뀌도록 해야 한다. 그렇게 하지 않으면 삶이 변하지 않는 종교인이 될 수밖에 없다.[1]

지금까지 기독교 교육이 효과가 없었다면 바로 이러한 연유일 확률이 가장 높다. 신학과 신앙생활의 목표는 본질적으로 변할 수 없지만 그것을 이루어 나가는 방법론에서는 심리학의 도움을 받을 때 신앙 성숙에 큰 도움을 받을 수 있다.[2] 심리학은 이런 점에 있어 많은 연구가 되어 있기 때문이다.

이제 우리 기독교가 성숙한 신앙인, 삶과 인격으로 세상 사람들에게 모범이 되는 사람을 만들고 싶다면 더 이상 교회를 기복적으로 몰고 가는 행동은 삼가 해야 할 것이다. 물론 하나님을 잘 섬기고 믿으면 복을 받고 그렇지 않으면 저주를 받는 것이 사실이다. 그러나 거기에만 머물러 있으면 내재적인 신앙인으로 변화되지 않으므로 초기에는 기복적인 부분을 강조하다가 어느 순간에는 그 부분을 빼고

---

[1] 이것은 구원론과 연결되는 문제는 아니다.
[2] '불의한 청지기(눅 16:1-13)' 비유에서 예수님께서는 세상에서 배워 올 것이 있으면 배워오라고 하신다. 일반 학문에서 연구한 것을 가져다가 신앙적으로 활용하여 훌륭한 신앙인을 만들 수 있다면 가져다 써도 된다는 의미이다.

기독교의 본질을 추구하도록 해야 한다. 하지만 이러한 것은 지식적으로 알려준다고 되는 것이 아니다.

내재적인 사람은 우리가 따라야 할 모델이 되시는 예수님을 향해 살면서 자신의 삶을 바꾸기를 즐거워하는 사람이다. 참 신앙은 하나님을 자기에게로 끌어내리는 것이 아니고 자신이 하나님께로 끌려올라가는 것임을 강조하여 알게 해 주어야 한다. 하나님을 변화시키는 것이 아니고 자기가 변화되도록 해야 하는 것이다. 따라서 기독교가 신앙과 삶, 앎과 행동이 일치하는 성숙한 신자가 되도록 하는 것을 목표로 삼는다면 교육을 통해 인격과 삶이 바뀌도록 도전을 주어야 한다. 이를 위해서는 말로서의 가르침이 아니라 종교 안에서 궁극적 의미를 발견하고 그것에 따라 살며, 그것 때문에 고난과 괴로움을 감수하는 진정한 실천적 가르침이 필요하다. 따라서 이제는 기존의 방법이 아닌 내적인 변화가 일어나도록 하는 진정한 종교적 각성이 필요하다.

구체적인 방법으로, 자신의 내적인 문제를 치유하고 회복하도록 기독교 가치관에 근거한 상담훈련이나 인격에 초점을 두는 성경공부 등을 권하고자 한다. 나는 이런 점에서 삶의 변화를 위해 현재 한밀교회에서 훈련하고 있는 '인격적인 제자로의 성장 시리즈 교육(전5권)' 과 '인격적인 신앙훈련 초급, 중급, 고급 훈련' 을 2년 과정으로 시행하고 있으며 이와 병행하여 각종 상담훈련을 실시하고 있는데 이러한 노력으로 인하여 성도들의 신앙이 내적으로 성숙해졌음을 눈으로 확인하는 기쁨을 누리고 있다. 이러한 우리의 노력을 우리 교회나 상담기관만이 누리는 것이 아니라 신앙과 삶의 성숙에 관심있는 분들과 나누며 협력하고 싶다. 그리하여 온전히 예수님의 장성한 분량까지 자라는 성숙한 하나님의 사람들이 많아지기를 소원한다.

칼 럼 〈출처〉(사)다세움 계간지 나누리 2006년 8월호

2. 하나님 이미지에 대한 소고

일반적으로 사람들은 다른 사람의 성격과 그의 행동 반응 양식을 보고 그 사람에 대한 마음속의 이미지(정신적 표상)를 마음속에 세운다. 이러한 내적 이미지는 자기 자신의 인생에서 중요했던 인물과 경험했던 관계에서 영향을 받은 것이다. 타인과 맺었던 중요한 관계 양식들은 어떤 식으로든 사람 마음에 흔적을 남김으로 그 사람의 태도나 반응, 지각에 영향을 미친다. 그리고 이러한 이미지는 한번 만들어지면 전 생애를 걸쳐 자기 자신과 다른 사람들과의 관계에 지속적으로 영향을 준다.

이것은 하나님의 상(象), 이미지를 형성하는데 있어서도 영향을 미친다. 사람들마다 하나님에 대한 이미지가 다른데, 하나님 상에 대해 영향을 미치는 가장 큰 요

인은 어린 시절부터 그 개인에게 중요한 사람들이며 그 중 부모와의 관계경험이 핵심적으로 작용한다. 하나님에 대한 이미지는 어린이가 가지고 있는 희망, 두려움 그리고 갈망에서부터 시작되어 살아가는 과정에서 가족 구성원의 실제적 특징들과 얽혀지면서 형성이 된다. 이렇게 형성된 하나님의 상은 평생토록 하나님에 대한 이미지 형성과 자존감, 희망을 갖는데 영향을 준다.

하나님 상의 형성과정과 요인에 대한 연구는 여러 학자들의 실험적 연구에 의해서 진행되었다. 피터 벤슨(Peter Benson)과 버나드 스필카(Bernard Spilka)는 128명의 가톨릭 남자 고등학생들을 대상으로 연구한 결과, 긍정적 자존감을 가진 학생들은 하나님에 대하여 사랑이 많고 따뜻한 하나님 이라는 이미지를 가지고 있으며, 부정적 자존감을 가진 학생들은 통제하고, 보복적이고, 비인격적인 하나님 이미지를 가지고 있음을 알 수 있었다. 존 부리(John Buri)와 레베카 뮬러(Rebecca Mueller)도 127명의 대학교 학생들을 상대로 부모의 권위와 관련된 하나님에 대한 개념과 자존감의 관계를 연구한 결과, 높은 자존감을 가진 학생들은 하나님에 대해 인간을 사랑하고 인내심 많고 용서하는 분이라는 개념을 가지고 있었고, 낮은 자긍심을 가지고 있는 학생들은 하나님에 대해 경직되고 비판적이며 잘못을 꾸짖는 속성을 가진다고 이해하였다.

하나님의 이미지에 대하여 많은 연구를 한 안나 마리아 리주또(Ana-Maria Rizzuto)는 20명의 기독교인과 유대교 정신 장애 환자를 대상으로 설문지, 면접, 그림을 통해 하나님 상에 대한 연구를 했는데 모두 자신이 어렸을 때 경험한 부모와의 관계가 하나님에 대한 이해와 연관이 많음을 밝혔다. 하나님에 대한 각 개인의 이해는 어린 시절에 가졌던 두드러진 감정 요소에 따라 특징지어지고 하나님 상이 자신에 대한 이미지(자기표상), 타인에 대한 이미지(대상표상), 믿음체계에 영향을 미친다고 하였다.[1] 이것을 이해하도록 해주는 이론이 바로 대상관계이론이다.

하나님에 대한 상을 결정짓는 요소에 대해 리주또는 부모와의 관계, 중요한 사람이나 단체와의 관계, 자존감, 하나님에 대한 가르침, 종교의식 실행이라는 다섯 가지로 분류했다. 이중 중요한 것은 부모와의 관계와 자존감으로 하나님 상(이미지)의 형성은 성경말씀이나 의식과 같은 외부적인 요소보다는 개인 내적으로 맺는 부모님과의 관계와 자존감과 같은 내부적인 요인에 의해 더 많은 영향을 받는다고 하였다.

부모와의 만족스러운 관계와 보살핌은 아이 안에 내면화되어 자아구조로 통합되고 가치감과 정체성을 형성하는데 영향을 준다. 이런 아이는 타인과 세상에 대한 근본적인 신뢰를 가지게 되며 자신과 타인에 대해서도 긍정적인 이미지를 형성한다. 반면 아이가 충분한 애정과 보살핌을 받지 못하고 반복적으로 거부당하거나 무시당하거나 혹은 처벌을 받으면서 성장한다면, 자신과 타인에 대한 이미지(표상)가 부정적인 성격을 지니게 되는 것이다. 이로 인하여 낮은 자존감과 자아정체감을 갖게 되고, 타인에 대해서도 왜곡된 지각과 부정적인 정서를 형성하여 대인관계에서 고통을 겪게 된다.

하나님에 대한 이미지는 이러한 방식으로 적용되는데, 하나님 이미지에 대한 부정적인 상으로 리주또는 4가지 유형을 들고 있다.

첫째, 수염이 없는 하나님 유형이다. 이 유형은 하나님을 전적으로 자신의 아버지와 같은 분으로 확신하면서 부성적인 인물에 대한 양가감정으로 인해 하나님을 능력이 있고 사랑을 베푸시는 분인 동시에 가장 도움을 필요로 할 때 도움을 주지

---

1) 대상관계 이론은 인간이 일생을 통해 맺고 있는 인간관계의 경험들에서 어떻게 자신과 다른 사람들에 대한 표상을 형성하며, 이런 내면화된 표상들이 자신과 대상에 대한 지각과 경험, 관계양식에 어떤 영향력과 역동적인 관계를 형성하는가에 관한 이해에 유용한 이론적 틀을 제공한다. 대상(object)이란 단순히 타자 혹은 그에 대한 인식이나 경험만이 아니라 내적 대상을 포함하는 개념이다. 내적 대상은 과거 대인관계 경험을 반영하며 현재와 미래에도 지속적인 영향을 미치고 내면화된 관계가 대상선택과 관계에 영향력을 갖는다고 보는 입장이다. 대상관계란 생애 초기 주요타자들과의 관계에서 경험한 것이 정신적인 표상과 상호작용의 틀로 내면화된 것을 의미한다. 삶의 초기에 경험하는 대상관계는 이후의 삶에도 지속적으로 영향을 미치게 된다. 생애 초기 유아는 주양육자인 어머니와의 관계 속에서 많은 이미지들을 경험하고, 이 경험들은 중요한 대상경험이 되고 그 경험에 수반되는 정서 상태까지 내면화되어 점차적으로 어머니라는 대상표상을 형성한다. 이때 대상표상의 형성뿐만 아니라 대상에 반응하고 행동하는 자기에 대한 표상을 형성하게 된다. 자기표상은 주 양육자와의 경험을 바탕으로 내면화된 자신에 대한 지각, 느낌, 기억, 의미를 포함한다.

않고 홀로 내버려두는 하나님이라고 믿는다.

둘째, 거울속의 하나님 유형으로 하나님의 존재를 확신하지 못하고 방황하는 유형이다. 이 사람은 하나님이 자신 안에 있다고 하면서 자신의 부정적 이미지가 바로 하나님이라고 믿어버린다.

셋째, 불가사의한 하나님 유형으로 이런 유형의 사람은 하나님을 지적으로만 알고 있으며 정서적으로는 만나지 못했기 때문에 하나님을 이해할 수 없는 분으로 생각하면서 다른 사람들이 신앙생활하는 것을 이상하게 생각하는 사람이다.

넷째, 적대자로서의 하나님이다. 이 유형은 자신은 존재할 가치가 없는 사람이라는 이미지를 갖고 있으며 심한 외상을 경험한 사람들이다. 그 외상의 예로는 첫째, 극심하게 병리적이고 유아적이며 고립되어 있는 10대 부모를 두었을 경우, 둘째 부모에 의해 초기 아동기에 거절감을 경험했을 때, 셋째, 가학·피학적이고 거부적이며 공포와 경계성장애를 가진 어머니가 있을 때, 넷째, 수동적인 의존, 철이 없거나 정서적으로 고갈되어 있는 약물중독자인 아버지가 어머니의 돌봄을 받는데 막강한 경쟁자가 되었을 경우, 다섯째, 복합적인 문제를 가진 가족으로 인해 사회적으로 박탈 경험이 있는 경우 등이다.

연구 결과가 의미하는 것은 일반적으로 사람들이 있는 그대로의 하나님을 인식하기보다는 부모님에 대한 이미지 자체를 하나님으로 인식하고 있음을 말해주고 있다. 만약 내가 알고 있는 하나님이 성경의 하나님이 아니라 다만 우리 부모님의 이미지를 형상화한 것에 지나지 않는다면 이 얼마나 안타까운 일인가? 그러나 그나마 다행스러운 것은 하나님 이미지는 고정된 것이 아니라 발달단계에 따라 여러 경험을 통해서 변화될 수 있다는 점이다. 바로 이 부분에서 우리는 초기 대상관계의 중요성을 인식하면서도 하나님에 대한 이미지(표상)를 변화시킬 수 있는 목회상담적 개입 가능성을 발견하게 된다.

하나님의 이미지를 긍정적으로 인식하려면 어떤 노력을 기울여야 할 것인가? 리주또가 말하는 것처럼 하나님 이미지를 긍정적으로 가진다는 것은 단지 교육으로만 되는 것은 아니다. 우리가 거룩하신 하나님께 나아갈 수 있는 길이 하나님께서 인간이 되심을 통해서 가능했듯이, 우리가 하나님을 경험하고 하나님에 대한 긍정적인 이미지를 가질 수 있는 것도 하나님께서 우리에게 주신 사람들과의 관계의 경험을 통해서 가능하다. 그러므로 먼저 교회 공동체와 가정이 행복하고 사랑이 넘치는 질 높은 관계를 제공할 수 있어야 한다.

목회자의 태도가 그 중에서 무엇보다 중요하다. 대부분의 성도들은 목사의 말씀과 종교의식을 통해 간접적으로 하나님을 만나고 경험하기 때문에 목사의 삶과 태도, 설교가 정죄와 심판의 하나님을 강조하게 되면 자신에 대하여 죄책감과 낮은 자존감을 성형하게 되는데 이것을 인정하기가 두렵기 때문에 억압하게 된다. 그러나 마음속으로는 이미 이러한 이미지가 형성되어 하나님에 대해서도 결과적으로 무섭고 두려운 대상으로 인식하게 된다. 그러므로 목회자는 성도가 건강한 자기를 형성하고 성장시키도록 격려하는 사랑의 분위기와 따뜻한 상담과 가르침이 필요하다. 나아가 균형적인 하나님 이미지(표상)를 제시함으로 각 개인이 올바른 하나님을 인식하고 성수한 신앙인으로서의 삶을 살아갈 수 있도록 사랑과 공의의 하나님에 대해서 알려주어야 한다. 하나님은 영혼을 살리고 성숙시키는 분이시다. 그 표현이 예수그리스도의 십자가 사랑으로 나타나고 있다.

그러므로 우리들도 하나님의 사랑이 우리를 살리고 성숙시키고자 사랑을 베푸시는 것으로 인식할 수 있어야 한다. 그렇지 않고 부모로부터 받은 부정적 이미지 때문에 하나님의 공의를 부정적인 것으로 인식한다던지, 과잉보호적인 사랑을 참사랑으로 착각하여 잘못을 해도 모든 것을 다 받아주어야만 사랑이라는 오해로 하나님 이미지를 그려서는 안 될 것이다.

이런 점에서 목회자가 하나님의 대리자로서 사랑과 공의의 하나님에 대하여 삶과 말씀이나 행동으로 보여주어야 할 책임이 있는 것이다. 즉 개인의 경험과 대상관계의 상호관련성을 충분히 알고 개인이 가진 왜곡된 하나님의 이미지를 바로잡아주고 긍정적인 자신에 대한 이미지(자기표상)를 형성할 수 있도록 도와주어야 한다.

　하나님과 관계를 맺는 사람들이 모인 교회공동체가 서로를 공감해주고 수용해주는 치유의 장이 되어야 한다. 초기 대상관계에서 경험되지 못했거나 채워지지 못한 욕구들이 회복될 수 있는 '품어주는 공간'을 제공하고, 위로해주고 지지해주는 관계 경험을 통해 친밀하고 인격적인 하나님을 경험할 수 있도록 해야 한다. 이는 성도들 상호 간에 '따뜻하고 충분히 좋은 엄마(Good enough mother)' 역할을 통해 건강한 교회공동체로 성장할 수 있음을 의미한다.

　따라서 목회자나 교역자, 또는 평신도 지도자나 교회공동체가 서로가 서로를 수용해주는 사랑이 넘치고 따뜻하며 수용해주는 곳이 될 때 성도들의 하나님에 대한 왜곡된 상이 새로운 상으로 변화되는 축복이 있을 것이다. 이제부터라도 교회에서는 무섭고 엄격한 대상으로서의 하나님 이미지가 아니라, 삶에 위로와 힘을 주고 자신을 긍정적으로 수용해 주는 사랑의 하나님을 만날 수 있도록 노력해야겠다. 하나님을 제대로 이해할 때에만이 그의 신앙은 고상하고 존귀하며 아름다워질 수 있기 때문이다.

칼럼 〈출처〉 월간교회성장(2003. 3)

3. 인간관계의 문제, 심정대화로 풀어라

Ⅰ. 서론

　중세 시대 스페인을 배경으로 왕년의 명배우 찰톤 헤스톤과 소피아 로렌이 주연한 '엘 시드'라는 영화가 있다. 여기서 찰톤 헤스톤은 파문을 당해 약혼녀 소피아 로렌과 함께 고향에서 쫓겨난다. 거친 광야를 걷는 두 사람은 어느 누구의 도움도 받을 수 없었다. 그러다 한 마을에 도착해 우물가의 아가씨에게 물 한 잔을 청한다. 그러나 그가 파문당한 사람이라는 표식을 확인하는 순간, 그녀는 재빨리 고개를 돌리고 마치 아무 얘기도 듣지 못한 듯 그냥 자기 할 일만 계속한다. 파문 당한 사람에게 도움을 주면 안 될 뿐만 아니라 그를 의식하는 것조차 죄가 되었기 때문이다. 그러니 그는 살아 있긴 하지만 아무도 그의 존재 자체를 인정하지 않는 '산 송장'인 셈이다.

파문을 영어로는 엑스커뮤니케이션(excommunication)이라고 쓴다. 즉 모든 대화를 끊어 버린다는 뜻이다. 그러니 살아 있어도 산 것이 아니고 차라리 죽는 것만도 못할 수 있다. 그러나 현대 사회에 이런 가혹한 고통이 만연되고 있다. 그것이 소위 '왕따'이다. 왕따는 살인보다 더 무서운 범죄이다. 그것은 관계를 끊어버리는 형벌이기 때문이다. 이토록 대화(관계)는 생명줄처럼 소중한 것이다.

II. 본론

1. 대화란

대화를 인체에 비유하면 혈액순환과 같다. 혈액순환이 원활하지 못하면 건강을 지킬 수 없듯이, 원활한 대화 없이는 건강한 사회 건설의 꿈은 이루기 어렵다. 진정한 대화는 자신만의 밀실에서 나와 다른 사람을 만나는 일에서부터 시작된다.

제2차 세계대전 중에 병원에 입원한 전쟁 고아들의 사망률이 다른 환자들에 비해 월등히 높았다. 도대체 그 이유가 무엇일까? 고심하던 의사들이 여러 가지 방법을 시도했지만 결과는 모두 신통치 않았다. 그래서 생각 끝에 자원봉사자들을 모아 관심을 갖고 고아들을 보살펴주도록 한 결과 고아 환자들의 사망률이 평균치로 되돌아왔다. 이 보고는 무엇을 의미하는가? 사람은 누구나 관계를 그리워하고 만남을 갈망한다는 것이다.

오늘 우리의 가정은 어떠한가? 통계에 따르면, 우리나라 초등학생들이 가족과 대화를 나누는 시간은 '10~20분' (24.7%), '거의 없다' (22.6%), '20~30분' (18.4%) 순으로 나타났다. 그리고 가족이 모여 주로 하는 일도 'TV시청' (34.8%), '특별한 것이 없다' (17.6%), '뭘 사먹는다' (8.2%)는 응답이 상당 부분을 차지해 가족과의 대화 단절이 심각한 것으로 분석되었다.[1]

대신 방과 후에는 과외와 학원으로 이어진 과도한 학습으로 지쳐가고 있다. 무리한 조기교육으로 신체적, 정신적 질환에 시달리는 숫자도 상당하고, 심지어는 부모에게 적대감을 갖고 있는 어린이들도 있다. 부모와 자식 사이가 이 정도라면 과연 가족이라 할 수 있을까? 한 지붕 밑에 사는 동거인일지언정 말이 통하고 뜻이 통하고 서로를 아껴주는 가족은 아닌 것이다. 삶의 질은 곧 대화의 질에 직접 연결되어 있다.

대화야말로 인간다운 인간으로 성장해 가는 데 필수 불가결한 것이다. 대화는 곧 우리의 삶이고 제대로 된 대화는 사람을 살리는 만남이다. 이제는 '침묵은 금'이라는 격언은 이제 더는 시대정신에 맞지 않는다. 오히려 '경우에 합당한 말은 아로새긴 은쟁반에 금사과' (잠 25:11)라는 가르침에 귀를 기울여야 할 때이다. '고기는 씹어야 맛이요, 말은 해야 맛이다.' 혹은 '말 안 하면 귀신도 모른다.' 는 우리 속담도 있다.

1) 대화의 신학

기독교적 신앙은 하나님과의 만남이다. 그것은 인간의 능력에 의해서 하나님과의 관계의 길을 마련한 것이 아니라 초월적 존재인 하나님이 먼저 이니시어티브(initiative)를 취하여 인간과 관계하는 사귐의 길을 열어 놓은 것이다. 이것이 성육신이다. 여기에 구원과 소망, 비전의 삶이 있는 것이다. 그런데 성육신은 이렇게 단지 하나님과 인간 사이의 관계를 맺어주는 것이 아니라 인간과 인간 사이의

---

[1] 한국일보, 2001년 5월 1일, 사회면.

관계에서도 새로운 관계를 성립시킨다(마 22:37-40).

이렇게 해서 성육신의 사건은 하나님과 인간 사이의 관계의 길을 열어줄 뿐만 아니라 인간과 인간 사이의 새로운 관계를 열어줌으로써 인간을 관계적 존재로 만든다. 이러한 관계적 존재로서의 인간은 그 만남의 수단이 의사소통이다. 의사소통의 통로는 대화이다. 그리고 대화는 언어란 매개에 의해서 전개되는 것이다. 따라서 마음속에 있는 사랑의 진실을 언어(Verbal) 및 비언어(Nonverbal)로 전달하는 것이다. 이때 우리 안에 있는 하나님의 사랑이 나와 나 자신의 만남을 통해 자신의 상처와 아픔이 치유되며 더 나아가 내안에서 사랑이 흘러 내 가족과 이웃으로 사랑이 확대되는 것이다.

우리가 이미 사랑을 받았기에 순수하게 줄 수 있으며, 줌으로써 다시 받을 수 있는 것이다. 사랑은 그 자체에 창조성이 있다. 즉, 누군가를 사랑하려는 마음을 가지게 되면 인격의 중심인 마음속에 순수하고 이타적이며 자기 희생적인 사랑이 샘솟듯 일어나게 된다. 모든 인간의 마음속에는 사랑의 지하수가 흐르는데 그것을 개발하는 자가 사랑의 풍성함을 느끼며 살아가는 것이다. 이렇게 관계 속에 사랑이 흐르게 하는 만남이 심정대화이다.

2) 심정대화

심정대화는 일반적인 대화개념에서 한걸음 더 나아가 상대방의 심정을 알아주는 대화이다. 심정이란 단어는 마음을 뜻하는 심(心)과 정서를 뜻하는 정(情)의 합성어로서 정은 '마음속에 있으며, 마음으로 느껴진 정서'를 말한다. 한국인들은 가장 가까운 사람과의 관계를 표현할 때 '심정이 통하는 친구'라고 말한다. 다시 말해, 한국인에게 있어 정(情)이 든다는 것은, 서로가 서로에게 좋아하는 마음, 친밀감, 아껴주는 마음을 갖는 것을 말하며, 이러한 마음을 서로 공유하고 있다는 것을 의심할 수 없는 기정사실로 확인할 수 있는 것을 말한다. 한국인에게는 이것이 인간관계의 이상적 수준으로 생각되고 있다. 따라서 심정대화란 심정을 이해해주고 공감해주는 마음과 자세로 심정을 토로하는 자체만으로도 문제의 반은 해결될 수 있다는 가능성을 생각하면서 마음으로 하는 대화라고 할 수 있다.

이렇게 깊은 만남을 가질 때 모든 오해와 갈등이 풀어지고 관계의 시너지가 발생하는 것이다. 이때 인간관계의 만남이 극대화된다. 결국 마음을 나눌 수 있는 심정대화의 능력이 진정한 인간관계의 능력이 될 수 있다. 이러한 만남 속에 치유와 사랑의 풍성함이 있게 된다.

3) 일반대화와 심정대화의 실제 비교

* 다음은 일반적인 대화이다.

대학에 갓 들어간 학생이 엄마와 나눈 대화이다.

"엄마! 이번 주 금요일에 우리 과 MT간다! 신입생부터 4학년 선배들까지 모두 같이 가는 건데, 재미난 프로그램이 참 많아!" 대학에 입학한 뒤 처음 MT를 떠나게 된 딸은 신이 났다. "우리 동기들 모두 이것저것 준비하느라 야단들이야!" 그때 나물을 다듬으며 무표정하게 계속 듣고 있던 어머니가 불쑥 던진 말은, "그래, 얼마냐?"였다. "뭐라구?" "그래서 필요한 돈이 얼마냐구?" "엄마도 참!" "결국 돈 달라는 이야기 아냐?"

대학생이 되어 MT를 떠나게 된 기쁨을 엄마와 함께 나누고 싶었던 딸은 결국, "우리 엄마하고는 무슨 이야기를 못해!" 하며 돌아서고 말았다.

* 심정대화의 실제

① 요약하기(20%)

메시지의 내용을 정확하게 압축해서 반사하는 것으로서 화자의 말을 약간 사용해 가면서 자신이 이해한 말로 정리하여 재진술하는 것이다.

적용을 위한 연습:

"이번 주 금요일에 M.T 간다구. 신입생부터 4학년 선배까지 모두 함께 가고 재미있는 프로그램까지 있다구."

② 상대방의 심정 알아주기(70%)

상대방의 말을 요약한 후에 상대방의 심정이 어떠했는지 그 사람의 입장에서 상상해보고 그것을 말로 표현해 주는 것이다. 이러한 표현은 단순한 동의 정도가 아니라 상대방의 메시지가 그 자체로서 논리가 있음을 인정하는 것이며 그 사람과 내가 마음으로 하나가 될 수 있는 가능성을 열어주는 것이다. 상대방의 심정을 알아주기 위한 말은 다음과 같다. "당신은 (슬픈, 굉장히 염려되는, 두려운, 놀라운, 화가 나는, 흥분된…)감정을 느낀 것 같아요." 또는 "당신이 느끼는 것은 이러저러한 느낌이라고 추측됩니다."

적용을 위한 연습:

"네가 이제 대학생으로서 첫번째 M.T를 가게 되니 기대가 크겠구나. 4학년 선배까지 모두 함께 가고 오랜만에 친구들과 함께 시간을 가지게 되어 너무나 신나겠는걸. 이제야 말로 네가 대학생인 기분이 확실히 들겠다. 게다가 재미있는 프로그램도 있으니 너무 기쁘고 좋겠다."

③ 내 심정 전달하기(10%)

상대방의 이야기에 깊이 공감하면서도 나의 진솔한 심정을 직접적으로 전달하는 것이다. "당신의 이야기를 듣고 당신의 _____한 느낌이 전해지면서 내 마음은 이러했습니다."라고 나의 심정을 전달한다.

적용을 위한 연습 :

"너의 그 모습을 보니 엄마도 기쁘고 행복하구나. 그동안 고등학교에서 공부 하느라고 애쓰고 수고 많았다. 마음껏 즐거운 시간을 보내길 바란다."

III. 결론

마크 트웨인(Mark Twain)이 "나는 한 번 칭찬을 받으면 두 달간은 잘 지낼 수 있다."고 말한 적이 있다. 트웨인의 표현대로라면 일년에 여섯 번 칭찬을 받으면 일년 동안 사랑의 풍성함으로 행복할 것이라는 말이다. 그렇다. 심정대화는 말하는 이의 마음에 격려와 축복을 주는 것이며 공감하고 그의 관점에서 세상을 보는 것이다. 모든 사람들은 서로를 마음껏 사랑하고 사랑받고 싶은 가슴 깊은 갈망이 있다. 그런데 우리의 문제는 사랑을 표현하기 어려운 것이다. 따라서 가슴깊이 숨어 있는 따뜻한 마음을 심정대화로 만날 때 수많은 사람들의 문제를 치료하고 삶에 빛을 줄 것이다.

학회 발표 논문 〈출처〉 국제제자훈련원(월간디사이플, 2006. 7)

4. 소그룹리더의 경청

Ⅰ. 서론

미하엘 엔데(Michael Ende)가 쓴 '모모'라는 소설이 있다. 자그마한 소녀 모모가 초라한 행색으로 어떤 도시에 옴으로 이 소설은 시작된다. 그리고 얼마 지나시 않아 그 도시에 없어서는 안 될 중요한 인물로 부상한다. 모모의 집에는 손님이 끊이지 않았고, 무슨 일이든 문제가 생기면 사람들은 으레 "모모에게 가보게!"라고 말하게 되었다. 똑똑하지도 않고 특이한 어떤 능력도 없는 아이가 왜 그토록 유명한 사람이 되었을까? 그것은 모모가 따뜻한 관심을 갖고 온 마음으로 상대방의 이야기를 듣기 때문이었다.

누군가 나의 말을 귀 기울여 들어주는 사람이 있을 때 사람은 '나와 같은 사람은 이 세상에 단 한 사람도 없으며, 이 세상에서 자신이 가장 소중한 존재'라는 사실을 깨닫게 된다. 경청은 이렇게 중요하다. 내가 나 자신이 되게 하는 것이 경청이다. 통계에 따르면, 우리 일상생활에서 말하기가 차지하는 비중은 32%, 읽기는 15%, 쓰기는 11%이며 나머지 42%는 모두 듣기이다. 경청이 이렇게 중요한데도 이것에 대해 가르치지도 않고 배우려 하지도 않는 현실을 바라 볼 때 너무나 안타깝다.

60의 나이를 이순(耳順)이라고 하는데 이것은 '귀가 순해져 남의 이야기를 제대로 들을 수 있는 경지에 이른 것'을 의미한다. 이것은 무슨 이야기를 들어도 깊이 이해하는 경지요, 너그러운 마음으로 모든 것을 관용하는 수준이다. 그렇다면 60을 기다리지 말고 지금 당장 경청을 훈련하여 이순의 경지에 이른다면 얼마나 좋은가?

II. 본론

1. 경청의 개념

경청의 사전적 정의는 '모든 음성적 자극을 받아들이는 능동적 과정'이라고 할 수 있다. 모든 음성적 자극이란 상대의 말 속에 나타나는 신음 소리나 비명 소리와 같은 음성적인 메시지 뿐 아니라 표정이나 제스처와 같은 비음성적 메시지도 함께 듣는 것을 말한다. 그리고 능동적이라는 말은 가끔 고개를 끄덕이기도 하고,

"흠흠" 하며 장단을 맞추거나, 이야기의 뜻을 분석하고 평가하며 듣는, 생각하는 경청(think-listening)을 의미한다. 이러한 경청은 "말하는 이에게 사이클을 맞추는 것이다." TV를 볼 때 원하는 채널을 맞추거나, 라디오를 들을 때 듣고 싶은 방송국에 사이클을 맞추는 것과 마찬가지로 말하는 사람의 감정에 사이클을 맞추는 것이 경청이다.

경청의 의미를 좀 더 깊이 살펴보면 다음의 네 가지로 나눌 수 있다.

첫째, 경청은 관심의 집중이다. 경청은 듣는 이가 모든 동작을 중지하고 말하는 이에게 관심을 집중하는 것으로 말하는 사람의 말을 끝까지 따라가며(잠 18:3) 온전히 그 사람만 주목하는 것이다.

둘째, 경청은 감정을 수용하는 것이다. 경청은 말하는 사람이 하는 말을 순수하게 받아들일 뿐 아니라 언어의 이면을 꿰뚫어 비언어 속에 숨은 뜻, 즉 감정을 듣는 것이다.

셋째, 경청은 사랑이다. 경청에 있어서 진지한 자세와 시선은 "나는 지금 당신을 존중하고 있습니다." 라고 무언의 메시지를 보내는 것이다. 이는 말하는 사람으로 하여금 따뜻한 사랑을 경험하게 하며 자신의 마음을 쉽게 열 수 있게 한다.

넷째, 경청은 노동이며 봉사이다. 사람의 말을 듣는 것은 엄청난 수고를 동반한다. 경청은 정신적이면서도 육체적인 노동이므로 경청을 통해 다른 영혼을 섬겨야겠다는 각오와 결심이 있어야만 온전한 경청이 이루어진다.

2. 경청의 신학

기독교는 우리의 삶 가운데 한 인격이신 살아계신 그리스도를 받아들이는 것이다. 이것은 우리의 삶의 방향이 내 중심에서 그리스도의 주님되심으로 수정되는 것이다. 따라서 우리의 삶을 사랑과 축복으로 이끄시는 그분의 뜻에 순종하기 위해 주님의 음성을 듣는 경청이 필요하다. 우리가 하나님의 말씀을 듣고자 엎드리면 그때 그분은 말씀과 환경을 통하여 다가오실 때도 있지만 우리 안에서 사랑으로 나를 만나주시며 감격과 뜨거움으로 나를 축복하시기도 하신다.

또한 "여호와께서 내 음성과 내 간구를 들으시므로 내가 저를 사랑하는 도다. 그 귀를 내게 기울이셨으므로 내가 평생에 기도하리로다(시 116:1-2)"라는 말씀처럼 때때로 하나님은 스스로 낮추셔서 우리의 말도 되지 않는 소리와 삶을 경청하는 경청자로서 우리의 모델이 되신다. 결국, 우리의 믿음은 우리의 열망에서 시작한 것이 아니라, 우리에 대한 하나님의 열망으로 시작된 것이다. 이것이 기독교 메시지의 "위대한 비밀"이다. 하나님께서는 피조물이며 연약한 우리의 소리를 경청하시며 삶을 수용하셨다. 마찬가지로 우리도 다른 사람과 사랑의 관계를 지속하여 다른 이의 삶에 그리스도를 소개하기 위해서는 경청자가 되어 그의 삶을 수용해야 한다. 이것이 사랑이다. 따라서 성경은 우리가 대화할 때 "듣기는 속히 하고 말하기는 더디 하며 성내기도 더디 하라(약 1:19)"고 강조하고 있다. 진지한 경청은 상대방의 가슴 깊은 내면적 심정을 들을 수 있는 귀가 필요하다. 즉 하나님의 말씀을 묵상하는 마음으로 다른 이의 말과 감정을 수용하려는 사랑의 각오와 태도가 필요하다. 마치 예수님께서 하나님의 뜻을 찾고자 분주한 일상생활에서 물러나 조용한 장소에서 기도하시던 것처럼 다른 사람의 말과 감정을 수용할 마음의 공간이 확보되어야 한다.

3. 경청의 유익

경청은 다음과 같은 유익이 있다.

첫째, 상대방을 이해하게 된다. 우리가 상대방의 이야기를 깊이 경청할 때 사람들의 가슴 속에 있는 사랑과 인정의 욕구와 만나게 된다. 그리고 그 사람의 입장을 알게 되며 왜 그렇게 생각하고 행동했는지 이해할 수 있게 된다.

둘째, 진지한 경청은 상대방에게 사랑을 느끼게 하고 자신의 말을 들어준 것에 대한 고마움이 가슴에 새겨지며 신뢰가 일어난다. 스티븐 코비는 경청이란 상대방의 마음에 심리적 통장인 감정계좌를 개설하여 저축하는 것이라고 하였다. 이러한 경청은 다른 사람의 마음을 얻을 수 있을 뿐 아니라 신뢰를 구축하게 되어 그 사람에게 인격적인 영향력을 주게 된다.

셋째, 삶의 치유를 가져다준다. 우리가 다른 사람들의 이야기를 들을 때 선입견을 갖거나 설교, 충고, 가르침, 비난을 하지 않고 있는 그대로 진지하게 들어주는 것만으로도 상대방의 마음에 치유가 일어난다.

4. 경청의 태도

경청이란 말에서 '경(傾)' 자는 기울일 '경' 이며, '청(聽)' 자의 제일 마지막 획은 '마음 심' 으로 되어 있다. 따라서 정신을 집중하여 한 마음으로 열심히 듣는 것이 '청' 이다. 우리는 일심의 자세로 남의 이야기를 조용히 듣는 겸허한 경청인이 되어야 한다.

바람직한 경청의 태도는 다음과 같다.

첫째, 말하는 사람을 바라본다. 상대방을 바라보는 것은 '나는 당신과 함께 있다. 당신에게 도움이 되고 싶다' 라는 뜻을 전달하는 것이다.

둘째, 진지한 자세를 취한다. 팔짱을 끼거나 다리를 꼬고 앉아 있는 것은 도울 태세가 제대로 갖추어져 있지 않다는 생각을 품게 만들 수 있다.

셋째, 이따금 상대방 쪽으로 몸을 기울인다. 상체를 약간 기울이는 것은 '나는 당신이 하는 말에 관심이 많다.' 는 뜻을 전달해 준다. 몸을 뒤로 젖히고 있는 자세는 '당신에게 별 흥미가 없다.' 또는 '따분하다.' 는 의미를 전달하기 십상이다.

넷째, 좋은 시선 접촉을 유지한다. 내담자와 좋은 시선의 접촉을 유지한다는 것은 '당신에게 관심을 느끼고 있다. 당신이 하는 말을 듣고 싶다.' 는 뜻을 전달해 준다.

다섯째, 편안하고 자연스러운 자세를 취한다. 편안한 자세는 조바심하거나 주의를 흐트러뜨리는 표정을 짓지 않으며 몸짓을 편안하고 자연스럽게 하는 것이다.

5. 잘못된 경청

우리들이 일상생활에서 실수하고 있는 잘못된 경청에는 어떤 것들이 있는지 살펴보자.

첫째, 선택적 경청으로 이것은 자기가 원하는 것, 듣고 싶은 말만 듣는 것으로서, 말하는 이의 마음을 진정으로 이해하지 못하고 오해하여 들을 가능성이 많다. 특히 말꼬리 잡는 것은 골라서 듣는 것의 대표적인 예이다.

둘째, 자기중심적 경청으로 이것은 말한 사람의 의도와는 상관없이 자기 마음대로 왜곡하고 해석해서 듣는 것이다. 열등의식이나 죄책감이 많은 사람들은 상대방이 말한 맥락이나 중심메시지와 상관없이 자기 마음에 걸리면 '저 말이 무슨 뜻일까?' 라고 생각하면서 오해를 하는 경우가 있다.

셋째, 경청을 가장하는 것으로서 듣기는 하지만 다른 생각을 하면서 듣거나 지나친 걱정이나 충격으로 자기 감정에 몰두함으로 별 생각 없이 멍청하게 듣는 경우이다. 마음으로 동의할 수 없는데 상대방의 눈치를 보면서 듣는 것은 거짓과 위선으로 사람을 대하는 것이다.

넷째, 편견을 가지고 듣는 것으로 사람은 누구나 어느 정도의 선입견이 있는데 자신의 선입견을 파악하고 경계하지 않으면 편견을 통제하기 어려우며 자신의 기준으로 남을 평가하게 되어 다른 사람에게 상처를 줄 수 있다.

마지막으로 생리적인 요인 때문인데 사람은 말하는 것보다 5배로 빨리 듣는다고 한다. 즉, 1분에 120단어를 말한다면 듣는 것은 600단어를 들을 수 있는 것이다. 이런 속도 차이 때문에 말하는 사람이 하는 말을 온전히 듣지 못하고 다른 생각을 할 수 있으므로 경청할 때는 주의 집중이 요구된다.

6. 경청의 내용

화자의 메시지 속에는 말하는 사람의 경험, 행동, 그리고 정서가 배어 있다. 우리가 들을 때는 화자가 말하려고 하는 것, 문제 상황을 기술할 때 드러내는 경험과 행동과 감정, 그리고 무엇을 보태고 무엇을 빼려고 하는지 주의 깊게 경청해야 한다.

화자는 비언어적 행동을 통해서도 메시지를 전달하므로 이러한 메시지를 '읽는 방법을 학습할' 필요가 있다. 경우에 따라 얼굴 표정, 몸의 움직임, 목소리의 톤, 신체적 반응이 말보다 더 많은 메시지를 전달한다. 사람들은 의사소통에서 말은 7%밖에 사용하지 않는 반면에 목소리는 38%, 얼굴 표정은 55%나 사용한다고 한다. 따라서 전체 상황을 다 경청하면서도 비언어적 메시지의 체계를 알고 있어야 하는데 언어적 메시지와 비언어적 메시지를 구분하면 다음과 같다.

이외에도 인간의 행동은 언어적 메시지와 비언어적 메시지로 다 이해할 수 있는

〈표 1〉 언어적 메시지와 비언어적 메시지

	언어(oral)	비언어(nonoral)
언어적인 (verbal)	말	글
비언어적인(nonverbal)	한숨, 비명, 강세, 음색 목소리 크기, 높낮이, 빠르기 등	제스처, 몸짓 외모, 표정 등

것은 아니다. 상대방을 깊이 경청한다는 것은 그가 '살아가고, 움직이고, 몸담고 있는' 상황이 미치는 영향까지도 경청하는 것을 말한다.

7. 경청의 실제

경청이 중요하다는 것을 계속 살펴보았다. 그렇다면 실제로 경청을 제대로 하려면 어떻게 해야 할까? 무엇보다 화자가 말하고 있는 것을 제대로 요약할 수 있어야 한다. 이를 위해 요약하는 기술이 필요한데 요약(명료화)은 메시지의 내용을 정확하게 압축해서 반사하는 과정이다. 요약(명료화)의 가장 일반적인 형태는 자신이 이해한 내용이 무엇인지를 의역하는 것으로 말하는 사람의 말을 약간 사용해 가면서 자신이 이해한 말로 정리, 재진술하는 것이다.

① 적용을 위한 연습:
"초등학교 2학년 때 담임 선생님이 당신을 매우 귀여워해 주시고 인정해 주셨군요. 그리고 당신에게 특별한 사랑과 배려를 해 주신 것 같군요."
② 점검:
"제가 잘 이해했습니까?"
③ 더 표현하도록 유도:
"그것에 대해 더 말씀하실 것이 있습니까?"

경청이 제대로 잘 되고 있는지 연습하려면 두 사람이 한 조가 되어 한 사람은 현재의 심정을 중심으로 이야기를 하면 다른 사람은 그의 이야기를 듣고 요약을 해 본다. 이때 요약하는 사람은 화자의 언어적 메시지와 비언어적 메시지, 그리고 그 사람이 처한 상황까지 고려하면서 객관적인 시각으로 지각하면서 듣고 말해야 한다.

III. 결론

　맥기니스(McGinnis)의 책을 보면 1830년대 당시에 영국의 위대한 정치가 두 사람과 식사를 함께 했던 한 여성의 이야기가 나온다. 그녀는 글래드스톤(Gladstone)과 식사를 마치고 식당을 나올 때 이 사람이 영국에서 가장 똑똑한 사람이구나라는 생각이 들었다고 했다. 그렇지만 디즈레일리(Disraeli) 앞에 앉아 식사를 한 후에는 그녀 자신이 가장 위대한 사람이 된 것처럼 느꼈다고 말한다. 누가 진정한 경청의 능력이 있는 사람인가?

　에리히 프롬(Eric Frome)은 사랑은 기술(art)이라고 하였다. 마찬가지로 경청도 기술이 필요하다. 마음속에 사랑을 담은 경청은 더욱더 그렇다. 경청 기술은 쉽게 얻을 수 있는 것이 아니다. 당신이 이 기술을 얻으려면 자주 연습하여 몸에 배이도록 해야 할 것이다. 그럴 때 당신은 무슨 일을 하든, 사람을 감동시키는 사람이 될 것이며 특별한 능력이 없어도 모모와 같이 이 사회와 교회, 그리고 가정을 움직이는 사랑의 사람이 될 것이다.

학회 발표 논문 〈출처〉「국제신학」국제신학대학원대학교, 제8권(2006,12): 195-242.

5. 전인성숙을 위한 제자 훈련 교재 개발에 관한 연구
종교성향과 동기이론을 중심으로

I. 연구의 필요성 및 목적

한국의 기독교가 큰 부흥과 성장을 이루어왔음에도 한국 기독교인의 의식구조는 쉽게 바뀌지 않고 있는 듯 보인다. 성경은 그리스도인에게 세상의 빛과 소금으로 살아 가라고 말씀하지만 우리 그리스도인들은 여전히 이기성과 자기중심성이란 어린아이의 성품을 벗지 못하는 여러 징후가 드러나고 있다.

사람의 모든 행동은 그 사람을 움직이고 있는 내면세계의 심리적 역동에 의해 좌우되는 경향이 많다. 집에 들어가서 먼저 텔레비전을 켜는 사람, 지하철을 타자마자 팔짱을 끼고 졸기 시작하는 사람, 항상 지각하는 사람, 예배 시간에 늘 조는 사람, 자기주장만 늘어놓는 사람 등 이러한 모습들은 극히 자연스러운 것 같지만 내면의 심리적 역동(과거에 의해 지배받는 행동)에 의해 나타나는 행동들이다.[1] 이제 우리는 성령의 인도하심 아래 믿음으로 살아가되(말씀과 비전에 따라 사는 미래지향적 행동) 전인격이 그리스도 안에 통합된 삶을 살아가야 할 것이다.

그러므로 겸손히 우리의 모습을 돌아보면서 변화된 삶이란 새로운 대안을 통해 진정한 지도력을 이 세상에 보여주어야 할 것이다. 이를 위해 한국의 기독교 교육의 현장을 있는 그대로 수용하면서 종교성향과 동기이론을 중심으로 성숙한 신자를 만들 수 있는 방법이 무엇인지 고찰해 보고자 한다.

우리는 사회 전반에 걸쳐 일어나고 있는 현상에 대해 다음의 몇 가지 사실을 알 수 있다. 첫째, 많은 사람은 모든 분야에 변화와 개혁을 필요로 하고 있다. 둘째, 그러나 그들 모두가 실제로 개혁의 주체로서 행동하고 있지는 못하다. 셋째, 개혁에 대한 의지와 실제의 행동 사이에 상당한 모순을 보이고 있다. 즉 신앙과 생활의 일치를 찾아보기 힘들다는 점이다. 이로 인해 가정에서는 이혼율의 증가, 교회 안에서는 계층 간의 갈등, 사회에서는 불공정, 비리, 탈세 등 온갖 불법이 자행되고 있다.

이러한 때에 연구자는 인간의 전인 성장을 고려할 뿐 아니라 인격에 초점을 둔 성경공부 교재를 오랫동안 연구하여 신학적 관점을 바탕으로 심리학적인 연구와 상담 및 임상경험으로 얻은 통찰과 깨달음을 통합하여 '전인성숙을 위한 제자훈련시리즈'(4권)와 '지도자지침서'를 출간하게 되었다. 본 연구에서는 이 교재가 어떤 목적과 과정을 거쳐 나오게 되었는지와 교재 내용 전반에 대하여 소개함으로 신앙인의 성장에 대한 구체적인 청사진을 제시하고자 한다.

---

1) 심수명, 「탁월한 자녀를 만드는 특별한 교육법」(서울 : 도서출판 다세움, 2005), 257-259.

II. 이론적 배경

1. 종교성향

1) 종교성향이란

종교성향을 경험적 연구를 통해 처음 구별한 사람은 고든 올포트(Gordon W. Allport)이다.[2] 올포트가 종교성향에 대한 측정에 관심을 가진 연구 배경은 2차 세계 대전 이후 시대적인 분위기에서 출발하였다. 전후 북미지역에 팽배한 인종 차별에 대해 올포트는 비신앙인보다 신앙인들이 더 심한 편견을 나타내는 사실을 발견하였다.[3] 그리고 그 원인을 분석하여 종교인의 성숙성과 미성숙성을 확인하는 의미에서 처음에는 '제도화된 종교'와 '내면화된 종교'로 구분하였으나 나중에 '외재적 종교성향'과 '내재적 종교성향'이라는 용어를 개발하기에 이르렀다.

외재적인 종교성향을 가진 사람은 자기 개인의 목적을 위해 종교를 '이용'하려고 한다. 이러한 성향을 가진 사람은 안정감과 위로, 사교와 친목, 지위와 자기 합리화 등에서 종교의 유용성을 발견한다. 그러나 내재적인 종교성향을 가진 사람은 종교에서 삶의 중심적인 동기를 발견한다. 즉 다른 욕구들이 아무리 강하더라도 가능한 한 자기 종교적 신념이나 계명(성경의 말씀)과 조화시키려고 한다.

---

[2] 하버드 대학의 올포트(Gordon Willard Allport, 1897~1967) 교수에 의해서 근대적인 의미의 종교 심리학이 활성화 되었다. 그가 편견에 대한 연구를 하게 된 계기는 2차 대전 이후 나치의 유대인 학살에 대한 사람들의 정서 때문이었다. 6백만의 유대인이 학살당한 사건은 종교적 사회적으로 이해와 설명이 불가능했다. 인종 편견에 의해서 6백만 명이 죽어갈 때 자신들은 무엇을 했으며, 도대체 사람들은 어떠할 때 이런 편견을 가지게 되었는가를 생각하게 된 것이다. 그 당시 미국도 흑백간의 인종 차별이 이슈가 되고 있었다. 사람들은 막연히 종교를 가진 사람은 편견과 차별이 덜 할 것이라고 생각을 했다. 왜냐하면 종교의 핵심은 어느 종교나 사랑이기 때문이다. 하지만 연구 결과는 종교를 가진 사람이 종교를 갖지 않은 사람들보다 편견이 더 심한 것으로 나타나 상식이 뒤집혔다. 그래서 이것을 '그랜드 패러독스(Grand Paradox)'라고 불렀다. 나와 다른 사람에 대한 편견이 종교를 가진 사람일수록 더 심하고 배타적이라는 결과로 나타났다. 그 이유는 종교가 문제가 아니라 인간적으로나 심리적으로 덜 발달된 사람들이 편견이 심하기 때문이다.

[3] R. F. Paloutzian, Invitation to the Psychology of Religion (Boston: Allyn and Bacon, 1996), 258-259.

그리고 자기가 신봉하는 교의(진리)를 내면화시키고 이를 충실히 실현하려고 한다. 이러한 의미에서 내재적 종교성향을 가진 사람은 종교를 '생활화' 하고 있는 것이다.[4]

2) 종교성향에 대한 선행연구

종교성향에서 가장 먼저 연구된 분야는 종교성향에 따라 편견이 얼마나 심한가 하는 연구였다. 이 연구는 1967년 이후로 꾸준히 이루어져 왔는데 그 연구결과들을 메타 분석한 결과, 내재적인 종교성향은 편견과 관련이 없거나 내재적인 종교성향이 높을수록 편견이 낮아지는 모습이 있고, 외재적인 종교성향은 편견과 정적 관계를 가지고 있어서 외재적인 종교성향이 높을수록 편견도 높아지는 경향을 보여주었다.[5]

종교성향과 건강한 지각 및 감정 표현과의 관계[6]에 대한 연구에서 외재적 종교성향을 가진 사람은 공감적 관심과 자각에 대해 관심이 없고, 내재적 종교성향을 가진 사람은 깊은 관심을 가지고 있음이 발견되었다. 그리고 내재적 종교성향을 띤 사람이 외재적 종교성향을 가진 사람보다 도덕 기준, 양심 및 책임감, 자기 존중감과 자기 효율성이 높다는 사실을 발견하였다. 또한 노년기에 내재적 종교성향이 높은 사람일수록 인생만족 지수가 높았으며, 죽음에 대한 공포도 적다는 사실이 여러 연구에서 입증되었다. 뿐만 아니라 내재적 종교성향이 높은 사람은 그렇지 못한 사람보다 스트레스에 대해 긍정적인 대처 기술을 가지고 있으며 비합리적 신념이 적다는 사실을 발견했다.[7]

한편 국내에서도 종교성향과 편견, 도덕성, 자아분화, 삶의 의미 등과의 관계를

---

[4] 제석봉, 이성배, "종교성향조사(ROS)의 개발과 종교적 성향이 적응 및 종교적 문제해결에 미치는 영향", 「대구효성가톨릭대학교 연구논문집」, 제52권 (1996, 2), 56.
[5] D. R. Hoge & J. W. Carroll, "Religiosity and Prejudice in Northern and Southern Churches" Journal for the Scientific Study of Religion vol.12 (1973), 181-187.
[6] 이 차원은 타인에게 민감하고 개방적이고 타인의 감정을 수용하는 것을 말한다.
[7] 류성훈, "그리스도인의 종교성향과 종교적 대처가 영적 안녕에 미치는 영향" (박사학위논문, 코헨대학교 대학원, 2003), 30.

연구한 논문이 최근 들어 발표되었는데 연구 결과, 내재적 성향은 외재적 성향보다 편견이 적고[8] 비종교적, 외재적 성향의 사람보다 도덕성 수준이 높았다.[9] 그리고 자아분화가 높고 그릇된 죄책감이 낮은 반면,[10] 삶의 의미와 종교적 만족도도 내재적 종교성향을 가진 집단이 가장 높았다고 보고하였다.[11]

종교성향과 기타 여러 가지 심리적 특성과의 관계에 대한 선행연구를 살펴보았을 때 내재적 종교 성향을 가진 사람이 외재적 종교성향을 가진 사람보다 자기존중감이 높고 성숙한 삶의 태도를 가지고 있음을 알 수 있다. 또한 내재적 종교 성향의 사람은 문제 상황에 봉착했을 때 하나님의 뜻을 생각하면서 자기 주도적으로 문제를 해결하지만 외재적 종교성향을 띤 사람은 자기 스스로 문제를 해결하지 못하고 책임을 전가하려고 한다고 한다. 그러므로 내재적인 종교성향을 가진 사람에게 있어서 종교는 인생에 있어서 최고의 동기인 셈이다. 그러나 외재적인 종교성향을 가진 사람에게 있어서 종교란 단지 다른 욕구를 충족시키는 수단이다. 따라서 목회 현장에서는 성도들의 종교성향이 외재형인가, 내재형인가 구별하여[12] 내재적인 종교성향으로 변화하도록 하는 교육이 필요할 것이다.

2. 동기이론

1) 동기이론이란

동기이론이란 어떤 결과가 있을 때 그 원인이 무엇인지를 분석하는 것[13]을 연

---

[8] 신혜진, "내적-외적 종교성향과 편견과의 관계" (석사학위논문, 고려대학교 대학원, 1991).
[9] 조진희, "외향적-내향적 종교성향과 도덕적 발달과의 관계연구" (석사학위논문, 고려대학교대학원, 1992).
[10] 심수명, "기독교인의 종교성향에 따른 자아분화와 죄책감" (석사학위논문: 고려대학교대학원, 1993), 한재희, "기독교인의 종교성향에 따른 삶의 의미와 종교적 만족도" (석사학위논문, 고려대학교대학원, 1992),
[11] 류성훈, 32.
[12] 종교성향에 대한 문항이 어떤 것이 있는지 참고할 수 있도록 부록에 삽입하였다.

구하는 학문이다. 사람들이 어떤 행동을 할 때 그 행동의 동기는 다양하게 나타나는데, 그 동기를 간단하게 두 가지로 나누면 '외재적(extrinsic) 동기'와 '내재적(intrinsic) 동기'로 나눌 수 있다. '외재적인 동기'를 가진 사람의 태도는 모든 것을 운명과 팔자소관으로 생각한다. 이들은 어떤 행동을 할 때 상을 받거나 비난을 피하기 위한 목적으로 행동하는 것이며 어떤 결과에 대해 그것이 좋은 것이면 자기 탓을, 그것이 나쁜 것이면 남 탓을 하기 때문에 늘 원망, 분노, 미움의 감정을 가지고 있다. 그러나 '내재적 동기'를 가진 사람의 태도는 자신의 노력과 능력을 중요한 요인으로 생각하며 결과에 대해 승패에 관계없이 자신이 책임을 진다.

특별히 사람의 동기 성향을 알기 위하여 민족의 문화를 살펴보아야 한다. 동화나 설화는 그 민족의 성향을 여실히 보여주고 있다. 예를 들면 흥부전에서는 제비 다리를 고쳐주어 부자가 되고, 심청전에서는 인당수에 빠진 심청을 용왕이 살려주는 것을 본다. 이것은 내 노력이나 능력보다는 초자연적 힘에 자신의 운명을 맡기며 변화를 기대하는 것이다.

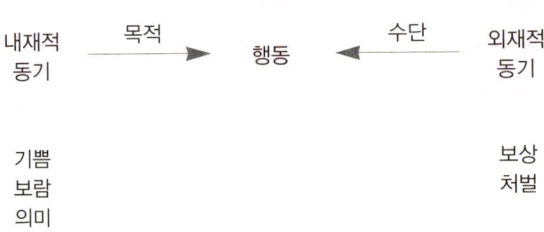

〈그림 1〉 동기와 행동과의 관계

---

13) 심수명, 「탁월한 자녀를 만드는 특별한 교육법」, 259.

내재적인 동기를 가진 사람은 행동의 동기를 결과보다 더 중요시 하며 행동 자체를 목적으로 여긴다. 따라서 내재적 동기를 가진 사람은 일을 하는 동기가 스스로의 선행과 책임 속에 이루어지므로 기쁨과 보람, 의미가 따르게 된다.

반면에 외재적 동기를 가진 사람은 보상을 받거나 처벌을 피하기 위한 수단으로 행동을 한다.

2) 동기이론과 신앙생활과의 관계

동기와 종교성향과의 관계를 보면, 외재적 동기를 가지고 있는 사람은 외재적 종교성향의 신앙생활을, 내재적 동기를 가진 사람은 내재적 종교성향의 신앙생활을 하는 것으로 나타난다. 그러므로 외재적 종교성향의 사람이 내재적 동기의 사람으로 변화되는 것은 거의 불가능하다고 한다. 특별히 우리 민족은 운명론적 사고를 가지는 외재적 동기의 경향성이 많기 때문에 신앙을 가지게 되면 거의 대부분 외재적 종교성향의 신앙인이 된다. 더 나아가 일반적인 신앙 교육이나 단순히 열심을 내는 신앙생활만으로는 내재적 신앙인으로 변하지 않는다는 것이 그동안

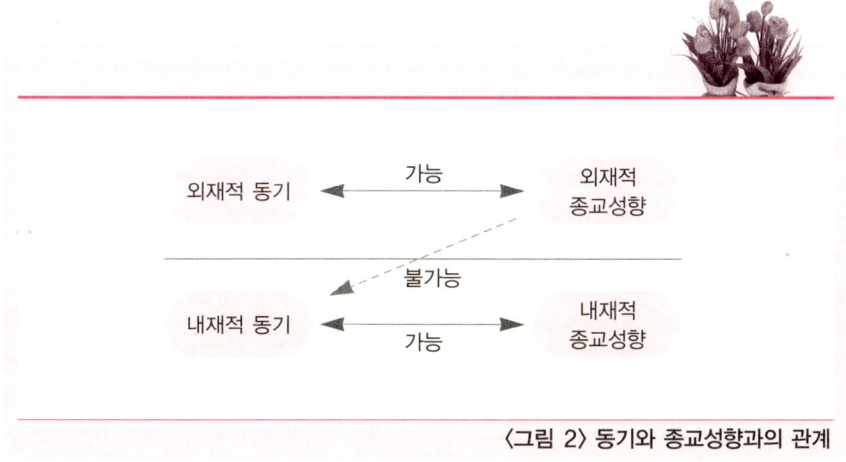

〈그림 2〉 동기와 종교성향과의 관계

---

14) 심수명, 「전인성숙을 위한 제자훈련시리즈 인도자 지침서」 (서울: 도서출판 다세움, 2006), 12-13.

의 연구이다.14)

이것이 사실이라면 우리 성도들에게 성숙한 신앙생활을 기대하기 위해서는 새로운 교육이 필요하므로 그 방법에 대한 모색에 힘써야 할 것이다.

3. 종교성향에 근거한 기독교 교육의 방향성

이처럼 외재적 동기를 가진 신앙인이 훨씬 많기 때문에 기독교적 문화와 가치관이 세상에 영향을 끼치기가 어려운 것이다. 더 안타까운 것은 이러한 동기 수준은 쉽게 변하지 않으므로 단지 교회생활 그 자체로는 내면적 동기와 삶의 태도로 변화되기를 기대하기 어렵다. 이러한 맥락에서 볼 때 과연 기독교 교육에 대한 대안을 무엇인가?

외재적 동기의 사람을 내재적 동기의 사람으로 변화시키는 것은 지금까지의 연구 결과를 통해 볼 때 거의 불가능하다고 볼 수 있다. 외재적 종교성향을 가지고 있는 사람이 내재적 종교성향의 사람으로 변화되려면 주일날 교회에 나와서 예배에 참석하는 정도의 신앙이 아니라 더욱더 적극적인 노력이 필요하다.15) 올포트는 이런 변화의 교육으로 종교 교육을 제시하였다. 이는 하나님의 사랑에 근거한 진실한 회개와 변화, 그리고 성숙을 도모하는 자기성찰교육이어야 한다. 그리고 가정교육이 종교적 체험을 형성하는 데 가장 중요한 요인이며 다음으로 개인적 반성, 학교 교육의 순으로 중요성을 강조했다.16)

종교성향을 변화시키기 위해 여러 교육 방법과 신학과 심리학에 대한 입장을 종합하여 연구자는 다음과 같은 교육 방법을 제안하고자 한다. 첫째, 인도자의 진실한 사랑이 전해짐으로 변화에 대한 깊은 열망이 일어나는 사랑과 감동의 관계가

---

15) 심수명, 「전인성숙을 위한 제자훈련시리즈 인도자 지침서」, 13.
16) 심수명, 「탁월한 자녀를 만드는 특별한 교육법」, 264-265.

필요하다. 둘째, 일관성 있는 사랑으로 접근하되 멤버가 부정적인 접근을 하더라도 끝까지 따뜻하고도 긍정적인 사랑으로 다가가는 부모와 같은 마음이 필요하다. 셋째, 인격적인 가정을 연상케 하는 소그룹 분위기가 조성되어 있어야 한다. 넷째, 인도자가 하나님을 향해 자신을 헌신하는 모델이 되어 멤버도 자발적으로 자신의 삶, 인격, 비전까지 바꾸어나가도록 사랑으로 감동을 주어야한다.17)

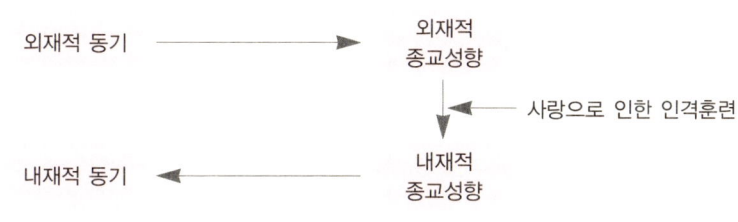

〈그림 3〉 외재적 동기를 내재적 동기로 바꾸는 방법

이런 관점 위에서 신학과 심리학을 통합하여 인격 성숙에 목표를 둔 '전인성숙을 위한 제자 훈련 시리즈'를 만들게 되었으며 이와 병행하여 '인격적인 신앙훈련 초급, 중급, 고급 훈련 시리즈'도 준비 중에 있다. 그리고 더 깊은 심리적인 문제의 치유를 위해서는 심리치료 및 각종 상담훈련이 도움을 줄 수 있다.

기독교 교육의 목표는 앎과 행함이 일치하고, 외적인 보상이 아닌 내적인 만족,

---

17) 외재적 동기의 사람은 외재적 종교성향의 신앙생활을 하게 된다. 그래서 외재적 종교성향을 가지고 있는 사람을 내재적 종교성향의 사람으로 변화시키는 교육 방법이 필요하다. 그 방법의 핵심은 내면의 인격이 변화하도록 하는 교육이어야 한다. 방법론은 사랑을 느끼는 교육이어야 한다. 그가 하나님의 사랑에 감동되어 하나님을 향한 헌신이 삶의 비전과 내용, 인격까지 바꿀 수 있도록 도전을 주어야 한다. 이 과정에서 인격 변화를 위한 성경공부, 그리고 자신의 성향과 성격의 변화를 위한 심리치료나 상담훈련 등을 권하고자 한다. 상담학적인 방법이 인격변화에 도움이 되는 이유는 인간 성숙에 대한 방법론에 있어 심리학 분야에서 많은 연구가 되어 있기 때문이다.

즉 하나님의 뜻대로 사는 것을 기뻐하여 하나님의 말씀에 자신을 굴복시키도록 하는 것이다. 더 나아가 이 세상의 변화를 위해 소망을 품고 책임을 지는 내재적 종교성향인으로 자라도록 돕는 것이다. 이제 기독교 교육은 진정한 삶, 진정한 신앙 회복의 사명을 가지고 인격이 변화하여 하나님이 기뻐하시는 수준까지 성장하도록 하는 살아있는 교육이 되어야 한다.[18]

4. 기독교에서 말하는 인격

1) 삼위일체 하나님의 특성

인격은 삼위일체 하나님의 특성이다. 삼위일체 하나님은 완전한 인격을 갖춘 존재로서 자신의 백성들도 인격적으로 온전해지기를 원하신다. 하나님의 인격은 완전하기 때문에 '발달' 이라는 개념을 필요로 하지 않지만 인간의 인격은 불완전하기 때문에 '발달' 이 필요한 존재이다.

인격은 지성과 감성과 의지로 구성되는데 이것은 삼위일체 하나님의 특성이다. 성부 하나님의 지성은 완전하기 때문에 그는 '전지하신 하나님(omni-potent God)' 이시며 '전재하신 하나님(omni-present God)' 이시다.[19] 사실 '성부(Holy Father)' 라는 명칭 속에 야훼 하나님은 온전한 인격을 가진 신이라는 사실이 내포되어 있다. 성부 하나님은 한 인격자(Person)로서 '왕(king)' 과 '재판장(judge)' 과 '목자(shepherd)' 등으로 불리워진다.[20] 왕과 재판장과 목자의 특징이 지성과 감성과 의지를 고루 갖춘 지도자라는 사실을 감안할 때에 성부 하나님은 온전한 인격자임을 알 수 있다.

---

[18] 심수명, 「전인성숙을 위한 제자훈련시리즈 인도자 지침서」, 13.
[19] T. J. Kwon, The Theoretical Foundations of Healing Ministry and the Applications to Church Growth (Pasadena: Fuller Theological seminary, 1985), 65.
[20] B. W. Anderson, "Names of God" in E. S. Buke. ed. The Interpreter's Dictionary of the Bible. Vol. 2 (New York: Abingdon Press, 1962), 415.

성자 하나님은 성육신하신 하나님으로서 한 인간의 모습으로 이 땅에 와서 한 인격자로 살고 한 인격자로 사역을 하셨기 때문에 그의 인격성은 성육신 자체에 내포되어 있는 셈이다. 그리스도는 "참으로 인간이시며 참으로 신이시다."라는 니케아 신조에서 우리는 그리스도의 인격성을 확인할 수 있다.[21]

성령 하나님도 막연한 힘이 아니라 구체적으로 인격을 갖춘 하나님이시다. 그가 생각하며 가르치는 분(요14:26)이라는 것은 그의 지성(cognition)을 증명하고, 성도들이 하나님의 뜻대로 살지 않음으로써 성령을 근심케 하지 말라(엡4:30)는 말씀은 그의 감성(emotion)을 증명하며, 바울이 고린도 교인들에게 성령의 은사를 설명하면서 그 은사들은 성령이 그 뜻대로 각 사람에게 나눠주신 것이라는 말씀(고전12:4-11)은 그의 의지(will/volition)를 증명한다.[22] 그러므로 예수님께서 성령을 언급하실 때에는 항상 한 인격체로 묘사하셨다(요14-16장).[23]

또한 삼위일체 하나님께서 일하시는 관계성을 살펴보면 다음과 같다. 첫째, 삼위일체 하나님께서는 각기 홀로 사역하시는 것이 아니라 완전하신 하나 됨으로 함께 동역하신다. 둘째, 인격적으로 평등하게 관계하신다. 삼위일체 하나님은 각기 스스로 자존하시며 완전한 존재이시지만 온전히 하나 되는 신비로운 연합으로 인격적인 동등함과 평등함으로 관계하신다. 셋째, 자신을 순결하게 내어주신다. 삼위일체 하나님은 자신을 아낌없이 내어주시는 사랑의 관계를 통하여 성자는 성부를 위해, 성령은 성자를 위해 기쁘게 자신을 헌신하며 하나 됨을 이루어가신다. 넷째, 깊은 사랑의 친밀함으로 교제하신다. 친밀함은 서로에 대한 깊은 지식으로 용납과 자유, 인격적 존중에 근거하고 있다. 삼위일체 하나님의 자유와 힘은 서로

---

[21] S. T. Johnson. "Christ." in E. S. Bucke, ed. The Interpreter's Dictionary of the Bible (New York: Abingdon Press, 1962), 563-71.

[22] T. S. Caulley. "The Holy Spirit." in W. A. Elwell. ed. Evangelical Dictionary of Theology (Grand Papids: Baker Book House, 1984), 523: B. Graham. The Holy Spirit, (Waco: Word Book Publishers, 1978), 17: T. J. Kwon. An Integraive Model for Spirituality Development in Three Domains of Learning Theory, Unpublished Doctoral Dissertation (La Mirada: Biola University, 1997), 112-113.

[23] 권택조, 「영성발달: 신학적 심리학적 통합모델」 (서울: 예찬사, 1999), 122.

를 지배하거나 억압하기 위한 것이 아니라 서로를 섬기는 사랑의 관계이다.[24]

인격은 삼위일체 하나님의 특성이기 때문에, 하나님의 백성들이 하나님을 닮아가야 한다는 명제에서 인격발달은 모든 하나님의 백성들에게 요청되는 중요한 관심사가 아닐 수 없다. 특별히 기독교의 정신과 문화가 깊이 뿌리를 내리지 못함으로써 신앙과 행위가 일치되지 못하여 기독교인의 인격적 문제가 심각하게 지적되는 한국의 기독교적 상황에서 인격발달이라는 주제는 매우 중요한 것이라고 할 수 있다. "신앙은 좋은데 인격이 잘못되었다."는 지적은 신자의 인격발달을 채찍질하는 말로서 인격교육은 한국 기독교가 가진 당면과제라고 할 수 있을 것이다.

2) 하나님 형상으로서의 인격 교육[25]

인간이 하나님의 형상이라는 말은 영성을 중심으로 이성적인 면과 도덕적 능력, 만물을 지배하는 힘[26] 등을 포함하여 하나님이 인간의 모든 것이 되시고 인간은 단지 하나님의 반영이라는 의미를 가지고 있다. 따라서 인간은 하나님 안에서만 존재할 수 있으며 모든 움직임 하나하나가 그에게 속해 있고, 하나님의 뜻이 아니면 우리는 손가락 하나도 움직일 수 없는 것이다.[27] 이렇게 인간의 피조성과 연약함에도 불구하고 하나님은 우리와 인격적으로 교통하도록 '자기 형상을 따라' 인간을 만드신 것이다. 그래서 인간은 본성적으로 종교적 심성을 가지고 있으며 하나님을 갈망하기에 하나님을 떠나서는 존재할 수가 없는 것이다. 그리고 더 나아가 하나님뿐만 아니라 하나님이 창조한 다른 하나님의 형상들과 인격적인 관계를 맺으며 살아가기를 원하는 것이다.

따라서 인간 존재의 가장 중심 되는 부분인 마음속에는 삼위 하나님의 관계처럼

---

[24] 심수명, 「전인성숙을 위한 제자훈련 시리즈 인도자 지침서」, 15.
[25] 심수명, "신학과 심리학의 통합적 관점에서 본 하나님의 형상으로서의 인격 개념 및 그 적용방안 연구," 제6권 「복음과 상담」 (2006. 2), 204-205.
[26] William Baker, In the Image of God, 김성웅 역, 「인간-하나님의 형상」(서울: 생명의 말씀사, 1994), 44-45.
[27] 심수명, 「인격치료」 (서울: 학지사, 2004), 25.

인격적인 관계를 갈망하는 욕구가 있다. 그러나 아담과 그의 후손은 타락하였고 이로 인하여 처음부터 원죄를 가지게 되었다. 하지만 이렇게 타락한 인간도 여전히 '하나님의 형상'이라고 불려진다. 그것은 좁은 의미의 하나님의 형상 개념인 하나님에 대한 지식과 의와 거룩함(골 3:10)은 상실했지만 도덕적이고 이성적인 측면의 하나님의 형상(광의의 하나님의 형상)은 여전히 남아있기 때문이다. 그래서 인간이 하나님의 형상이라는 말은 신적 존엄을 가졌음을 의미한다. 그리고 그 존엄을 나타내도록 하나님은 지성적인 면(골 3:10)[28]과 의로움과 거룩함이라는 도덕적 능력(엡 4:24)[29], 만물을 지배하는 힘(창세기 1:28)[30] 등을 허락하셨다. 그러므로 인간의 존엄성과 생명은 이 세상과 오는 세상에서 유일무이한 독특한 존재로 창조된 자기 자신의 가치능력을 실현하고자 하는 욕구가 일어나게 된다. 이러한 인간의 놀라움은 오직 하나님의 신성에서 나온 반영적인 존재이기 때문이다.[31] 그러므로 인간됨의 회복은 하나님과의 회복에 비례하기에 거듭난 인간이라면 누구나 새롭게 진정한 관계를 맺고 싶은 욕구가 있는 것이다. 이러한 새로운 피조물로서의 인간의 관계는 새로운 인격적인 만남을 시도하게 된다.

거듭난 인간이라면 누구나 새롭게 진정한 관계를 맺고 싶은 욕구가 있게 된다. 이러한 새로운 피조물로서의 인간의 관계는 새로운 인격적인 만남을 시도하게 되는 것이다. 이렇게 하나님의 하나님 되심, 즉 하나님의 초월적 인격으로부터 흘러나오는 그 은혜로 인간에게 인격이란 개념이 나오는 것이다. 삼위일체의 하나님이 서로 나뉘지 않고 한 몸을 이루고 있는 것과 같이 인간의 참 인간됨도 공동체성 안에서 연합이 이루어지는 것이다. 이것은 단순히 이웃과의 관계 안에 있는 것이 아니라 하나님과의 관계 안에서, 서로가 서로의 존재 안에 참여하여 하나님의 인

---

[28] "새 사람을 입었으니 이는 자기를 창조하신 자의 형상을 좇아 지식에까지 새롭게 하심을 받는 자니라"
[29] "하나님을 따라 의와 진리의 거룩함으로 지으심을 받은 새 사람을 입으라"
[30] "하나님이 그들에게 복을 주시며 그들에게 이르시되 생육하고 번성하여 땅에 충만하라, 땅을 정복하라, 바다의 고기와 공중의 새와 땅에 움직이는 모든 생물을 다스리라 하시니라"
[31] 심수명, 「인격치료」(학지사, 2004), 25.

격을 바라볼 때 인간은 하나님의 모습을 반영할 수 있으며 그러한 모습을 닮으려 애쓰는 사람을 가리켜 인격자라고 말할 수 있을 것이다.

따라서 가장 인격적인 모습은 자기를 내어주고 희생하시는 그리스도의 모습에서 찾아볼 수 있다. 이러한 측면에서 기독교인이 인격적이어야 한다는 것은 예수님이 보여주시는 사랑하심과 하나되심을 추구하는 관계성을 본받아야 함을 뜻한다. 예수님의 인격은 사랑으로 인하여 인간의 육을 입으시고 이 세상에 들어오셨고 십자가의 고난을 당하셨다. 그러므로 기독교적 인격이란 고난당하는 사랑으로, 섬기는 사랑으로 나타난다. 이러한 예수님의 인격성은 인간의 인격성에 대한 존재의 근거가 된다. 예수님께서 우리를 사랑하셔서 십자가의 고난을 당하셨던 것과 같이 우리도 자신의 죄와 연약함을 극복하고자 고난을 당하고, 형제를 사랑하고자 십자가의 길을 따르며 주께서 우리를 용서하신 것처럼 무조건 용서하고 용납하려는 마음을 가질 때 인격적인 삶을 살아간다고 할 수 있다.

3) 전인성숙을 위한 인격 교육의 방향성[32]

우리 신앙인들의 궁극적인 목표는 하나님을 영화롭게 하며 영원토록 그를 즐거워하는 것이어야 한다. 이것보다 앞서는 목표는 있을 수 없다. 실제적으로 인격적인 변화가 있을 때 이러한 목표를 이룰 수 있을 것이다. 이를 위해서는 무엇보다 인격이 무엇인지 알아야 할 것이다.

인격에 대해서는 학자마다 그 의견이 다양한데 신학과 심리학을 통합하여 다음과 같이 세 가지로 인격의 모습을 나누고자 한다. 여기에 나오는 견해는 신학과 심리학, 그리고 상담을 통한 임상 경험을 토대로 통합하고 연구한 것이다.

(1) 가면적 인격

인격(personality)[33]의 어원은 연극의 가면(역할 등장인물 등)을 뜻하는 라틴어

---

[32] 심수명, 「전인성숙을 위한 제자훈련 시리즈 인도자 지침서」, 16-20.

의 페르조나(persona)에서 나온 말이다. 따라서 인격의 일차적 개념은 자신에게 주어진 역할을 적절히 수행할 수 있는 것을 뜻한다. 가면적 인격은 외형적으로 드러나는 모습을 의미하므로 다른 말로 외면적 인격이라고 할 수 있다.[34] 그렇다면 가면적 인격에서 바람직한 인격은 어떤 모습으로 드러나야 할까? 이것은 사회화 과정으로 설명할 수 있을 것이다.

인간이 사회화되어가는 첫 과정에서 배변훈련(toilet training)을 시킨다. 그 이유는 타인이 싫어할 만한 행동을 스스로 자제하며 적절히 포장할 수 있는 능력을 기르도록 하기 위한 것이다. 그러므로 가면적 인격이 잘 다듬어진 사람은 다른 사람에게 피해를 줄 만한 행동은 가급적 자제하고 타인을 배려하는 마음을 갖게 된다. 그래서 가면적 인격의 교육 목표는 사람과의 관계에서 기본적인 예절을 적절하게 지키면서도 타인에게 해를 끼치지 않는 능력을 키우는 것이다.

가면적 인격이 적절하게 세워지게 되면 삶에서 예의 바른 태도와 신사도를 갖게 되며 탁월한 일처리 능력을 갖게 되지만, 너무 지나치면 위선적인 삶을 살거나 타인에게 지나치게 간섭하는 태도를 보이게 된다. 지나치게 간섭하는 사람은 자기 기분대로 타인의 사적인 경계를 침범하면서도 이것이 문제임을 자각하지 못하곤 한다. 예를 들어, 자녀의 경계를 침범하는 부모, 배우자에게 함부로 말하고 행동하는 부부관계 등에서 자주 볼 수 있다.

반면에 가면적 인격이 부족하면 인격 장애의 병리성을 보이거나 분화가 제대로

---

[33] 인격의 의미는 사전적인 풀이에 의하면 "사람이 사람으로서의 가치를 지니는 데에 필요한 정신적 자격" 또한 "도덕적 행위 주체로서의 개인" 등으로 규정된다. 그리고 성격 또한 사전에 의하면 "언행이나 사고방식 또는 몸가짐 등 사람의 정신생활의 모든 면에 나타나는, 각 개인에게 특유하면서도 어느 정도 지속적인 감정, 의지, 행동 따위의 경향"을 뜻한다. 그러면서도 성격은 "넓은 의미의 인격을 구성하는 중요한 요소"라고 하는 바, 성격은 가치중립적인 개념이고 인격은 도덕적인 가치를 함축하고 있는 개념이다. 이렇게 보면, 성격은 영어의 personality 그리고 독일어의 charakter이고, 인격은 영어의 character 그리고 독일어의 personlität persönlichkeit 라 할 수 있다. 물론 영어의 경우 논자에 따라서는 personality와 character의 구별이 모호한가 하면, 때로는 혼용하기도 한다. 한국의 교육학계에서도 인격과 성격을 혼용하는가 하면 경우에 따라서는 혼동하기도 한다. 인격을 도덕적 가치평가를 함축한 것으로 보아 비난의 대상이 될 수 있으나 성격은 가치중립적이어서 도덕적 비난의 대상이 될 수 없는 것이다.

[34] 심수명, 「인격치료」, 54.

되지 않아 다른 사람과 융합된 삶을 살게 된다. 이런 사람은 경계를 유지할 능력이 부족하므로 다른 사람이 자신에게 상처를 주어도 방어할 힘이 없다. 따라서 삶에서 혼란, 소외감, 거절감, 좌절의 느낌뿐 아니라 정체성 상실, 무절제한 삶, 분노, 무책임 등의 수많은 문제점들로 시달리게 된다. 그리고 심한 경우에는 병리적인 상태까지 발전하게 되어 각종 인격 장애가 나타나게 된다.

(2) 내면적 인격

내면적 인격은 말 그대로 자신의 내면에 은밀히 감추어진 자신만이 알고 있는 모습이라고 할 수 있다. 따라서 내면적 인격은 마음이나 중심이라는 말로 표현할 수 있다. 인간은 본래 타락한 존재이기에 그 내면은 죄와 악으로 가득 찬 존재이다. 내면적 인격은 스스로가 자신의 악이나 부패성을 고백하지 않는다면 그 누구도 알 수 없는 부분이다. 따라서 자신의 내면의 모습을 직시하며 하나님의 사랑과 은혜로 자신의 악을 용서받고 상처를 치료하여 건강한 삶을 추구해야 한다. 그리고 하나님의 은혜에 거역하는 악과 싸우면서 자신의 실패와 본성을 적절하게 노출하고 고백할 수 있는 능력이 있어야만 내면적 인격이 드러나게 된다. 내면적 인격이 부족하면 내밀성 없이 가벼운 삶의 모습을 갖게 되지만 자신의 내면적 인격을 너무 지나치게 내세우거나 과신하게 되면 교만한 태도를 가지게 되므로 자신을 잘 살펴야 한다.

자신의 내면을 표현하려면 자기를 향해 다른 사람들이 평가할 수 있는 모든 비판과 정죄, 거절의 두려움을 믿음으로 이겨내며 있는 그대로의 자신을 보여줄 수 있는 용기가 필요하다. 사도 바울 역시 자신과의 싸움에서 내면의 고통을 숨기지 않고 드러내 자신을 죄인 중의 괴수로 고백하면서 자기의 한계와 악에 대해 깊은 허무와 절망을 토로하고 있다.[35]

"오호라 나는 곤고한 사람이로다 이 사망의 몸에서 누가 나를 건져내랴"(롬

---

[35] 심수명, 「인격치료」, 54.

7:24).

그는 자신의 절대무능을 인정하며 하나님의 은혜를 갈망하고 있다. 이것이 자신을 성찰하며 돌아보는 인격이다.

(3) 관계적 인격

인간은 본래적으로 관계를 맺고 싶은 강한 본성이 있다. 인간은 사회적인 관계에서 태어나고 거기서 생을 끝낼 수밖에 없는 관계적 존재이다. 인간은 사랑하고 관계하고 싶은 욕구로 인해 내가 다른 사람에게 영향을 주며 그 역시 나에게 영향력을 행사함으로써 더불어 살아가고자 하는 것이다.

그러나 대부분의 사람들은 인격적인 관계에서 오는 당황스럽고 고통스러운 경험 때문에 사물의 세계로 피하고 싶어한다. 모든 인간이 죄로 말미암아 온전한 인격적인 관계를 맺을 수 있는 능력을 상실하였기에 자신이나 타인, 그리고 사회에서 갈등과 상처를 받을 수밖에 없다. 이때 더는 상처받고 싶지 않아서 비인격적인 세계 속으로 피하고 싶어 하는 것이다.

그러므로 관계적 인격을 잘 세워나가려면 타인과의 만남에서 영적인 교제뿐 아니라 그의 개인적인 문제에 깊은 관심을 가지며, 나 자신의 삶과 문제들을 개방하여 인격적인 신뢰를 형성해 나가는 것이 필요하다. 이렇게 자신의 삶을 여는 진실한 용기와 주도적인 개방은 상대방으로 하여금 신뢰의 마음을 갖도록 하여 진실한 만남과 관계가 이루어지도록 한다.

관계를 만들어 갈 수 있는 능력이 부족하면 인간관계가 단절되어 외로움을 느낄 뿐 아니라 자기중심적인 사람이 되기 쉽다. 반면 관계에 너무 지나치게 신경을 쓰게 되면 진정한 자기를 잃어버린 채 타인의 눈치를 보며 집단주의적 성향이 강한 사람이 될 것이다. 올바른 관계적 인격을 위해서는 자기를 받아들이는 것과 다른 사람을 받아들이는 것, 두 가지가 필요하다. 먼저 자신을 있는 그대로 수용해야 한다. 진정한 자기수용이 일어날 때 비로소 타인을 수용할 수 있기 때문이다.

관계적 인격이 제대로 세워지려면 관계를 맺을 수 있는 능력과 다른 이에 대한 진실하면서도 개인적이며 따뜻한 관심이 있어야 한다. 관계 능력은 지성의 활동을 통해 얻어질 수 있으나, 인격적인 관심은 정직과 순수함, 사랑으로 선한 마음을 키워가는 인간적인 자질에서 비롯된다. 이러한 인격적인 관심과 온정을 베풀 수 있는 지속적인 힘은 하나님의 은총 속에서만 나오기 때문에 타인과 사랑의 관계를 맺어 가려면 창조주 하나님께 의뢰하며 그 사랑과 은총을 지속적으로 공급받아야 한다.

5. 통합적 관점에서 본 전인성[36)]

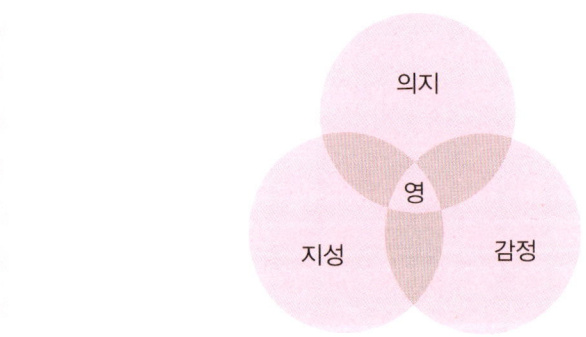

〈그림 4〉 전통적 전인 개념

---

36) 심수명, 「독특한 나를 찾아서」, 47-49.

1) 전통적 전인성

성경의 인간론은 인간을 몸과 영혼의 합일체로 보지 않고 몸이면서 동시에 영으로 인식한다. 성경의 인간론은 인간이 두 실체(이원론)나 세 실체(삼분설)의 합일체라고 말하지 않고 전인 안에서 다양한 실체를 다양한 관점에서 동시적으로 서술하고 있다. 즉 영육의 통일체로서의 인간이다. 이는 인간 존재가 영성 및 이성과 정서, 행동 그리고 통찰의 측면을 동시에 지닌 통전적인 존재임을 시사한다. 통전적 인간 이해란 인간의 모든 차원들인 몸, 마음, 영혼이 한 인격 속에 기능하는 다른 역할들로 보는 것이다. 이중 제일 중추적 역할을 담당하는 것이 영이다. 인간은 가능성을 가지고 태어나지만 그 가능성이 제대로 발휘되려면 새롭게 영적으로 거듭나야 한다. 이때 하나님의 형상으로서 새롭게 자신을 찾게 되는 것이다. 따라서 교육은 절대적으로 성경적 세계관을 바탕으로 한 '전인 교육'이어야 한다.

2) 인격적 삶을 기초로 한 전인성 추구

목회상담학적 접근에서는 전인 성숙 보다는 전인 치유의 개념이 연구되고 시도되어 왔는데, 전인 치유는 전인적인 돌봄을 말하며 인간 속에 있는 영적 관심뿐만 아니라 육체적, 도덕적, 영적인 차원이 하나가 된 전인으로서의 돌봄을 의미한다. 전인치유 혹은 전인적 돌봄은 단순히 과거의 상처를 치유한다는 좁은 의미뿐만 아니라 개인의 전인적인 혹은 전인격적인 건강과 성장을 도모한다는 돌봄으로서의 포괄적인 치유의 의미까지 포괄한다. 그리고 이를 위해 상담하고 지도하며 교육하며 돌보았던 치유 사역에서부터 기독교 전인교육이라는 보다 확대된 시각까지 포함할 수 있을 것이다.

전인성숙을 위한 인격 교육의 핵심은 삼위일체 하나님의 인격성과 관계 양식에 근거를 두게 된다. 이러한 삼위일체 하나님의 관계성으로 인해 우리들도 주어진 역할이나 권위, 능력이나 지위 고하에 관계없이 형제로, 동등한 인격체로서 함께 하기 위해 힘쓰는 것이다. 초대교회에서 서로가 재물을 나누며 네 것, 내 것이라고 하는 것 없이(행 4:2) 성령 안에서 사랑의 삶을 살아간 것처럼 보다 구체적으로 삶을 나누는 관계, 공동체를 이루어가는 것이다.

    기독교적 전인을 꽃에 비교해서 설명해 보자.[37] 전인성은 꽃처럼 살아있고 성장하며 변화하는 유기체이다. 이 꽃은 하나님과의 관계 회복을 통한 자기와의 화해를 중심으로 유기적 통일성을 가진다. 뿌리는 인간에 대한 사랑, 생명존중, 자연과 생태계 사랑이라고 하는 토양과 생명계로부터 양분을 빨아올리기 위해 뻗어나간다. 줄기는 뿌리에서 빨아올린 양분을 가지고 잠재력을 개발하는 통로가 된다. 이 꽃은 생명으로 호흡하게 하는 공기로 둘러싸여 있으며, 꽃 위에는 사랑의 태양, 곧 하나님으로부터 오는 치유와 전인성의 근원이 있다. 이 태양은 에너지를 공급하여 꽃이 계속 아름답게 자랄 수 있도록 하며 알맞은 때에 열매를 맺게 한다. 따라서 통합된 전인 건강에는 자기 자신의 몸과 마음을 사랑하는 것, 자기의 일과 놀이를 사랑하는 것, 타인을 사랑하는 것, 지구를 사랑하는 것이 포함된다. 이렇게 건강하고 아름답게 성장한 꽃은 자기실현과 자기초월의 섬김이라는 향기를 뿜어낸다.

---

[37] 전인성의 꽃그림은 210p의 그림1에 소개되어 있다. 이것은 클라인벨의 그림에서 필자가 수정하였다. 클라인벨의 영성은 복음주의적 개념과는 다르다. 그는 성경이 규정한 개인과 집단의 죄를 단지 '방해받은 잠재력' 과 성장에 대한 '저항' 으로 보기 때문에 인간 본성에 대해 때때로 꽤 낙관적인 것 같다. 그는 '타락' 을 인류의 돌이킬 수 없는 잘못이라고 보는 '전통적인 신학' 해석을 의심하고 인간의 죄악이 '타고 났으며 피할 수 없는' 것이라는 견해를 버린다.

마치는 글

짐 캐리 주연의 '라이어 라이어'라는 영화에 나오는 주인공은 매일 거짓말로 처세하는 변호사이다. 그는 자신이 말한 것을 지켜본 적도 없고, 지킬 마음도 없다. 매순간 임기응변의 거짓말로 사람을 희롱하는 것에 희열을 느끼며 살아가는 사람이다. 이 때문에 고통당한 어린 아들이 자기의 생일을 맞아 하나님께 소원을 빈다.

"하나님, 아빠가 하루만이라도 거짓말을 못하게 해주세요..."

놀랍게도 그의 소원은 현실이 되어 주인공인 아빠는 거짓말을 하고 싶어도 하지 못하고, 진실만 얘기하게 됨으로 갖가지 에피소드가 발생하는 이야기를 그리고 있다.

이 영화는 심각하게 만연된 인간의 거짓됨을 고발하고 있다. 그렇다. 나 자신을 돌아볼 때에도 거짓에 깊이 물든 존재임을 보게 된다. 본성적으로 죄인인 인간은 거짓말, 위선, 이중성, 이기성, 자기중심성 등 온 인격이 죄로 오염된 존재이다. 그래서 하나님을 사랑하고 성도를 사랑하면서도 오히려 실망과 상처를 줄 때가 많다. 이것이 인간 실존의 문제이므로 인간 내면의 인격이 온전히 변화하기를 기대한다는 것은 쉬운 일이 아니다. 그렇다고 이대로 손을 놓고 있을 수만은 없는 노릇이다. 인격의 변화와 성숙에 이르는 길이 비록 험난하고 오랜 수고가 요구된다 하더라도 성숙한 하나님의 사람이 배출되는 방법이 있다면 우리는 그 길을 가야 할 것이다.

이 책의 서두에서도 밝혔지만 "인격목회는 하나님의 아름다운 형상으로 회복되도록 하는 목회활동으로서 예수님의 인격을 닮는 성도가 되도록 하는 사역이다." 따라서 인격목회는 성도의 전인격을 돌보고 양육하여 인격이 변화하고 성숙하게 되도록 하는 목회사역이다. 이것은 실로 힘들고 어렵고 인고의 세월이 요구되는 일이기에 성숙한 인격, 통합된 인격이 하루 아침에 만들어지기를 기대한다면 그 것은 어리석은 일이다.

신실한 성도라면 매 순간 성령충만을 사모하며 살아간다. 이렇듯 성숙한 인격을 소망하는 성도는 매 순간 자신의 내면적 인격이 얼마나 악하고 자기중심적인지 성찰하고, 외면적 인격이 얼마나 문제가 많은지 바라보면서, 관계적으로도 사랑의 인격을 맺기가 얼마나 힘든지 자각하는 성도이다.

그러므로 성숙한 인격의 사람이 된다는 것은 평생의 작업이며 죽을 때까지 싸워야 하는 과제이다. 이러한 인격은 어느 순간이 되면 높은 수준에 도달할 것이라는 기대를 가지고 나아가는 것이 아니라, 매순간 주님을 바라보고 살아가다 보면 조금이라도 변할 것을 기대하면서 나아가는 그런 삶이다. 이 과정에서 자기를 비하하거나 과잉하지도 않으며, 순간순간 나의 모습 그대로를 받아들이면서 한 순간 한 순간 통합된 인격으로 살아가려고 노력하는 것이다. 그러기에 하나님의 은혜와 도우심을 끊임없이 사모해야 하는 것이다.

나는 오늘도 예수님의 인격을 닮아가기 위해 나를 깊이 바라보고 자각하면서 나와 힘겹게 싸우고 있다. 그리고 나의 이런 노력에 하나님의 사랑과 긍휼이 임할 것이라고 믿는다. 하나님은 나의 눈물을 보시고 나의 싸움과 투쟁을 보신다. 그리고 내 마음의 중심을 헤아리신다. 그래서 나는 오늘도 담대히 싸우고 있다.
끝으로 나의 주님께 기도한다.

"하나님!
이성과 정서가 통합된 인격을 가진 사람, 높은 인격 감각을 가지고 늘 하나님을 나타내는 사람이 되게 하소서.
이중성이 없고, 뒷담화가 없으며, 자신의 생각과 감정에서 억압이 없는 사람,
대화할 때마다 자기의 마음을 깨끗하고 진실하게 열어주는 사람,
비전을 바라보고 살되 자유로움과 넉넉함으로 삶의 모델이 될 수 있는 사람,
민감함으로 영혼을 향한 사랑의 배려가 인격이 된…그런 사람이 되게 하소서.
나의 사랑하는 성도들과 제자들이 내가 누리는 축복들을 함께 누리게 하시며,
나보다 더 큰 은혜를 체험케 하소서.
그리하여 새 천년에 당신의 긍휼이 온 누리에 가득 임하는 것을 보게 하소서…"

참고문헌

1장 인격목회란 무엇인가

Collins, Gary R. *The Christian Psychology of Paul Tournier*.
　　정동섭 역. 「폴 투르니어의 기독교 심리학」. 서울: IVP. 1998.
Hoekma, Anthony A. *Created in God's Image*. 류호준 역.
　　「개혁주의 인간론」. 서울: 기독교문서선교회. 1999.
Tournier, Paul. *L'aventure de la wie*. 정동섭, 박영민 역. 모험으로 사는 인생.
　　서울: IVP. 1995.
심수명. 인생을 축제처럼. 서울: 도서출판 다세움, 2005a.
심수명. 인격치료. 서울: 도서출판 다세움, 2005b.

3장 기독교 상담 및 기독교 상담의 적용

〈국내서적〉
고려 대학교 부설 행동 과학 연구소 편. 「심리 척도 핸드북」II. 서울: 학지사.
　　2001.

고향자. "한국 대학생의 의사 결정 유형과 진로 결정 수준의 분석 및 진로 결정 상담의 효과." 박사 학위 논문: 숙명 여자 대학교 대학원. 1992.

국무총리 청소년보호위원회. "청소년 자살, 어떻게 예방할 것인가?" 「제1회 청소년 자살예방 세미나 자료집」. 2003.

김계현. 「카운슬링의 실제」. 서울 : 학지사. 1995.

김만풍. "전인치유에 있어서 목회상담의 역할." 「목회와 신학」. (1993).

김영한. "심리학과 신학: 심리 치료와 목회 상담." 「새천년 목회 상담과 심리 치료의 실제」. 숭실 대학교 제8회 전국 목회자 신학 세미나. (2000).

김예식. 「말씀 안의 상담과 치유 이야기」. 서울: 한국 장로교 출판사. 2000.

김정희. "중년 여성의 적응과 일상적 스트레스 및 정서적 경험의 관계: 심리적 자원과 사회적 자원의 영향." 「한국 심리 학회지: 상담과 심리 치료」. 4(1) (1992).

김희수. "REBT를 중심으로 한 진로 집단 상담 프로그램이 대학생의 자기 효능감, 대인 관계 능력, 진로 태도 성숙, 의사 결정 유형에 미치는 효과." 박사학위논문: 건국대학교 대학원. 2001.

민성길. 「최신 정신 의학」제3판. 서울: 일조각. 1998.

박명실. "대학생 자살위험 집단유형의 분류, 평가 및 집단 상담치료 적용." 중앙대학교대학원박사학위논문 : 2005.

박상칠, 조용범 공저. 「자살, 예방할 수 있다」. 서울: 학지사. 1999.

반피득. 「목회상담」. 서울 : 대한기독교출판사. 1985.

손수현. "목회 상담에 있어서 평신도 상담의 필요성과 역할에 관한 연구." 석사 학위논문: 아세아 연합 신학대학원. 1999.

심수명. 「인격치료 -기독교 상담과 인지치료의 통합적 접근」. 서울: 학지사. 2004.

_____ . 「인생을 축제처럼」. 서울: 도서출판 다세움. 2005.

_____ . 「전인성숙을 위한 제자훈련시리즈-지도자용」. 서울: 도서출판 다세움. 2006.

_____ . 「평신도 상담자를 위한 집단상담」. 서울: 서로사랑. 2001.

_____ . "평신도 상담자 훈련 모형에 관한 일 연구." 박사학위논문: 풀러신학대학원. 2001.

_____ . 「축복 받는 아이, 비전의 사람으로 키우려면」. 서울: 도서출판 한밀. 2003.

오성춘.「목회 상담학」. 서울: 한국 장로교 출판사. 1993.

오세란. "발달 장애 아동 부모의 문제 해결 능력 증진을 위한 인지 행동 집단 프로그램의 효과성 연구." 박사학위논문: 서울대학교 대학원. 1996.

오제은. "새로운 밀레니엄 시대를 위한 목회상담에서의 치유적 패러다임."「기독신학저널」. 통권 제 3호(2002).

유해무.「개혁교의학」. 서울: 크리스챤 다이제스트. 2000.

이승구.「기독교 세계관이란 무엇인가?」. 서울: SFC. 2003.

이재실. "교회에서 상담 역할과 활용 방안 연구." 석사학위논문: 국제신학대학원대학교. 2002.

이정균.「정신 의학」. 서울: 일조각. 2000.

전요섭.「기독교 상담의 이론과 실제」. 서울: 좋은나무. 2001.

정동섭.「어떻게 사람을 변화시킬 수 있는가?」. 서울: 요단출판사. 1999.

홍혜영. "완벽주의 성향, 자기 효능감, 우울과의 관계 연구." 석사학위논문: 이화여자대학교대학원. 1995.

황규명. "상담과 목회의 실제." 한국 성경적 상담학회.「성경과 상담」제 2권 (2002).

〈번역서적〉

American Psychiatric Association. DSM-IV: Diagnostic and Statistical Manual of Mental Disorders. 이근후 외 역.「정신 장애의 진단 및 통계 편람」제4판. 서울: 하나의학사. 1995.

Berkhof, L. Systematic Theology. 고영민 역.「뻘콥 조직 신학」제3권. 서울: 기독 교문사. 1978.

Collins, Gary R. Christian Counseling. 피현희, 이혜련 역.「크리스챤 카운슬링」. 서울: 두란노. 1984.

_____. How to Be a People Helper. 정동섭 역.「훌륭한 상담자」. 서울: 생명의 말씀사. 1984.

Crabb, Lawrence. Understanding People. 윤종석 역.「인간 이해와 상담」. 서울: 도서출판 두란노. 1993.

Davison Gerald C., John M. Neal. Abnormal Psychology. 이봉건 역. 「이상 심리학」. 서울: 시그마프레스. 2000.

Hurding, Roger. Roots and Shoots: A Guide to Counseling and Psychotherapy. 김예식 역.「치유 나무」. 서울: 한국 장로교 출판사. 2000.

Jamison, Kay Redfield. Night Falls Fast. 이문희 역.「개인적이고 사회적이며 생물학적인 자살의 이해」. 서울: 뿌리와 이파리. 2004.

Oates, Wayne E. Behind the Masks. 안효선 역.「그리스도인의 인격 장애와 치유」. 서울: 에스라서원. 2000.

Siang-Yang, Tan. A Lay Counselor. 편집부 역.「평신도 상담자」. 서울 : 미션월드 라이브러리. 1999.

Schwarz, Christian A. Natural Church Development. 정진우 외 역. 「자연적 교회성장」. 서울: 도서출판 NCD. 1999.

Ellis, Thomas E. & Newman, Cory F. *Choosing to Live*. 육성필, 이혜선 공역. 「자살하고 싶을 때」. 서울: 학지사. 2005.

Tournier, Paul. *Guilt and Grace*. 추교석 역.「죄책감과 은혜」. 서울: IVP. 2001.

_____ . (L)' aventure de la wie. 정동섭, 박영민 역.「모험으로 사는 인생」. 서울: IVP. 1995.

_____ . The Gift of Feeling. 홍병룡 역.「여성, 그대의 사명은」. 서울: IVP. 1997.

_____ . Wolff, Hans Walter. Anthropologie des Alten Testaments. 문희석 역.「구약 성서의 인간」. 서울: 분도 출판사. 1991.

Wright, Norman. How to bring out the best in your spouse. 임종원 역. 「당신의 배우자를 변화시키는 방법」. 서울: 미션월드라이브러리. 1999.

Yalom, Irvin D. *The Theory and Practice of Group Psychotherapy*. 최해림 외 역. 「최신 집단 정신치료의 이론과 실제」. 서울: 하나 의학사. 2001.

Wright, G. Norman. *Crisis Counseling*. 전요섭, 화동혁 역.「위기상담학」. 서울: 쿰란 출판사. 2002.

〈외국 서적〉

Beck, A. T. *Cognitive Therapy and the Emotional Disorders*. New York : International University Press, Inc., 1976.

Beck, A. T., A. J. Rush, B. F. Shaw, & G. Emery. *Cognitive Therapy of Depression*. New York : Guilford Press, 1987.

Clinbell, Howard. *Basic Types of Pastoral Care and Counseling: Resources for the Ministry of Healing and Growth*. Nashville: Abingdon, 1984.

Collins, Gary R. *Case Studies in Christian Counseling*. Dallas, TX: Word, 1991.

Ellis, Albert. *A Garland of Rational Songs (Songbook and Cassette Recording)* New York: Institute for Rational Emotive Therapy, 1977.

Harren, V. A. *A Model of Career Decision Making. Los Angels*: Western Psychological Services, 1979.

Haugk, Kenneth C. *Christian Caregiving-A Way of Life*. Minneapolis: Augsburg, 1984.

Moltmann, Jurgen. *The Crucified God: The Cross of Jesus as the Foundation and Criticism of Christian Theology*. Minneapolis: Fortress, 1993.

Oates, W. E. *An Introduction to Pastoral Counseling*. Nashvile: Broadman, 1959.

Robert A. Neimeyer & Angela M. Pfeiffer. The Ten Most Common Errors of Suicide Interventionists, In *Treatement of Suicidal People*, eds. Antoon A. Leenaars et al. Washington, DC: Taylor & Francis, 1994.

Tournier, Paul. *A Doctor's Casebook in the Light of the Bible*. SCM, 1954.

Wright, Norman. *Training Christians to Counsel*. Eugene, Oregon: Harvest House Publishers, 1977.

4장 교회성장과 상담목회

〈국내서적〉

김광일. "Seventy Battreed Wives : Clinical Manifestations and Problems in Korea." *International Journal of Family Psychiatry*. 8. 4. (1994).

김광일 외. "고등학교 재학생의 정신건강 실태 조사".「정신건강 연구집」1집. 서울: 한양대학교 정신건강 연구소. (1983).

김대환. "교회 소그룹에서 인간관계 증진을 위한 의사소통훈련 프로그램." 석사학위논문: 총신대학교대학원. 2005.

김만풍. "전인치유에 있어서 목회상담의 역할."「목회와 신학」. 통권 65호 (1993).

김보겸. "심수명의 이마고 부부치료 프로그램이 부부갈등 대처방식에 미치는 효과." 석사학위논문: 국제신학대학원대학교. 2005.

김수경. "우울증 치료 프로그램의 효과성 검증." 석사학위논문: 국제신학대학원대학교. 2006.

김예식.「말씀 안의 상담과 치유 이야기」. 서울: 한국 장로교 출판사. 2000.

김용호. "미래목회에 대한 목회전략연구-셀 중심으로." 석사학위논문: 안양대신대원. 2002.

김윤수. "열등감 치료 프로그램의 효과성 연구." 석사학위논문: 국제신학대학원대학교. 2006.

김인호. "셀 목회, 그냥 되는 것이 아니다."「교회와 신학」. 164 (2003).

김창대. "상담과학의 문화적 맥락."「카운슬러 협회보」. vol. 22. (1994).

김현수. "현대교회갱신을 위한 셀 교회 패러다임." 석사학위 논문: 감리교 신학대학원. 2004.

나태준. "분노 치료 프로그램의 효과성 연구." 석사학위논문: 국제신학대학원대학교. 2006.

마용천. "사랑의 관계 집단상담 프로그램이 청소년의 자아존중감, 대인관계, 열등감에 미치는 효과." 석사학위논문: 국제신학대학원대학교. 2006.

문동학. "셀 목회의 한국교회의 적용에 있어 극복과제."「교회와 신학」. 54(2003).

박미선. "부모중심 부모 교육이 자기개념, 자아존중감 및 부부자녀간 의사소통 향상에 미치는 영향." 석사학위논문: 국제신학대학원대학교. 2006.

손봉호.「고통받는 인간」. 서울: 서울대학교 출판부. 1995.

손의석. "영적 지도를 통한 상담목회." 석사학위 논문: 장로회신학대학교 목회전문대학원. 2004.

신성종. "21세기를 향한 현대교회의 지도자상".「목회와 신학」. (1993).

심수명.「평신도 상담자를 위한 집단상담」. 서울: 서로사랑. 2001. "평신도 상담자 훈련 모형에 관한 일 연구." 박사학위논문: 풀러 신학대학원. 2001.

_____ .「사랑의 관계 회복을 위하여-지도자용」. 경기: 도서출판 NCD. 2003.

_____ .『인격치료』. 서울: 학지사. 2005.

_____ .『전인성숙을 위한 제자훈련시리즈 지도자지침서』. 서울: 도서출판 다세움. 2006.

_____ .『탁월한 자녀를 만드는 특별한 교육법』. 서울: SFC. 2005.

_____ .『한국적 이마고 부부치료』. 서울: 도서출판 다세움. 2006.

_____ . "기독교상담의 목회현장 적용점."「복음과 상담」. 제2권(2004).

_____ . "A Model of Lay Counselor Training Program." 박사학위논문: 풀러신학 대학원. 2001.

_____ .「사랑의 관계 회복을 위하여-지도자용」. 서울: 도서출판 NCD. 2000.

_____ .「사랑을 위해 태어난 사람」. 서울: 교회성장연구소. 2004.

_____ .「인격치료」. 서울: 학지사. 2004.

_____ . "기독교 상담과 인지치료의 통합에 의한 인격치료 프로그램의 효과성 연구 -자기효능감, 대인 관계, 의사 결정 유형, 역기능적 태도의 변화를 중심으로-." 박사학위논문: 국제신학대학원대학교. 2004.

심수명, 유근준.「결혼예비학교」. 서울: 도서출판 다세움. 2005.

_____ .「아버지, 어머니 학교」. 서울: 도서출판 다세움. 2005.

안석모. "21세기의 상담목회를 전망한다."「목회와 신학」. 통권 67호(1995).

오성춘.「목회상담과 상담목회」. 서울: 쿰란. 2003.

오성춘.「목회 상담학」. 서울: 한국 장로교 출판사. 1993.

이기춘. "한국 교회와 상담목회의 실천 방향."「한국 교회를 위한 목회상담학」. 서울: 대한기독교서회. 1997.

_____ .「돌봄의 신학」. 서울: 도서출판 감신. 2001.

이수영. "깔뱅의 신학의 특징과 한국신학." 성서학연구소편.「한국적 신학의 모색」. 서울: 한국성서학연구소. 1992.

이순복. "평신도 상담 훈련프로그램에 관한 연구." 석사학위논문: 아세아연합신학 대학원. 2004.

이장호. "한국 기독교인의 정신건강에 대한 심리학적 과제." 개원 2주년 기념 기독교인의 정신건강 심포지움. 한국기독교 상담문화연구원 편. 1995.

이재기. "결혼만족도 향상을 위한 이마고 부부치료 프로그램 적용연구." 석사학위논문: 국제신학대학원대학교. 2005.

이재실. "교회에서 상담역할과 활용방안 연구." 석사학위논문: 국제신학대학원. 2002.

이형득, 김정희. "Peer Counseling의 효과에 관한 연구."「계명대 학생 생활 연구소 지도 상담」. 1983.

이혜정. "자기심리학의 목회상담적 적용에 관한 연구." 석사학위논문: 숭실대학교 기독교학대학원. 2004.

_____. 이화여대 사회복지학과 편.「가족치료총론」. 서울 : 도서출판 동인. 1999.

임그린. "거절감 치료 프로그램의 효과성연구." 석사학위논문: 국제신학대학원 대학교. 2006.

유충열. "새로운 패러다임의 셀 교회 운동."「기독교사상」. 503호 (2000).

유해무.「개혁교의학」. 서울: 크리스챤다이제스트. 2000.

장동민. "개혁주의란 무엇인가?"「기독신학저널」. 제6권 (2004).

조병수. "셀 목회와 현대 목회전략."「신학정론」. 19권 2호(2001).

홍인숙. "한국 교회 상담목회에 관한 연구." 석사학위 논문: 이화여대신학대학원. 2002.

〈번역서〉

Bonheoffer, *Dietrich Gemeinsames Leben*. 문익환 역.「신도의 공동생활」. 서울: 대한기독교서회. 1988.

Clinebell, Howard. *Basic Types of Pastoral Counseling*. 박근원 역. 「현대목회상담」. 서울: 대한기독교서회. 1979.

_____. *Well Being*, 이종헌, 오성춘 역.「전인 건강」. 서울: 성장상담연구소. 1996.

Collins, Gary R. *Innovative Approach to Counseling*. 정동섭 역. 「창의적 상담 접근법」. 서울: 두란노. 1995.

_____. *The Christian Psychology of Paul Tournier*. 정동섭 역. 「폴 투르니에의 기독교 심리학」. 서울: IVP. 1998.

Finnell, David. *Life in His Body*. 박영철 역.「셀 교회 평신도 지침서」. 경기: 도서출판 NCD. 2001.

Hiltner, Seward. *Preface to Pastoral Theology*. 민경배 역.「목회신학원론」.
　　서울: 대한기독교서회. 1979.

Hoekema, Anthony A. 정정숙 역.「크리스챤의 자기성찰」.
　　서울: 총신대 출판부. 1981.

Hurding, Roger. *Roots and Shoots: A Guide to Counseling and*
　　Psychotherapy. 김예식 역.「치유 나무」. 서울: 한국 장로교 출판사.
　　2000.

Küng, Hans. *Was it Kirche?* 이홍근 역.「교회란 무엇인가?」.
　　서울: 분도출판사. 1984.

_____ . *The Church*. New York: Doubleday & Company, Inc. 1961.

Kraemer, Hendric. *A Theology of the Laity*. 유동식 역.「평신도 신학」.
　　서울: 대한기독교서회. 1984.

McGavran, Donald A. *Church Growth: Strategies that work*. 고용원 역.
　　「교회성장학」. 서울: 보이스사. 1974.

Neighbour, Ralph W. *Where Do We Go From Here?* 정진우 역.
　　「셀 목회 지침서」. 경기: 도서출판 NCD. 2000.

_____ . *Cell Leader Intern Guide Book*. 터치코리아 사역팀 역.
　　「셀인턴 가이드」. 경기: 도서출판NCD. 2004.

Nouwen, Henri J. *The Wounded Healer*. 최원준 역.「상처입은 치유자」.
　　서울: 두란노. 1999.

Ogden, Greg. *The Reformation*. 송광택 역.「새로운 교회개혁 이야기」.
　　서울 : 미션월드 라이브러리. 1998.

Rightmen, Bruce. *The Church: It's Meaning and Mission*. 김득중 역.
　　「교회의 의미와 사명」. 서울: 컨콜디아사. 1981.

Scheffer, Francis. *The Church At The End of The Twentieth Century*.

김제권 역.「20세기말의 교회」. 서울: 생명의 말씀사. 1980.

Sell, Charles M. *Family Ministry*. 양은순·송헌복 공역.「가정 사역」. 서울: 생명의 말씀사. 1992.

Schwarz, Christian A. *Natural Church Development*. 정진우 외 역. 「자연적 교회 성장」. 경기: 도서출판 NCD. 1999.

_____ . *Paradigm Shift In The Church*. 임원주 역. 「자연적 교회 성장 패러다임」. 경기: 도서출판 NCD. 2000.

Siang-Yang, Tan. *Lay Counseling*. 편집부 편.「평신도 상담자」. 서울 : 미션월드 라이브러리. 1997.

Spykman, Gordon J. *Reformational Theology*. 류호준, 심재승 역. 「개혁주의 신학」. 서울: 기독교문서선교회. 2002.

Williams, C. *The Church*. 이계준 역.「교회」. 서울 : 대한기독교서회. 1982.

〈영문도서〉

Clinbell, Howard. *Basic Types of Pastoral Care and Counseling: Resources for the Ministry of Healing and Growth*. Nashville: Abingdon, 1984.

Nichole, Jr., A. M. "The Fractured Family : Following It Into the Future." *Christianity Today*. May 25. 1979.

〈인터넷〉

www.hanmil.or.kr http:// 한밀교회

www.daseum.org http:// 다세움교육원

〈기타〉

크리스천투데이, 2006. 1. 3. 선교면.

5장 기독교 인격 교육

〈국내서적〉

고범서. 「대화의 신학」. 서울: 크리스챤 아카데미. 1990.

권택조. 「영성발달: 신학적 심리학적 통합모델」. 서울: 예찬사. 1999.

김광은. "동료 상담자 훈련에 관한 일 연구 : 사관생도를 위한 프로그램 개발 및 평가를 중심으로." 박사학위논문: 이화여대 대학원. 1992.

류성훈. "그리스도인의 종교성향과 종교적 대처가 영적 안녕에 미치는 영향." 박사학위논문: 코헨대학교 대학원. 2003.

박영근. 「말 통하는 세상에 살고 싶다1, 2」. 서울: 씨앗을 뿌리는 사람. 2002.

신혜진. "내적-외적 종교성향과 편견과의 관계." 석사학위논문: 고려대학교대학원. 1991.

심수명. "기독교인의 종교성향에 따른 자아분화와 죄책감." 석사학위논문: 고려대학교 대학원. 1993.

_____. 「독특한 나를 찾아서」. 서울: 한밀교회 여름캠프교재. 2006.

_____. 「사랑의 관계 회복을 위하여」. 서울: 도서출판 NCD. 2003.

_____. 「사랑의 관계 회복을 위하여-지도자용」. 경기: 도서출판 NCD. 2003.

「상처입은 영혼을 위하여」. 서울: 교회성장연구소. 2002.

_____. "신학과 심리학의 통합적 관점에서 본 하나님의 형상으로서의 인격 개념 및 그 적용방안 연구." 「복음과 상담」. 제6권(2006).

_____. 「인격치료」. 서울: 학지사. 2004.

_____. 「탁월한 자녀를 만드는 특별한 교육법」. 서울 : 도서출판 다세움. 2005.

_____. 「전인성숙을 위한 제자훈련시리즈 인도자 지침서」. 서울: 도서출판 다세움. 2006.

최상진. "한국인의 심리특성." 「현대심리학의 이해」. 한국심리학회편. 서울: 학문사. 1997.

박영근. 「말 통하는 세상에 살고 싶다 1, 2」. 서울: 씨앗을 뿌리는 사람. 2002.

제석봉. 이성배. "종교성향조사(ROS)의 개발과 종교적 성향이 적응 및 종교적 문제해결에 미치는 영향." 「대구효성가톨릭대학교 연구논문집」. 제52권(1996).

조진희. "외향적-내향적 종교성향과 도덕적 발달과의 관계연구." 석사학위논문: 고려대학교 대학원. 1992.

한재희. "기독인의 종교성향에 따른 삶의 의미와 종교적 만족도." 석사학위논문: 고려대학교 대학원. 1992.

〈번역 도서〉

Baker, William. *In the Image of God*. 김성웅 역. 「인간-하나님의 형상」. 서울: 생명의말씀사. 1994.

Egan, Gerard. *The Skilled Helper : A Problem-Management and Opportunity-Development Approach to Helping*. 제석봉 외 역. 「유능한 상담자」. 서울: 학지사. 1992.

〈해외 도서〉

McGinnis, Alan Loy. *The Friendship Factor*. Minneapolis: Augsburg, 1979.

Anderson, B. W. "Names of God" in E. S. Buke. ed. *The Interpreter's Dictionary of the Bible*. Vol. 2. New York: Abingdon Press, 1962.

Caulley, T. S. "The Holy Spirit." in W. A. Elwell. ed. *Evangelical Dictionary of Theology*. Grand Papids: Baker Book House, 1984.

Graham, B. *The Holy Spirit*. Waco: Word Book Publishers, 1978.

Hoge, D. R. & Carroll. J. W. "Religiosity and Prejudice in Northern and

Southern Churches". *Journal for the Scientific Study of Religion.* vol.12. 1973.

Johnson, S. T. "Christ." in E. S. Bucke, ed. *The Interpreter's Dictionary of the Bible.* New York: Abingdon Press, 1962.

Kwon, T. J. "The Theoretical Foundations of Healing Ministry and the Applications to Church Growth." Pasadena: Fuller Theological seminary, 1985. An Integrative Model for Spirituality Development in Three Domains of Learning Theory. Unpublished Doctoral Dissertation. La Mirada: Biola University, 1997.

Paloutzian, R. F. *Invitation to the Psychology of Religion.* Boston: Allyn and Bacon, 1996.

부록 1

부록 1. 사단법인 다세움

부록 2. 각종 검사도구

1. 사단법인 다세움

상담선교전문기관

우리의 비전은 사람입니다.

상담과 치유, 교육을 통해 지도자를 양성하여 건강한 가정과 교회, 국가를 만드는데 기여하며 궁극적으로는 이 땅에 하나님의 뜻이 이루어지도록 하는 것이 우리의 바램입니다.

사단법인 다세움(대표 : 심수명)은 상담과 교육을 통해 지도자를 양성하여 그들이 삶을 세우고 나아가 건강한 사회와 국가를 만들며 궁극적으로는 이 땅에 하나님의 뜻이 이루어지도록 하는 것을 목적으로 합니다. 이를 위해 (사)다세움은 상담(일반인, 평신도, 전문가 양성), 교육, 코칭, 복지, 학문연구, 출판 사역을 실시하고 있습니다. 또한 한국기독교총연합회와 함께 미자립교회 및 농어촌 교회의 목회자들을 위한 상담목회대학원을 설립하여 목회자들을 돕고 있습니다.

서울시 강서구 화곡7동 372-88   T. 02.2601.7422~4
F. 02.2601.7419   www.daseum.org

2. 다세움 상담훈련원

다세움상담훈련원은 기독교적인 시각을 가지고 개인 및 부부, 가족과 교회, 기타 여러 조직의 인간관계 훈련 및 심리치료, 교육 및 훈련사역을 감당하고 있습니다.

상담 및 심리치료	심리검사(성인 및 아동)
	개인상담
	부부상담
지도자 워크샵	사랑의관계클리닉
	부부이마고치료자도자 세미나
	인격치료 지도자 세미나
	부모교육 지도자 세미나
가정사역	결혼예비학교
	이마고부부치료
	부부성장학교
	아버지 · 어머니학교
집단상담	집단심리치료
	감수성 초급 · 중급 · 고급
	건강한 나를 찾아서
	이마고 찾기
	대상관계
	청소년 자녀 부모교육
	자기치유
	거절감, 열등감, 분노치료
상담전문가 양성	인턴과정
	레지던트과정

- 상담방법 : 면접상담, 전화상담, 인터넷상담 등 여러분의 환경 및 필요에 따라 상담하실 수 있으며, 상담원칙에 의해 비밀이 보장됩니다.
- 상담신청 : 전화(02-2601-7422~4)로 예약하며, 상담시간은 월~토 오전 10시~오후 6시까지, 직장인을 위한 야간상담도 가능합니다.

3. 리더십 & 코칭 센터

전문적인 코칭이란 자신의 삶과 비즈니스, 그리고 조직에서 뛰어난 결과를 달성할 수 있도록 도와주는 지속적이며 전문적인 관계를 말합니다. 특별히 다세움코칭센터는 다른 코칭 기관과는 달리 상담의 기본 틀 위에 코칭 시스템을 도입, 보다 차별화된 서비스로 개인과 기업, 교회를 섬기고자 하는 비전을 가지고 있습니다.

코칭프로그램
- ◆ TLC 기독교 국제 공인코치 자격증 과정 : 코치양성 과정
- ◆ 커리어 코칭 : 경력관리, 적성을 찾아갈 수 있도록 돕는 과정
- ◆ 라이프 코칭 : 자신의 삶의 목표를 구체적으로 찾고 계획을 세서 실행할 수 있도록 돕는 과정
- ◆ 비전찾기 코칭 : 자신의 비전을 찾을 수 있도록 사명선언서를 만드는 과정

코칭의 유익 및 특징
- ◆ 진정으로 자신이 원하는 것을 찾아 이룰 수 있게 됩니다.
- ◆ 자신 내부의 갈등이나 문제를 스스로 해결할 수 있습니다.
- ◆ 인생의 목표와 진로를 결정하여 이를 성취하게 됩니다.
- ◆ 대인관계에 대해 전문적인 도움을 받을 수 있습니다.

코칭을 받으면 교회는 아래와 같은 도움을 받으실 수 있습니다.
- ◆ 교회 내의 갈등이나 문제를 개방적으로 해결할 수 있게 됩니다.
- ◆ 교회가 나아가야 할 방향을 찾고 그를 위해 매진할 수 있게 됩니다.
- ◆ 성도들이 사랑의 관계를 배움으로 활기차고 생명력 넘치는 공동체 분위기를 형성하여 교회공동체가 전인적으로 성장하게 됩니다.

4. 성폭력. 가정폭력 상담센터

다세움성폭력 및 가정폭력 통합운영 상담소는 여성가족부 인정 상담센터로 성폭력 및 가정폭력 피해자를 위한 무료상담 및 프로그램을 지원합니다.

다세움성폭력&가정폭력 상담소가 하는 일
- 여성부인정 성폭력 및 가정폭력 전문상담사 양성 교육 및 보수 교육
- 성폭력 및 가정폭력 접수 및 상담
- 성폭력 및 가정폭력으로 인한 피해자의 임시보호 및 보호시설로 인도
- 가해자에 대한 법률적 사항에 대한 자문
- 경찰서에서 의뢰하는 피해자의 임시보호와 상담
- 기타 성폭력/가정폭력 방지에 관한 홍보

5. 도서출판 다세움

도서출판 다세움은 기독교적 시각을 가지고 개인 및 부부, 가족과 지역, 교회와 민족의 지도자를 양성하고자 하는 목적을 가지고 출판을 통한 문서선교 사역을 감당하기 위해 설립되었습니다.

도서출판 다세움의 도서목록
1. 한국적이마고 부부치료
2. 인생을 축제처럼
3. 전인성숙을 위한 제자훈련 시리즈
   제1권 제자로의 발돋움
   제2권 믿음의 기초
   제3권 그리스도와의 동행
   제4권 인격적인 제자로의 성장
4. 전인성숙을 위한 제자훈련 시리즈
   인도자 지침서
5. 새가족반 성경공부 새로운 시작
6. 하나님의 형상으로 지음받은 나
7. 사랑이 흐르는 공동체 만들기
8. 비전의 사람들

심수명 박사 저서목록
1. 사랑의 관계회복을 위하여(일반용/지도자용)
   (도서출판 NCD)
2. NCD실행이야기(도서출판 NCD)
3. 인격치료(학지사)
4. 탁월한 자녀를 만드는 특별한 교육법
   (도서출판SFC)

심수명 박사의 세미나Tape
1. 사랑의 관계 클리닉 세미나
2. 인격치료지도자 세미나
3. 부부 이마고 치료 지도자 워크숍

6. 한국 비블리오드라마 연구소

비블리오드라마는 심리극이나 드라마치료와 같이 연극과정을 심리치료와 접목한 분야입니다. 특히 비블리오드라마는 기독교 세계관을 바탕으로 독창적으로 발전되어 온 분야로 독일, 스웨덴, 덴마크, 네델란드, 핀란드, 그리고 미국에선 이미 잘 알려진 방법입니다. 다세움비블리오드라마센터는 신학과 심리학의 통합적 시각에서 한국상황에 맞는 비블리오드라마를 개발하여 교회에서 설교와 교육, 성경공부, 상담목회의 도구로 사용할 수 있도록 하고 다양한 action method를 개발 보급하며 지도자를 양성합니다.

비블리오드라마 프로그램 및 지도자 양성 과정

프로그램
- 신앙성장을 위한 비블리오드라마
- 자아정체성 확립을 위한 비블리오드라마
- 심리극 집단

자격증 과정
- 비블리오드라마 전문가 과정(초급, 중급, 고급, 심화)
- 심리극 전문가 과정(초급, 중급, 고급, 심화)
- 역할극 전문가 과정(초급/심화)

부록 2

1) 자기 효능감 척도[1]

다음 질문들은 평소에 자신에 대해 어떻게 느끼고 생각하고 있는지를 알아보기 위한 것입니다. 각 문항을 읽고 당신과 가장 가까운 항목에 V표 해 주십시오.

---

[1] 김희수, 172-97.

	내 용	전혀 아니다	대체로 아니다	보통 그렇다	대체로 그렇다	아주 그렇다
1	나는 계획대로 수행할 수 있다.					
2	나는 일을 해야 할 때 바로 일을 시작하지 못하는 문제점이 있다.					
3	어떤 일을 첫 번에 잘못했더라도 나는 될 때까지 해 본다.					
4	나는 중요한 목표를 설정하면 성취할 수 있다.					
5	나는 어떤 일을 끝마치기도 전에 포기한다.					
6	나는 어려운 일에 부딪히는 것을 피한다.					
7	나는 어떤 일이 너무 복잡해 보이면 해 볼 시도조차 안 한다.					
8	별로 유쾌하지 않은 어떤 일을 할 때 나는 그것을 끝마칠 때까지 반드시 한다.					
9	나는 뭔가 할 일이 있을 때 바로 그 일을 시도한다.					
10	새로운 어떤 일을 배우려고 시도할 때 처음에 성공할 것 같지 않으면 바로 포기한다.					
11	나는 예기치 못한 문제가 일어나면 잘 대처할 수 없다.					
12	나는 어떤 새로운 일이 너무 어려우면 배우려고 하지 않는다.					
13	실패는 나로 하여금 더 열심히 노력하도록 만들 뿐이다.					
14	나는 어떤 일을 할 수 있는 내 능력에 불안감을 느낄 때가 있다.					
15	나는 자신감이 없다.					
16	나는 쉽게 포기한다.					
17	나는 인생에 부딪히는 거의 모든 문제들을 다룰 능력이 없는 것 같다.					
18	새 친구를 사귀는 일은 내게 너무 어려운 일이다.					
19	나는 어떤 사람이 보고 싶으면 그 사람이 와주기를 기다리는 대신 내가 먼저 간다.					
20	내가 관심을 가지는 어떤 사람이 사귀기 어려운 사람이라도, 나는 사귀는 것을 쉽게 그만두지 않는다.					
21	첫눈에 호감이 가지 않는 사람이라 해도, 나는 그 사람과 사귀는 것을 쉽게 그만두지 않는다.					
22	나는 사회적(사교적) 모임에서 내 자신을 어찌하면 좋을지 모르겠다.					
23	나는 지금의 내 친구들을 내 사교성 덕에 사귀었다.					

2) 대인 관계 질문지

다음 질문들은 당신이 평소에 가까이 접촉하고 있는 사람들과 어떻게 지내는지를 알아보고자 하는 항목입니다. 각 문항을 읽으시고 아래에 제시된 사람들에 대하여 당신이 어떻게 생각하고 있는지 가장 가까운 항목에 V표 해 주십시오.

A. 나의 가족은

	내 용	전혀 아니다	대체로 아니다	보통 그렇다	대체로 그렇다	아주 그렇다
1	좋은 일이 생기면 나와 함께 그것을 나누려 한다.					
2	내가 필요로 할 때 힘이 되어 준다.					
3	내가 진정으로 믿고 의지할 수 있다.					
4	내가 고민거리가 있을 때 같이 의논할 수 있다.					
5	내가 아플 때 염려를 해준다.					
6	나를 위해 주려고 한다.					
7	나를 좋아하고 있다는 표현을 한다.					
8	나에게 나쁜 일이 일어나면 같이 걱정을 해준다.					
9	내 기분이 좋지 않을 때 위로를 해준다.					
10	내가 하는 일의 가치를 인정해 준다.					
11	나와 함께 즐거운 일을 하거나 같이 지내려고 한다.					
12	내가 하고 싶은 이야기를 마음 놓고 할 수 없다.					
13	내가 집안일을 할 수 없을 때 기꺼이 도와준다.					

B. 나의 가장 가까운 친척(   )은(는)

내 용	전혀 아니다	대체로 아니다	보통 그렇다	대체로 그렇다	아주 그렇다
1 좋은 일이 생기면 나와 함께 그것을 나누려한다.					
2 내가 필요로 할 때 힘이 되어 준다.					
3 내가 진정으로 믿고 의지할 수 있다.					
4 내가 고민거리가 있을 때 같이 의논할 수 있다.					
5 내가 아플 때 염려를 해준다.					
6 나를 위해 주려고 한다.					
7 나를 좋아하고 있다는 표현을 한다.					
8 나에게 나쁜 일이 일어나면 같이 걱정을 해준다.					
9 내 기분이 좋지 않을 때 위로를 해준다.					
10 내가 하는 일의 가치를 인정해 준다.					
11 나와 함께 즐거운 일을 하거나 같이 지내려고 한다.					
12 내가 하고 싶은 이야기를 마음 놓고 할 수 있다.					
13 내가 집안일을 할 수 없을 때 기꺼이 도와준다.					

C. 나의 가장 친한 친구 혹은 직장 동료 (   )은(는)

	내 용	전혀 아니다	대체로 아니다	보통 그렇다	대체로 그렇다	아주 그렇다
1	좋은 일이 생기면 나와 함께 그것을 나누려한다.					
2	내가 필요로 할 때 힘이 되어 준다.					
3	내가 진정으로 믿고 의지할 수 있다.					
4	내가 고민거리가 있을 때 같이 의논할 수 있다.					
5	내가 아플 때 염려를 해준다.					
6	나를 위해 주려고 한다.					
7	나를 좋아하고 있다는 표현을 한다.					
8	나에게 나쁜 일이 일어나면 같이 걱정을 해준다.					
9	내 기분이 좋지 않을 때 위로를 해준다.					
10	내가 하는 일의 가치를 인정해 준다.					
11	나와 함께 즐거운 일을 하거나 같이 지내려고 한다.					
12	내가 하고 싶은 이야기를 마음 놓고 할 수 없다.					
13	내가 집안일을 할 수 없을 때 기꺼이 도와준다.					

D. 당신의 주변에는 당신이 자신의 마음을 터놓고 이야기하거나 당신의 걱정거리를 같이 의논할 수 있는 사람이 몇 사람이나 있습니까? (   )명

3) 의사 결정 유형 검사

다음 질문들은 여러분의 의사 결정 유형을 알아보기 위한 것입니다. 그 내용이 자신의 입장과 똑같거나 거의 같으면 '그렇다'에, 매우 다르거나 거의 다르면 '아니다'에 V표 해 주십시오.

		그렇다	아니다
1	나는 중요한 결정을 할 때 매우 체계적으로 한다.		
2	나는 중요한 결정을 해야 할 때, 누군가가 올바른 방향으로 이끌어 주었으면 한다.		
3	나는 내 자신의 즉각적인 판단에 따라, 매우 독창적으로 결정을 한다.		
4	나는 대체로 미래보다는 현재의 내 입장에 맞춰서 일을 결정한다.		
5	나는 모든 정보를 수집할 수 없는 상태에서는 중요한 결정을 좀처럼 하지 않는다.		
6	나는 왜 그렇게 결정했는지 이유는 모르지만, 곧잘 올바른 결정을 한다.		
7	나는 어떤 결정을 할 때 그것이 나중에 미칠 결과까지도 고려한다.		
8	나는 어떤 결정을 할 때 친구의 생각을 중요시 한다.		
9	나는 남의 도움 없이는 중요한 결정을 하기가 정말 힘들다.		
10	나는 중요한 결정이라도 매우 빠르게 결정한다.		
11	나는 어떤 결정을 할 때 내 자신의 감정과 반응에 따른다.		
12	나는 내가 좋아서 결정하기보다는 남의 생각에 따라 결정하는 경우가 많다.		
13	나는 충분히 시간을 두고 생각을 한 후에 결정을 한다.		
14	나는 어떤 일을 점검해 보거나 사실을 알아보지도 않고 결정하는 경우가 많다.		
15	나는 친한 친구와 먼저 상의하지 않고서는 어떤 일이든 좀처럼 결정하지 않는다.		
16	나는 결정하는 것이 어려워 그것을 연기하는 경우가 많다.		
17	나는 중요한 결정을 해야 할 때 우선 충분한 시간을 갖고 계획을 세우며 실천할 일들을 골똘히 생각한다.		

	그렇다	아니다
18 나는 결정에 앞서 모든 정보가 확실한지 아닌지를 재검토한다.		
19 나는 진지하게 생각해서 결정하지 않는다. 즉, 마음속에 있던 생각이 갑자기 떠올라 그에 따라서 결정을 한다.		
20 나는 중요한 일을 할 때 미리 주의 깊은 세밀한 계획을 세운다.		
21 나는 다른 사람들의 많은 격려와 지지가 있어야만 어떤 일을 결정할 수 있을 것 같다.		
22 나는 어떤 일을 결정한 다음, 그 결정이 내 마음에 들지 안 들지를 상상해 본다.		
23 나는 평판이 좋을 것 같지 않은 결정을 해봤자 별 의미가 없다고 생각한다.		
24 나는 내가 내리는 결정에 굳이 합리적인 이유를 따질 필요가 없다고 생각한다.		
25 나는 올바른 결정을 하고 싶기 때문에 성급하게 결정을 하지 않는다.		
26 나의 어떤 결정이 감정적으로 만족스러우면 나는 그 결정이 옳다고 여긴다.		
27 나는 훌륭한 결정을 내릴 자신이 없어서 대개 다른 사람들의 의견을 따른다.		
28 나는 내가 내린 결정 하나 하나가 최종 목표를 향해 발전해 나가는 단계라고 곧잘 생각한다.		
29 친구가 나의 결정을 지지해 주지 않으면 나는 나의 결정에 그다지 자신을 갖지 못한다.		
30 나는 어떤 결정을 하기 전에 그 결정이 가져올 결과를 가능한 한 많이 알고 싶다.		

4) 역기능적 태도 척도[2)]

다음은 사람들이 가지고 있는 여러 가지 신념과 태도를 열거한 것입니다. 각 문장들을 주의 깊게 읽고, 그 내용에 '어느 정도로 동의 또는 반대하는지'를 응답해주십시오.

-3	-2	-1	0	1	2	3
전적으로 반대	매우 반대	약간 반대	중간	약간 동의	매우 동의	전적으로 동의

	내 용	점수						
1	사람들은 잘 생기고 똑똑하고 돈이 많지 않으면 행복해지기 어렵다	-3	-2	-1	0	1	2	3
2	행복이란 사람들이 날 어떻게 생각하든 주로 내 태도에 달려 있다.	-3	-2	-1	0	1	2	3
3	실수를 하면 남들이 날 전보다 업신여길 것이다.	-3	-2	-1	0	1	2	3
4	어떤 일에 특별히 재능이 없어도 다른 사람의 존경을 받을 수 있다.	-3	-2	-1	0	1	2	3
5	남들에게 도와 달라고 하는 것은 나약하다는 표시이다.	-3	-2	-1	0	1	2	3
6	내 일에 실패한다면 나는 인간으로서 실패자이다.	-3	-2	-1	0	1	2	3
7	잘할 수 없는 일은 아예 시작할 필요도 없다.	-3	-2	-1	0	1	2	3
8	실수를 통해 배울 수 있기 때문에 때로는 실수하는 것도 필요하다.	-3	-2	-1	0	1	2	3
9	내 의견에 반대하는 사람은 아마 날 좋아하지 않는 사람일 것이다.	-3	-2	-1	0	1	2	3
10	날 사랑하던 사람이 더 이상 사랑해 주지 않는다면 살 가치가 없을 것 같다.	-3	-2	-1	0	1	2	3
11	어떤 일의 결과와는 상관없이 과정 속에서도 만족을 얻을 수 있다.	-3	-2	-1	0	1	2	3
12	한 인간으로서 내 가치는 남들로부터 받는 평가에 달려 있다.	-3	-2	-1	0	1	2	3
13	실수하는 경우 낭패감을 느끼는 것은 당연하다.	-3	-2	-1	0	1	2	3
14	내 자신을 어떻게 생각하는지가 다른 사람의 견해보다 더 중요하다.	-3	-2	-1	0	1	2	3
15	도움을 요청하는 사람들을 전부 도와주어야 착하고 가치 있는 사람이 된다.	-3	-2	-1	0	1	2	3
16	남에게 자꾸 물어보면 남들 눈에 열등하게 보일 것이다.	-3	-2	-1	0	1	2	3
17	내 주변이 중요한 사람들로부터 인정받지 못한다면 견디기 힘들 것이다.	-3	-2	-1	0	1	2	3

	내용	점수						
18	자신을 혹사하지 않고도 중요한 목표들에 도달할 수 있다.	-3	-2	-1	0	1	2	3
19	꾸지람을 듣고도 태연할 수 있다.	-3	-2	-1	0	1	2	3
20	다른 사람을 기쁘게 하기 위해서 나 자신의 이익을 포기하는 것이 최선이다.	-3	-2	-1	0	1	2	3
21	나의 행복은 나보다는 다른 사람들에게 달려 있다.	-3	-2	-1	0	1	2	3
22	나는 행복하기 위하여 다른 사람들의 인정을 필요로 하진 않는다.	-3	-2	-1	0	1	2	3
23	사람이 문제를 회피하면 그것은 사라져 버리는 경향이 있다.	-3	-2	-1	0	1	2	3
24	비록 인생에서 많은 좋은 것을 놓친다고 해도 나는 행복할 수 있다.	-3	-2	-1	0	1	2	3
25	남들이 나에 대해 어떻게 생각하는지가 나에게는 매우 중요하다.	-3	-2	-1	0	1	2	3

2) 고려대학교 부설 행동 과학 연구소 편, 149-50.

Note

Note

Note

Note

Note

Note